新型农村金融机构法律制度研究

基于法经济学的分析范式

王煜宇 著

西南政法大学

经济法学文库 19

中国特色金融法治智库系列成果

法律出版社
LAW PRESS·CHINA
北京

图书在版编目（CIP）数据

新型农村金融机构法律制度研究：基于法经济学的分析范式 / 王煜宇著. -- 北京：法律出版社，2022
（西南政法大学经济法学文库）
ISBN 978-7-5197-5954-4

Ⅰ.①新… Ⅱ.①王… Ⅲ.①农村金融－金融机构－金融法－研究－中国 Ⅳ.①D922.280.4

中国版本图书馆CIP数据核字（2021）第190845号

新型农村金融机构法律制度研究
——基于法经济学的分析范式
XINXING NONGCUN JINRONG JIGOU FALÜ ZHIDU YANJIU
—JIYU FAJINGJIXUE DE FENXI FANSHI

王煜宇 著

策划编辑 陈 妮
责任编辑 陈 妮 黄 筝
装帧设计 李 瞻

出版发行 法律出版社
编辑统筹 法治与经济出版分社
责任校对 王晓萍 王语童
责任印制 吕亚莉
经　　销 新华书店

开本 710毫米×1000毫米 1/16
印张 16 **字数** 297千
版本 2022年1月第1版
印次 2022年1月第1次印刷
印刷 北京虎彩文化传播有限公司

地址：北京市丰台区莲花池西里7号（100073）
网址：www.lawpress.com.cn
投稿邮箱：info@lawpress.com.cn
举报盗版邮箱：jbwq@lawpress.com.cn
销售电话：010-83938349
客服电话：010-83938350
咨询电话：010-63939796

书号：ISBN 978-7-5197-5954-4
定价：86.00元
凡购买本社图书，如有印装错误，我社负责退换。电话：010-83938349

总　序

西南政法大学经济法学科始创于20世纪80年代初，是全国率先设置的几个经济法专业之一。本学科于1996年取得博士学位授予权，2000年开始向国外和我国港澳台地区招收博士研究生，2002年和2007年被教育部评定为国家级高等学校重点学科。经过多年的积累和传承，本学科在经济法理论和实务研究方面取得了较为丰硕的成果，并在经济法基础理论、农村经济法制等领域形成了自己的研究特色和研究优势，在法学界享有一定的声誉。

根深方能叶茂。本学科在李昌麒教授、种明钊教授等前辈的精心策划、直接组织或推动下，在全国同行的热忱关心和大力支持下，在学科全体教师的共同努力下，已成功推出"经济法博士精品文库"（法律出版社出版）、"西南政法大学经济法学系列"（厦门大学出版社出版）和"经济法论坛"（群众出版社出版）等多个系列出版物，建立了"李昌麒经济法网""中国农村经济法制创新研究中心网""西南政法大学经济法研究中心网"等多个学术网站。这些系列出版物和学术网站，对夯实本学科的建设平台、繁荣经济法学术研究，产生了并将继续产生极大助益。为进一步拓展本学科的建设平台，推动经济法学研究，我们决定出版"西南政法大学经济法学文库"。与本学科现有的几个系列出版物的侧重点不同，本文库主要为本学科的教师尤其是中青年教师提供一个发表优秀作品的途径，展示本学科教师对经济法学理论和实务问题的新思考和新探索。

当下，经过经济法学界同人的不懈探索，有关经济法的共识增多了，经济法的“合法性”也不再是一个问题。但是，作为一门新兴的法学学科，经济法学的研究在理论上尚需进一步推进，在实证上有待进一步加强。可以说，未来经济法研究，既需要“多谈些主义”，也需要“多谈些问题”；既需要“大胆假设”，也需要“小心求证”；既需要加强“本土性研究”，也需要开拓“国际性视野”；既需要“前瞻性分析”，也需要“回应性探索”。当您推开本文库这扇经济法学研究之门后，您或许看不到惊世骇俗的思想，但我们相信并期待着，您将在本文库中感悟到经济法学的堂奥，见证本学科教师对经济法学脚踏实地、孜孜以求的精神。

些许微衷，尚请贤明察之。

2011 年 5 月

前　言

本书是笔者主持的2013年年度国家社会科学基金青年项目“新型农村金融机构法律制度研究：基于法经济学的分析范式”（批准号：13CFX080）的最终研究成果，也是笔者所主持完成的第三项国家社科基金项目。项目的基本定位是，在当前中央高度重视农村金融制度创新并“积极推进农村金融立法”的现实背景下，立足制度供给视角，基于法经济学分析范式深入揭示以新型农村金融机构为代表的我国农村金融发展所面临的制度障碍与改革路径，旨在为进一步深化我国农村金融体制改革，加快形成城乡经济社会一体化格局提供金融法律制度供给侧改革理论、实证与政策支持。

一、研究意义和价值

本书的研究意义和价值在于以下三个方面：

第一，破解“三农”问题，推进城乡经济社会一体化发展，有赖于建立健康高效的农村金融机构体系。农村金融问题是转型期中国经济社会发展不可逾越的关键问题。自1979年2月农业银行恢复以来，中国已经进行了30多年的农村金融体制改革，出台了17份涉及农村金融改革的中央1号文件。近3年中央1号文件更是强调通过“积极推进农村金融立法”，加快构建多层次、广覆盖、可持续的农村金融机构体系，充分发挥金融机构“支农”功能。

第二，新一轮针对农村金融机构的密集调控收效甚微。

自2007年银监会发布《村镇银行管理暂行规定》《农村资金互助社管理暂行规定》《贷款公司管理暂行规定》《关于小额贷款公司试点的指导意见》以来,村镇银行、小额贷款公司、贷款公司、农村资金互助社四类新型农村金融机构相继设立。新型农村金融机构不但无法实现制度拟制目标,而且广泛存在资金匮乏、经营状况欠佳等问题。农村中小金融机构的发案数量和涉案金额一直高居银行业首位,信用风险、流动性风险、案件风险陆续积聚。

第三,新型农村金融机构问题归根结底是法律制度供给问题。由于新型农村金融机构法律制度供给是一个由制度供给主体、制度供给逻辑、制度供给形式和制度供给内容等有机结合的系统结构,新型农村金融机构法律制度改革与创新的方式不是单维度零散"修""补",而是结构性的全面改革。新型农村金融机构法律制度的供给侧结构性改革,必须在坚持支农性、政策性、普惠性改革方向和法治化基本路径的基础上,明确新型农村金融机构法律制度的供给主体,优化新型农村金融机构法律制度的供给逻辑,改进新型农村金融机构法律制度的供给方式,完善新型农村金融机构法律制度的供给内容。唯其如此,才能有效提升新型农村金融机构法律制度的制度效果与制度效率,切实满足"三农"的金融需求。

因此,本书立足于实现城乡一体化发展和农村金融自身可持续发展双重层面,深入研究新型农村金融机构法律制度,是深化农村金融体制改革、推动农村金融制度创新的现实选择,具有重要的理论和现实意义。

二、主要内容

本书包含以下研究内容:(1)清楚界定农村金融机构法律制度的理论渊源;(2)明确阐释农村金融机构法律关系构成及其相互作用机理;(3)完整回顾新型农村金融机构法律制度的形成与演进;(4)透彻分析新型农村金融机构法律制度的需求与供给;(5)科学诊断新型农村金融机构法律制度的本质问题;(6)介绍域外农村金融机构法律制度改革的经验;(7)基于制度供给视角,总结归纳新型农村金融机构供给侧结构性改革的方向系统方案和立法建议稿。

三、研究的观点和结论

第一,农村金融作为"世界难题",其核心在于"金融"与"支农"的本质矛盾。农业发展需要金融的有效支持,但金融发展难以支持农业。农业的自然禀赋、农民的稀缺财产、农村的信息障碍是威胁金融安全、金融营利和金融规模的"三座大山"。

"离农""弃农"是金融的理性选择,"强农""富农"是国家的战略需要。解决农村金融世界难题,必须通过强制性国家干预,立法拟制农村金融机构,培育农村金融市场,逐步实现"金融"有效支持"三农"。强制性国家干预的主要手段包括政策、计划指导、行政命令和法律制度。与政策、计划指导、行政命令相比,法律制度更具有科学性、远视性、效率性、统筹性和强制力。只有通过法律制度的科学性,才能准确把握农村金融机构的本质特征,明确农村金融机构发展的根本问题;只有通过法律的远视性,才能克服农村金融机构的自利倾向和政府部门短期利益选择;只有通过法律的效率性,才能培育符合需求的农村金融机构、降低交易成本、有效配置资源;只有通过法律的统筹性,才能整合相关资源、协调部门政策、推进有效监管;只有通过法律的强制力,才能配置权利义务、严格市场准入、明晰政府边界。农村金融机构本质上就是法律拟制。

第二,法律拟制农村金融机构,需要准确定位拟制目标,科学设定拟制对象,透彻认识拟制逻辑,并深入把握拟制目标、拟制手段与拟制方法之间的辩证关系。农村金融机构法律制度,以支农性为拟制目标,以农村金融机构及其内外关系为拟制对象,其关键难点在于如何通过特殊的农村金融机构内部关系塑造和外部关系设计,实现拟制目标的支农性与拟制手段的金融性之间的激励相容。与一般金融机构内部组织结构不同,为了对冲"支农"所产生的缺乏抵押物等金融风险,农村金融机构内部一般采取"'农民借款人'合作所有"的产权组织结构和"'农民借款人'参与其管理和控制"的权能分配结构,合作性是农村金融机构内部关系塑造的核心。与一般金融机构外部组织关系不同,为了对冲"支农"对金融营利能力的减损,农村金融机构外部一般需要国家特殊的利率优惠和税收减免等政策扶持,政策性是农村金融机构外部关系设计的重点。支农性、合作性和政策性是农村金融机构法律制度的本质特征。

第三,农村金融机构法律关系是农村金融机构法律拟制的核心中枢。作为农村金融机构在农村金融活动中受法律拟制调整所形成的权利义务关系,农村金融机构法律关系通过对主体、客体和权利义务关系的系统再造,经由农村金融机构的权利能力、行为能力、责任能力、农村金融产品、农村金融行为、农村金融风险等结构性要素,从法律角度深刻回答"农村金融机构是什么?""农村金融机构做什么?""农村金融机构怎么做?"等农村金融机构法律拟制的根本性问题,为农村金融机构法律规范的展开提供基础和依据,是农村金融机构法律拟制的核心中枢,集中体现了立法者对农村金融机构及其内外关系的认识能力和改造水平。与一般金融机构享有的金融权利不同,农村金融机构还享有专门政策性优惠的金融权利;与一般金融机构承担的金融义务不同,农村金融机构还承担着专门的支农性金融义务。专门的政策性优惠的金融权利和专门的支农性限制的金融义务的享有和承担,是权利义务相一致原则在农村金融机构法律关系内容中的体现,是农村金融机构法律拟制的设计支点,是农村金融机构可持续发展的法律保障。

第四,中国特有的历史语境和政治经济发展模式铸就了农村金融机构法律拟制以政府为主导的路径。长期以来,农村金融机构的拟制和变迁所体现的主要是中央政府和地方政府以及各类金融机构之间的利益关系,未能深入反映农村金融机构法律拟制的目标和效能。政府通过"命令—服从"的行政手段和层层委托—代理关系组建监管农村金融机构,出现拟制目标与拟制效果的偏离异化。2007 年以来,以"政策 + 暂行规定""形式集中投放"的新型农村金融机构法律拟制,虽然在市场准入和监管层级等方面有所创新,但依然没有超越"命令—服从"的委托代理模式。

第五,新型农村金融机构法律制度集中供给的本质,是在中央政府推动下,由银监会设计和确立并被自上而下地强加和执行的具有法规表现的正式博弈,是有意识、有目的地重新界定农村金融机构利益关系和权力关系的过程。在中国持续 30 余年的农村金融体制改革语境下,"新型"不仅是一种时间断代,也是一种功能寄予;不仅是一种组织重建,也是一种监管尝新;不仅意味着对过去的反思,也意味着对未来的探索。然而,由于因循旧有的制度供给模式和制度供给逻辑,新型农村金融机构法律制度供给不仅内容不合法,缺乏规范性、稳定性、可操作性和协调性,而且制度成本较高,收益较低,既不能实现自身可持续发展、促进农村金融市场有效竞争,也难以满足农村金融需求,实现"金融有效支农"的既定目标。

第六,新型农村金融机构问题归根结底是制度供给问题。改革与创新新型农村金融机构法律制度必须围绕供给侧进行。可以在广泛参考域外农村金融机构法律拟制经验的基础上,以支农性、政策性和普惠性为目标方向,以法治化为基本路径,着力调整新型农村金融机构法律制度的供给结构:明确新型农村金融机构法律制度的供给主体,优化新型农村金融机构法律制度的供给逻辑,改进新型农村金融机构法律制度的供给方式,完善新型农村金融机构法律制度的供给内容。如此,能有效提升新型农村金融机构法律制度的制度效果与制度效率,切实满足"三农"的金融需求。

四、成果的价值和影响

(一)学术和应用价值

本书始终将农村金融机构法律制度纳入规范的法经济学分析框架内,突破了传统的分析范式,实现多视角下的制度范式和功能范式结合,多学科下的内涵分析与模式设计结合,多手段下的制度分析与法律经济分析结合,具有较突出的科学性、创新性与应用性,主要体现在:

1. 理论研究方面

(1)将金融法律关系理论、制度金融学理论与二元金融理论、农村金融发展理论有机结合,运用于新型农村金融机构法律制度研究,开拓了研究的新视野,是对既有金融法理论、制度金融理论与农村金融制度创新理论的新突破。

(2)首次提出农村金融机构法律制度的理论框架,清晰界定了农村金融机构法律制度的概念、特点与类别,强调了由于无法通过市场“自生自发”形成,农村金融机构本质上就是法律拟制。首次归纳农村金融机构法律拟制的内在逻辑:明确了支农性是法律拟制农村金融机构的根本宗旨,合作性是法律拟制农村金融机构内部关系的核心,政策性是法律拟制农村金融机构外部关系的重点。奠定了农村金融制度创新研究的新平台。

(3)首次解构农村金融机构法律关系。经由农村金融机构的权利能力、行为能力、责任能力、农村金融产品、农村金融行为、农村金融风险等结构性要素,完成了对农村金融机构法律关系的系统梳理再造,从法律角度深刻回答“农村金融机构是什么?”“农村金融机构做什么?”“农村金融机构怎么做?”等农村金融机构法律拟制的根本性问题,为农村金融机构法律规范的展开提供了新基础和新依据,提升了农村金融制度创新研究的新高度。

2. 实证研究方面

(1)动态分析回溯了新型农村金融机构法律制度的供给语境、历史起点、形成过程和发展阶段,总结新型农村金融机构法律制度供给并没有超越农村金融制度变迁的旧有模式与历史逻辑,深化了研究的新语境。

(2)采用法经济学的博弈分析方法,从效用函数和交易费用理论入手,对新型农村金融机构法律制度需求主体、供给主体的行为特征作出规范意义上的分析,进而诊断新型农村金融机构存在法律制度供给异化问题,并进一步探究了异化的原因,从而建立了基于农村金融机构法律制度功能需求理论的逻辑起点,提出了农村金融机构法律制度问题的动态性博弈分析框架，开辟了农村金融法律制度问题研究的新范式。

（3）实证部分创造性地建立了一个包括法律制度供给内容（Contents）评估、法律制度供给效率（Efficiencies）评估、法律制度供给效果（Effects）评估在内的三维评估体系（CEE）模型，并运用该体系对以小贷公司为代表的新型农村金融机构规制进行了系统评估，提高了法律制度研究的客观性、针对性和科学性，实现了法律制度研究的范式转化，探索法律制度研究的新方法。

3. 对策研究方面

（1）通过深入剖析典型国家解决“农村金融世界难题”所采取的制度模式与制度内容，对美国的《农业信贷法》，法国的《农业信贷银行法》，加拿大的《农民债权人安排法》《农场信贷法》《农业贷款法》，日本的《农林渔业金融公库法》《农业合作法》《农业协同组织法》，韩国的《农业协同法》，孟加拉国的《格莱珉银行法令》以及印度尼西亚人民银行乡村信贷部所采用的制度模式等进行了缕析，拓宽了农村金融制度创新研究的新视界。

（2）在深入认识新型农村金融机构问题归根结底是制度供给问题的基础上，明确提出农村金融机构法律制度供给侧改革的系统性立体化实践进路建议，即必须以支农性、政策性和普惠性为目标方向，以法治化为基本路径，着力调整新型农村金融机构法律制度的供给结构：明确新型农村金融机构法律制度的供给主体，优化新型农村金融机构法律制度的供给逻辑，改进新型农村金融机构法律制度的供给方式，完善新型农村金融机构法律制度的供给内容。实现了对既有农村金融制度创新对策研究的新超越。

（二）社会影响

本研究共发表阶段性论文成果 10 篇，调研报告 2 篇。5 篇论文发表在《管理世界》《中国农村经济》《现代法学》等权威核心期刊，8 篇/次被中国人民大学书报资料中心《复印报刊资料》、《经济法学家》、中国社会科学网等全文转载。调研报告“城乡统筹视角下农村金融可持续发展的服务创新与动态竞争战略研究”被重庆市政府发展研究中心等采纳，获 2015 年教育部第七届高等学校科学研究（人文社会科学）优秀成果三等奖；调研报告“农村金融立法：必要性与可行路径”被原银监会、全国人大、重庆市金融办、重庆市政府发展研究中心认可采纳，并被全国人大相关领导批示。2014 年 6 月，笔者作为课题主持人受邀参加全国人大农村金融立法项目和农村金融立法协调会，并应邀在全国人大作题为“农村金融法制化：必要性与可行路径”的报告，积极推动了我国农村金融立法进程。

目　录

第一章　总　论

第一节　研究问题的展示

本书是关于新型农村金融机构法律制度问题的研究，其基本定位是：在中央高度重视农村金融制度创新，并“积极推进农村金融立法”的现实背景下，基于制度供给视角，以法经济学分析范式深入揭示以新型农村金融机构为代表的我国农村金融制度改革创新所面临的现实障碍与完善路径，旨在为进一步深化我国农村金融发展，加快形成城乡经济社会一体化格局提供理论、制度与实证支持。具体来说，本书的研究意义和价值在于以下三个方面：

第一，破解“三农”问题，推进城乡经济社会一体化发展，有赖于建立健康高效的农村金融机构体系。农村金融问题是中国经济社会发展不可逾越的关键问题。自 1979 年 2 月农业银行恢复以来，中国已经进行了 30 多年的农村金融体制改革，出台了 17 份指导农村金融改革的中央 1 号文件。①

---

①　1982 年中央 1 号文件蕴含着政策制定者积极扶持“三农”，予以资金帮助和指导的预期目标，虽然未明确提出农村金融“支农”以及农村金融改革，但为之后的农村金融政策的出台奠定了基础；1983 年中央 1 号文件明确表明了包括农业银行和信用社在内的农村金融机构支持“三农”发展以及发展农村合作金融的预期目标，首次提出农村金融服务“三农”的概念；1984 年中央 1 号文件表达了对信用社以及农业银行优先支持农业发展的期望，明确确定了金融要支持农业、农村发展的原则；1985 年中央 1 号文件，体现了政策制定者对信用社发挥良好“支农”功能的期盼；1986 年中央 1 号文件展现了中央扶持农业、农村发展，保证农业健康发展的信贷需求得以满足的预期目标，同时也体现了中央强烈要求切实落实农村金融政策的决心；2004 年中央 1 号文件多处论及农村金融政策初衷在于拓宽信贷资金支

近3年中央1号文件更是强调通过“积极推进农村金融立法”，加快构建多层次、广覆盖、可持续的农村金融机构体系，充分发挥金融机构“支农”功能。

第二，新一轮针对农村金融机构的密集调控收效甚微，新型农村金融机构不仅无法实现监管层“所予厚望”，其可持续发展与风险控制面临严峻考验。自2007年银监会发布《村镇银行管理暂行规定》《农村资金互助社管理暂行规定》《贷款公司管理暂行规定》《关于小额贷款公司试点的指导意见》①以来，村镇银行、小额贷款公司、贷款公司、农村资金互助社等4类新型农村金融机构相继落地开花。截至2016年3月，我国共设立村镇银行1360家、小额贷款公司8867家、贷款公司14家、农村资金互助社46家。②其中，贷款公司和农村资金互助组由于定位过于理想、资金来源

农渠道，增加农户和农村企业贷款资源，切实提高农村金融服务水平，缓解农村资金外流，其根本目的是促进“三农”稳定健康发展；2005年中央1号文件明确了农业银行等国有商业银行服务三农的信贷责任，鼓励农村发展银行发挥“支农”功能；2006年中央1号文件明确金融机构支持“三农”的义务和信贷比例，提出鼓励支持小额贷款组织机构设立，加快发展小额信贷业务，其根本目的在于发挥金融服务“三农”的作用；2007年中央1号文件明确农村金融改革的总体目标，即形成完善、系统、多元的农村金融体系，继续加大农村金融“支农”力度，增加农村信贷资金资源；2008年中央1号文件放宽农村金融机构准入门槛，培育多元农村金融机构，农村金融“支农”目的性更强；2009年中央1号文件要求发展多种形式新型农村金融组织，拓宽农村微小型金融组织融资渠道，出台涉农贷款税费优惠办法，加大发挥多元化金融机构“支农”支持力度；2010年中央1号文件要求银行业金融机构增加涉农信贷投放，发展服务农村的新型金融机构，旨在引导资金流向“三农”，解决农村融资难题；2011年中央1号文件以“水利”为主题，未涉及农村金融方面的内容；2012年中央1号文件要求涉农贷款增速高于平均增速，鼓励民间资本进入农村金融服务领域，提高涉农贷款风险容忍度，强调发挥金融服务“三农”功能；2013年中央1号文件首次明确优先满足农户信贷需求，支持社会资本充分流向农村金融领域，明确农村金融的首要职能是服务、支持“三农”发展，优先满足“三农”资金需求；2014年中央1号文件首次专章对农村金融作出详尽规定，要求创新农村金融制度，充分发挥金融组织“支农”功能，制定农村合作金融发展管理办法，分别对各类金融机构提出服务“三农”要求，强调切实发挥金融“支农”功能；2015年中央1号文件最大亮点在于提出推动农村金融立法，尝试通过建立健全法律制度发挥农村金融服务“三农”的功能，强化农村普惠金融，确保金融资源继续向“三农”倾斜；2016年中央1号文件提出加快构建多层次、广覆盖、可持续的农村金融服务体系，发展农村普惠金融，降低融资成本，推动金融资源更多向农村倾斜，全面激活农村金融服务链条。

① 《村镇银行管理暂行规定》《农村资金互助社管理暂行规定》《贷款公司管理暂行规定》由原银监会发布，《关于小额贷款公司试点的指导意见》由人民银行和原银监会联合发布。

② 村镇银行、贷款公司、农村资金互助社数据源于原中国银行业监督管理委员会公开的金融许可证信息；小贷公司统计数据源于中国人民银行2016年第一季度小额贷款公司统计数据报告。

受限、风险控制薄弱等原因已被监管层"含蓄"放弃。[①] 村镇银行和小额贷款公司虽然发展较快，但也广泛存在资金匮乏、服务方向偏移、经营状况欠佳、风险较大等问题（张承惠，2010 年）。村镇银行和小贷公司农户贷款占比基本上不超过一半，已经表现出明显的"弃农"倾向，不具备向农村地区提供金融服务的功能（陆智强，2015 年）。此外，农村中小金融机构的发案数量和涉案金额一直高居银行业首位，2006 ~ 2008 年各类案件数量占银行业金融机构的案件总数的 61%，千亿元资产案件率分别是银行业金融机构的 5.21 倍、4.01 倍和 4.88 倍（蒋定之，2009 年）。小额贷款公司更是信用风险、流动性风险、案件风险陆续积聚，"跑路"频发，成为唯一被监管层纳入"影子银行"并被风险提示的新型农村金融机构（王煜宇，2016 年）。

第三，新型农村金融机构问题归根结底是法律制度供给问题，解决新型农村金融机构问题必须围绕制度供给侧进行。由于新型农村金融机构法律制度供给是一个由制度供给主体、制度供给逻辑、制度供给形式和制度供给内容等有机结合的系统结构，新型农村金融机构法律制度改革与创新的方式不是单维度零散"修""补"，而是结构性的全面改革。新型农村金融机构法律制度的供给侧结构性改革，必须在坚持支农性、政策性、普惠性改革方向和法治化基本路径的基础上，明确新型农村金融机构法律制度的供给主体，优化新型农村金融机构法律制度的供给逻辑，改进新型农村金融机构法律制度的供给方式，完善新型农村金融机构法律制度的供给内容。唯其如此，才能有效提升新型农村金融机构法律制度的制度效果与制度效率，切实满足"三农"的金融需求。因此，本书立足于实现城乡一体化发展和农村金融自身可持续发展双重层面，深入研究新型农村金融机构法律制度，是深化农村金融体制改革的现实选择，具有重要的理论和现实意义。

---

① 《贷款公司管理暂行规定》第 2 条规定：贷款公司是指经中国银行业监督管理委员会依据有关法律、法规批准，由境内商业银行或农村合作银行在农村地区设立的专门为县域农民、农业和农村经济发展提供贷款服务的非银行业金融机构。由于贷款公司必须由境内商业银行或农村合作银行全额设立，且必须设立在风险较大、收益不稳定的农村地区，并不能引起境内商业银行或农村合作银行的设立兴趣。《农村资金互助社管理暂行规定》第 2 条规定：农村资金互助社是指经银行业监督管理机构批准，由乡（镇）、行政村农民和农村小企业自愿入股组成，为社员提供存款、贷款、结算等业务的社区互助性银行业金融机构。一方面，运营中的农村资金互助社发生存续困难或走向非法集资的犯罪道路，使监管机构不再批准设立。另一方面，由于农村资金互助社资金来源受限、运作模式不规范、风险控制薄弱等，使农村资金互助组难以为继。

第二节 研究目标与思路

本书的研究目标为:(1)以法经济学理论为指导,结合二元金融理论、农村金融发展理论、制度金融理论,金融法律关系理论论证新农村建设和城乡统筹发展背景下农村金融法律制度的现实与未来需求,从农村金融可持续发展的视角科学定位农村金融法律制度的功能与地位,深入研究农村金融法律关系主体的权利能力、行为能力、责任承担以及主体行为之间的相互作用机理;(2)综合运用博弈分析、历史分析、制度分析、统计分析,科学、全面、深入、系统地揭示中国新型农村金融机构法律制度的现状、问题及成因;(3)在充分认识我国农村金融与农村经济及其关系特殊性的基础上,将新型农村金融机构法律制度改革与创新置于整个农村经济和农村金融可持续发展之中,置于社会主义新农村建设和城乡统筹发展之中,从历史与现实、微观与宏观、经济和社会、理论和实证相结合的视角,系统构造新形势下新型农村金融机构法律制度的完整框架,并从农村金融法律制度供给侧结构性改革角度,结合国内外成功经验与本国具体国情提出推进新型农村金融法律制度改革与创新的政策建议与具体方案。

本书遵循唯物辩证法的基本原理,从运动的、历史的、系统的和辩证的角度认识和把握农村金融法律制度问题,尤其重视在“科学发展”和“统筹发展”理论指导下,对现代法经济学理论及其哲学思想的吸收,加强多学科理论和方法的结合运用,将规范研究和实证研究相结合,尤其注重客观规范主义和逻辑实证主义的结合,在规范研究的基础上展开实证研究,并以实证结论检验规范研究结论。依据上述研究目标,本书的基本思路遵循了法经济学研究“理论→实证→对策”的一般过程,具体的技术路线可以概括为图 1 – 1。

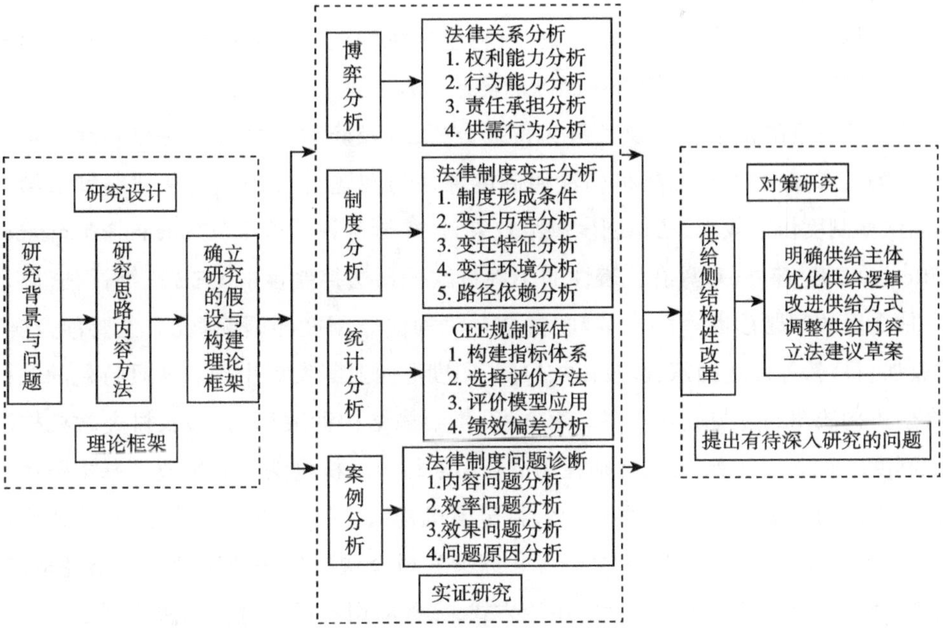

图1－1 研究的技术路线

第三节 研究内容与结构

为实现上述研究目标,本书必须包含以下研究内容:(1)清楚界定农村金融机构法律制度的理论渊源;(2)明确阐释农村金融机构法律关系构成及其相互作用机理;(3)完整回顾新型农村金融机构法律制度的形成与演进;(4)透彻分析新型农村金融机构法律制度的需求与供给;(5)科学诊断新型农村金融机构法律制度的本质问题;(6)系统考察国外农村金融机构法律制度的改革实践;(7)基于供给侧结构性改革视角,归纳设计新型农村金融机构改革与创新的系统方案和立法建议。

具体内容结构为,第一章:总论,包括研究问题展示、研究目标与思路、研究内容与结构、研究方法与资料。第二章:农村金融机构法律制度的理论渊源,国外农村金融机构法律制度的理论包括二元金融理论、农村金融发展理论、制度金融理论、金融法律关系理论以及制度创新理论。第三章:农村金融机构法律制度的概念框架,主要从农村金融法律制度的调整对象入手,分析归纳农村金融机构法律制度的概念特点、类别。第四章:农村金融机构法律关系,包括农村金融机构法律关系解构、农村金融机构的法律能力、农村金融机构的法律监管。第五章:新型农村金融机构法律制度的演进逻辑，先回溯梳理新型农村金融机构的发展历程，再分析追问新型农村金融机构的历史逻辑。第六章：新型农村金融机构法律制度的需求分析与供给异化，包括新型农村金融机构法律制度的需求主体及其行为特征分析、新型农村金融机构法律制度的供给主体及其行为特征分析，以及新型农村机构法律制度供给问题。第七章：新型农村金融机构法律制度评估与问题，包括三维（法律制度供给内容、法律制度供给效率、法律制度供给效果）法律制度评估体系（Contents Effenciency Effects，CEE）建立，对具有代表性的小额贷款公司法律制度的 CEE 三维评估，以及评估之后的问题诊断。第八章：农村金融机构法律制度的国际概况，主要涉及美、法、加、日、韩等发达国家，以及孟加拉国、印度尼西亚等发展中国家各具特色的农村金融机构法律制度与成功实践。第九章：供给侧结构性改革，新型农村金融机构法律制度的改革与创新，强调必须在廓清新型农村金融机构法律制度改革基本路径与目标方向的基础上，着力调整新型农村金融机构法律制度的供给结构，明确新型农村金融机构法律制度的供给主体，优化新型农村金融机构法律制度的供给逻辑，改进新型农村金融机构法律制度的供给方式，完善新型农村金融机构法律制度的供给内容。

第四节　研究方法与资料

在研究方法上，本书将依据“概念是反映客观现实本质属性的思维形式”这一哲学命题，以及“概念在其展开的过程中就表现为理论，对术语的不断加细的定义过程就是概念的展开过程”的思想，坚持通过充分地占有材料，分析其发展形式，探寻形式间的内在联系，发现研究对象的基本要素，再从基本要素之间的联系出发，渐次引入新要素，逐步贴近研究对象的具体形态，从而实现不断由感性到理性，由具体和复杂到抽象和简单，再由抽象和简单上升到具体和复杂的科学分析方法。实际研究中力求做到规范研究和实证研究的紧密结合。规范研究以法学理论和经济学理论为核心，运用比较研究的方法、法社会学的方法、法律经济分析的方法、概念法学的方法展开理论分析；实证研究在规范研究的基础上展开，做到定性与定量分析相结合；定性分析注重制度分析、历史分析、博弈分析和案例分析的综合运用；定量分析强调数据可靠、方法实用、手段先进。在构筑农村金融机构法律制度的概念框架和剖析农村金融机构法律关系时，主要采用从法律制度调整对象入手的传统法律关系分析方法；在归纳新型农村金融法律制度的演进逻辑时，主要采用制度经济学和新制度经济学有关制度变迁的分析框架与方法；在进行农村金融机构法律制度的供需分析时，主要采用行为经济学理论框架和法经济学的博弈分析方法，从效用函数和交易费用理论入手，通过建立具有微观基础的、结构严谨、论证规范的模型作出规范意义上的推理；在进行新型农村金融机构法律制度评估与问题诊断时，则在广泛借鉴国内外规制评估理论与方法的基础上，创造性地综合制度分析、统计分析、绩效分析的最新方法，建立了一个包含法律制度供给内容评估、法律制度供给效率评估、法律制度供给效果评估的三维规制评估体系（CEE）；在对国内外新型农村金融机构的改革实践进行总结时，运用的是历史分析和比较分析方法；在提出新型农村金融机构法律制度改革与创新的政策建议时，采用的是在法经济学中制度创新理论的基础上根据前述研究内容进行归纳的方法。

本书的数据和文献资料包括4个部分：（1）国家法定或权威的数据资料；（2）部分数据来自权威性学术期刊和研究报告，并加以引注；（3）书中还使用了一些实际调查数据；（4）书中必要的定性资料，凡是引用的文献资料，均在本书中的引用位置注明了出处。

第二章　农村金融机构法律制度的理论渊源

“新型农村金融机构法律制度研究”的展开，首先应当对国内外相关研究成果进行梳理、综合和分析，确立研究的逻辑起点，以提供有效的理论借鉴。根据研究目标和研究思路的逻辑推演，本章将遵循主流法经济学的学术规范，在对国内外相关研究现状进行总结与评述的基础上，以二元金融理论、农村金融发展理论、制度金融理论以及金融法律关系理论为依据，结合我国农村金融发展的具体实践，形成研究的理论渊源。

第一节　国内外研究现状与评述

一、国外研究现状

农村金融法律制度一直是国外研究的热点问题。戈德史密斯（Goldsmith，1969 年①）和麦金农（Mckinnon，1973 年）等在“金融抑制”和“金融深化”基础上，从制度层面强调了金融成长对发展中国家经济增长的重要性；戈比斯（Galbis，1977 年）提出发展中国家金融发展应当借鉴发达国家的经验，做好相关制度建设工作；米什金（Mathieson，1980 年）在对发展中国家经济、金融发展深入研究以后，提出缓

① 人名之后的数字表示学说观点提出的年份，以下同。

解发展中国家的金融抑制问题,首先必须做好金融领域的立法工作;匹斯克(Pischke,1983年)研究了发展中国家农村金融市场成长及其制度建设对农村经济发展的影响。赫尔曼(Hellman,1995年)、默多克(Murdock,1996年)、斯蒂格利茨(Stiglitz,1997年)等依据金融发展的事实,运用"有效需求理论"和信息经济学工具,形成了被认为是适合农村金融发展的"金融约束论",认为法律制度保障农村金融市场化运行是基础性的,但政府对金融部门选择性地干预有助于金融深化。科查(Kochar,1997年)研究了缺乏有效法律规范条件下农业信贷的低效率配置问题,并重点探讨了美国《农业信贷法》的经验;斯可思(Skees,1999年)研究了通过农业保险立法保障农民收入稳定的问题;科斯特(Koester,2000年)深入研究了功能完善的农村金融法律体系在提高农村金融资源配置效率中的核心作用;古德温(Goodwin,2001年)研究了农业保险发展面临的问题,并介绍了发达国家农业保险立法和相关制度建设的有益经验;经济合作与发展组织(Organization for Economic Co-operation and Development,OECD,2001年)专门对中国农村经济系统资金流失的渠道、规模和原因进行了分析研究,认为法律法规不健全是导致这一现象的关键性因素之一;阿丹姆斯(Adams,2002年)认为政府的低息政策和政策性资金注入抑制了农村金融发展,主张加强农村金融法律制度建设,仰赖市场机制促进农村金融发展;科兹(Coetzee,2004年)以"规模经济"和"交易成本"分析为主,研究了农村金融中介与农村金融市场发展中法律制度规范的必要性;康宁和尤川(Conning & Udry,2005年)则重点研究了发展中国家农村金融市场中农村金融中介组织的竞争与规制,提出应当通过法律手段有效规范农村金融市场主体的行为;弗雷兹格和拉彭那(Heywood W. Fleisig & Nuia de la Pena,2006年)提出了针对发展中国家有效率的农村金融市场法律规范,并对担保交易、农村金融机构的准入与退出设计了具体的法律框架;戈比泽(Getaneh Gobezie,2009年)从农村金融中出现的市场失灵和逆向选择的相关问题出发,强调了针对性的法律制度设计对于确保农村金融服务惠及低收入人群和促进自身可持续发展的重要性。

在科斯(R. Coase)提出"交易费用"的概念后,国外关于金融组织制度的理论得到了进一步的深化和发展。托宾(Tobin,1963年)指出,金融中介组织之所以能够发行间接证券是因为金融中介专门从事资金融通活动,规模巨大,资金借入与资金借出过程中能够发挥规模经济效应、节约交易成本,即当交易规模增大时平摊在每1美元上的成本就降低了,银行业发展的规模应该依赖于扣除存款成本后发放贷款和投资所获得的回报。此后,本斯坦和斯密斯(Bensten & Smith,1976年)发表的论文

“金融中介理论的交易成本方法”(Transactions Cost Approach to the Theory of Financial Intermediations)中提出交易成本应成为金融组织理论分析的核心内容,并提出实现规模经营、降低交易成本将是金融中介组织存在和发展的基础。此后的20多年中,在托宾(Tobin)、本斯坦(Bensten)和史密斯(Smith)等的基础上,金融组织制度研究得到了进一步发展。吉尔(Gale,1985年)、赫尔温格(Hellwig,1985年)、艾伦(Allen,1993年)等的相关研究普遍认为,除了传统因素外,金融企业组织形式和制度安排也是影响金融组织规模经济与交易成本的重要变量。麦通(Merton,1995年)基于信息不对称导致的交易成本这一关键问题,提出了储蓄机构存在的两个突出理由,即提供流动性和提供监督服务。恩尼格和尼夫(Ellingger & Niff,1995年)运用两种计量经济模型对影响金融市场组织效率的7个因素进行了实证检验,并从制度设计角度提出了优化对策。

在农村金融组织机构领域,迪通(Deaton,1991年)、尤川(Udry,1994年)认为,小农为资金需求缺口融资的动机是强烈的,由于较高的信息成本以及不可能提供抵押等原因,小农尽管很难从正规金融得到金融支持,但却能稳定而且有效地通过传统的非正规金融关系进行融资,农户融资表现出更多的内源性特征。贝斯勒(Besley,1995年)指出,由于农村金融组织存在相对更高的交易费用,使“农村信贷市场距离完全竞争市场相当遥远”,为了克服这种农村金融交易中的高交易费用状况和组织金融“城市偏向”,需要真正构建面向农村和农业服务的金融组织体系。斯蒂格利茨和威尔斯(Stiglitz & Weils,1998年)明确指出,农村金融的交易成本问题突出,在农业信贷中,贷款往往因挪作他用(如消费)而无法偿还。赫尔曼、默多克和斯蒂格利茨(Herman、Murdoch & Stiglitz,1998年)认为,发展中国家如果实行金融抑制,使农村贷款利率保持在零以上,就可以为金融机构创造租金,从而促进农村金融组织发展。祖本斯托特和戴维斯(Drabenstott & Davis)、加布茨和海尔(Gaburci & Hare,1998年)立足于农户金融需求角度对农村金融机构及制度进行了设计。费雪(Fisher,1999年)通过采用分离定理描述了农村金融市场的组织体系,即只要存在一个完备的农村金融体系,就必然能给农村经济提供最大的社会财富价值机会,同时也能为企业财富提供最大价值机会。帕克、阿尔伯特和任(Park、Albert & Ren,2001年)在研究扶贫助困的小额信贷的运作机制时,对中国贫困地区农户小额信贷融资组织制度有所涉及。吉布斯和米罕(Gibbons & Meehan,2002年)通过研究表明世界上大部分的贫困人口仍然没有得到小额信贷的支持,并呼吁小额信贷机构应当保证资本充足率,以及确立更为实际的消除贫困的规划。恩佩尔(Empel,2005年)

从交易成本角度对发展中国家农村金融发展的模式进行了较为细致的比较与分析。阿坎奇(Akanji,2006年)基于1995年世界银行对尼日利亚的贫困调查,认为小额信贷是消除贫困的策略之一,主要手段有建立关联机构合并正式和非正式的信贷机构、加强对小额信贷项目的建设、保证贫困人口每年的信贷预算。玛莲娜(Mariana,2007年)以美国的农村金融为例,在深入分析现有的农业信贷制度安排缺陷的基础上,提出了创新性的农户信贷俱乐部(Agricultural Credit Club)的制度设计,更好地体现出农村金融服务农户的功能及典型特点。雷克文得(Lakhwinder,2008年)认识到欠发达国家政府一直致力于颁布适当的农业金融政策,使农村家庭在获得及时贷款降低交易成本的同时,又能增加农业生产力,提高农业产量,其中尤以印度和巴基斯坦最为突出。近年来,农村小额贷款等微型金融的组织与经营管理研究成为新的热点。夏斯特里(Shastri,2009年)通过对印度的小额信贷机构的研究发现,在小额信贷机构迅速成长的同时,不仅市场因素在起作用,政府、非政府组织的作用也非常大,而政府与非政府组织的作用有待重新估量。维基德厄、瑞奇勒和帕努(Vijenderl,Rachnal & Parul,2012年)提出印度旨在消除贫困的小额贷款由于通过商业银行进行运作,既无法保证项目的可持续性,商业银行也无法通过这项业务获得利润,提出应当提高小额信贷和小额保险的经营水准,使之达到设定的社会和经济目标。爱玛、瑞格哈弗和萨帕(Imai、Raghav & Thapa,2012年)提出应该大力打通资金从发达金融机构或发展中国家政府流向小额信贷机构的通道。斯瓦米(Swamy,2013年)基于对印度经济的分析,认为农村金融体系结构(Rural Finance Structure,RFS)和农村金融机构(Rural Finance Institution,RFI)是造成贫困的主要根源。戈什和塔什(Ghosh & Tasse,2013年)提出非对称信息下资金提供者面临是否发放贷款补贴的两难选择,补贴是否能够减少贫困取决于资金供应量,当资金供给量很少时候补贴是有效的,但当资金供给量充足时候借款者则最好支付外部资金。米斯兰德(Mersland,2013年)提出,小额信贷机构的商业资金似乎遵循着负筛选的规律,并受到财务绩效和专业化的驱动下补贴资金的影响。博斯和迈侬(Bos & Millone,2013年)的实证结果表明大样本的小额信贷机构组织都符合这一假说:非营利和非纯营利小额信贷组织比营利性小额信贷机构更有效。哈塔斯卡(Hartarska,2013年)的研究发现,小额信贷机构的增长或合并可以提高其效率,合理的组织形式可以实现小额信贷的可持续发展。托比和阿卡尼(Toby & Akani,2014年)通过公共部门间接干预的新的范式研究,认为尼日利亚消除贫困应该将非正式小额信贷组织正规化、创造资本市场和农村金融机构的有效联系,通过消除城乡差异、金融市场一体化、建立健全的制度体系完善的农村金融机构发展政策环境。

从20世纪六七十年代开始,农村金融机构立法及其政策选择日益成为法学和金融学的研究热点。学者们普遍认为,农村金融的弱质、低效和高风险需要培育专门的农村金融体系,而专门的农村金融体系需要专门的法律制度加以激励和约束;法律规范与法制化对于农村金融机构的健康成长具有决定性作用,法律滞后是发展中国家金融抑制的根源。尤为值得关注的是,从19世纪晚期开始,发达国家已经意识到农村金融组织机构的特殊性和为农村金融组织机构专门立法的必要性,并为之展开了专门而持续的农村金融机构立法实践。法国于1894年通过法令建立了一批农业信贷互助地方金库,帮助、支持农民自发成立的信用合作社开展活动;1899年,又通过法令建立农业信贷地区金库;1900年颁布《农业互助保险法》,界定了农业互助保险社的法律地位和权益。加拿大于1959年颁布《农场信贷法》成立农场信贷公司;1970年颁布《农业信贷法》成立农业信贷公司。日本于1945年颁布《农林渔业金融公库法》创设日本农林渔业金融公库(Agriculture, Forestry and Fishery Finance Corporation, AFFFC),1947年颁布《农业协同组合法》及12个附属法令创设成立包括基层农协中的信用合作机构、都道府县的信用联合机构和中央的农林中央金库等3个层次的农村合作信用体系。美国近100年来特别注重立法创设完善农村金融机构体系:1916年《联邦农业贷款法》创设了以联邦农业贷款委员会、联邦土地银行和国家农业贷款协会为基本框架的农业信贷体系;1923年《农业信贷法》创设了居间信贷银行体系;1933年《农业信贷法》创设了农村合作社银行体系和生产信用协会;1971年《农业信贷法》创设了农村金融监管机构——美国农业信贷管理局;1985年《农业信贷法》创设了农业信贷系统融资公司(the Farm Credit System Capital Corporation);1987年《农业信贷法》创设了农业信贷援助委员会、农业信贷系统保险公司和联邦农业抵押公司(Farmer Mac)。

这些深刻的理论和立法实践,为本书提供了理论借鉴和逻辑起点。历史和实践已经充分证明了农村金融市场在农业农村经济发展中的重要作用和核心地位,证明了农村金融机构在农村金融市场形成发展中的关键作用和主体地位,证明了法律制度在农村金融机构形成发展中的决定作用和基础地位。中国当前的农村金融改革,一定要在把握上述普遍性共同规律的基础上,结合中国国情,高度重视法律制度特别是农村金融机构法律制度对于农村金融市场主体培育、权利配置、需求满足、成本节约的意义和作用,以法治思维统领农村金融机构改革。

二、国内研究现状

农村金融问题是转型期中国经济社会发展不可逾越的关键问题。“金融是现代经济的核心”,农村经济发展离不开农村金融的有效支持。自1979年2月农业银行恢复以来,中国已经进行了30多年的农村金融体制改革。2004～2016年,连续13个“中央1号文件”持续强调了农村金融问题的现实性、重要性和紧迫性。近3年“中央1号文件”更是强调通过“积极推进农村金融立法”,加快构建多层次、广覆盖、可持续的农村金融机构体系,充分发挥金融机构“支农”功能。伴随着30余年的改革历程,农村金融已成为影响全体社会成员利益、制约国民经济发展全局的关键问题,也成为社会关注的热点、政治决策的重点和理论研究的难点,并由此形成了一系列经典研究成果,为新型农村金融机构法律制度研究提供了“巨人肩膀”。

在国内,20世纪90年代左右,农村金融问题逐渐成为经济和金融理论研究的热点。林毅夫等(1989年)的《中国农村信贷和农场绩效》,冉光和(1995年)的“中国农村金融产业化发展问题研究”,郭晓鸣、雷晓明(1998年)的“中国农村金融体制改革与评价”,张军(1999年)的《改革后中国农村非正规金融部门:温州案例》,谢平(2001年)的《中国农村金融体制改革的争论》,何广文(2001年)的《中国农村金融供求特征及均衡供求的路径选择》,曾康霖(2001年)的《我国农村金融模式的选择》,杜鹰、张红宇、黄佩民(2001年)的《农村金融与信贷政策》等开始系统剖析中国农村金融运行的问题与改革思路。王家传(2003年)研究了农村信用社的经营目标与发展模式。张杰(2003年)在解析中国农村金融制度的结构与变迁的基础上为中国农村金融改革提供理论支持。张红宇(2004年)针对中国农村金融组织体系的功能缺陷,提出了农村金融组织创新改革的思路。何广文、冯兴元、何梦笔(2004年)基于农村经济结构的战略调整、农村工业化和城镇化的战略任务以及局部知识范式视角,总结了转型期农村经济与农村金融的特征,提出了农村金融结构的多元化发展思路。张乐柱(2005年)运用新制度经济学有关理论深入研究了合作金融运行机理与发展路径。李勇等(2005年)指出,我国农村金融体系存在问题的根本原因是政府办金融以及过度管制导致农村金融市场缺乏活力,在组织体系、产权模式、服务方式以及监管政策等方面不适合农村特点。刘锡良(2006年)、张杰(2007年)和李喜梅(2008年)分别从农村金融需求和农村金融功能分析入手,就如何构建和完善农村金融体系,满足“服务三农需求”进行了深入的理论分析。谢平(2006年)对贵州省及其样本县农户和金融机构的问卷调查研究发现,现有的农村金融机构事实上扭曲了农村金融体制,而公共财政在贫困地区农村金融体系建立健全当中应当发挥更大的作用。焦瑾璞(2006 年)认为下一步农村金融体制改革的主线是形成可持续发展的多层次农村金融体系。王曙光(2006 年)全面系统地探讨了我国农村金融的结构特征与经济绩效,并对农村负投资的体制根源以及民间金融规范化试点模式等进行了分析。李明贤、李学文(2007 年)分析了我国农村金融发展的经济基础,并由此提出相关建议。熊德平、冉光和、温涛等(2009 年)对农村金融与农村经济协调发展的机制与模式进行了深入的研究。张龙耀、褚保金(2012 年)、冉光和等(2013 年)以创新作为农村金融改革发展的出路,对农村金融创新理论和创新实践进行了分析总结,对创新方向和创新路径进行了设计构建。温涛等(2014 年)基于城乡统筹视角,研究了农村金融可持续发展的服务创新、动态竞争与风险控制,提出了深化我国农村金融体制改革的战略思路。杨德平(2014 年)认为在实现城乡经济一体化发展、"四化同步"的关键历史时期,应充分发挥农村金融的宏观、中观、微观三大功能,积极推进农村正式与非正式金融的优势互补。丁汝俊(2014 年)指出,大力发展微型金融,规范民间金融秩序,重建农村金融体系,是加快我国城镇化发展的重要推动力量。

在经典的凯恩斯宏观经济可靠性模型与钱纳里"双缺口"模型下,土地、资本与劳动三大要素中,信贷缺失导致的一个可能性结果是土地与劳动力将从那些无法获得信贷的人那里流向可以获得信贷的人,从而加剧社会信贷的不平等;也就是说,客观上需要强化农村金融,使农业生产的土地、资本和劳动这三大要素形成联系机制(Relationships Mechanism),这种联系机制的实践形式即表现为农村金融组织体系(林毅夫,2005 年)。潘敏、夏频(2002 年)指出"纵向控制的、条状的"金融组织体系制度以及"贷款风险硬约束,存款成本软约束"的激励机制使农村金融资源大量漏出。李伟毅、胡士华(2004 年)通过研究政府行为选择提出了一种模式,即降低市场准入条件,引导扶持民间金融组织的发展。章奇等(2004 年)检验了金融中介发展对城乡收入差距扩大的影响。温涛等(2005 年)也证明了我国金融结构体系框架下金融发展对农村居民收入增长的负向作用。王芳等(2005 年)明确给出了农村金融交易的交易费用等式即"农村金融交易费用 = 信息费用 + 实施监督费用 + 界定和保护产权费用 + 保险费用"。同时,为了克服这种农村金融交易中的高交易费用状况和"组织金融城市偏向",需要真正构建面向农村和农业服务的金融组织体系(温铁军,2005 年)。曾康霖等(2006 年)认为,从资源配置角度,农村金融组织体系是农村经济制度中实物资源配置的价值承担载体和启动杠杆,包括资金的筹集、分配和配置体系以及组织机构的配置状况。张琦(2007年)以西北欠发达地区农村合作金融组织为例,系统探讨了欠发达地区农村金融组织发展的关键在于制度创新,并且在考虑交易成本的前提下,提出在法人治理结构上采取动态的股份合作制、在经营上实行合作金融与商业金融相融合的混合经营制。何广文(2007年)在考虑了交易成本的前提下,认为农村金融组织体系的变迁是以政府主导和自发创新两种方式推进的,呈现一定的多元化特征。傅勇、张晏(2007年),陶然、刘明兴(2007年),王永钦等(2007年),陈其安(2008年),杜金沛(2008年)均认为"纵向控制"的商业金融组织体系和"横向竞争"的财政体制,不仅最大可能地激发"城市化倾向"的财政金融制度安排和政策组合,也显著扩大了中国城乡收入差距。周立等(2009年)考察了中国农村金融体系的形成与发展逻辑,发现金融机构的政策响应,往往是以"口号支农",代替了"行动支农",并指出跳出市场逻辑,才有可能考虑从农村金融、农村发展的外部制约因素着手,真正缓解农村的金融约束。李静(2010年)提出应该完善支持农村经济发展的政策性金融组织体系、明确界定和拓展业务范围、建立长期稳定的融资机制、强化金融监管和鼓励金融创新来增加农业政策性金融的投入以达到农业政策性金融支持农村经济发展的良性循环。刘小红(2012年)总结了农村政策性金融组织的多维特征,并据此给出其法律规制的建议。张海洋、李静婷(2012年)实证分析了村庄金融环境对于农户信贷约束的影响,指出农村信用社调整的重点以及非正规金融与正规金融的分工。王硕平(2012年)立足于广东农信社改革实践探讨农村信用社省联社的改革。张书杰(2012年)探讨了农村商业银行的改革发展问题。

进入21世纪以后,农村金融法律制度研究的开始引起学术界的关注。王煜宇、温涛(2005年)重点分析了我国农村劳动力转移的金融法律制度配合模式。王锡桐(2005年)认为农村保险应该优先建立政策性农业保险制度,包括要使农业保险服务与商业性保险公司分离、对农业保险实行税赋的优惠政策、要对农业保险的目标和经营实行法制化管理,尽早制定和实施农业保险法等。李长健、江晓华(2006年)针对农村金融供给行为、结构、数量与方式上的缺憾,以法治供给、和谐供给、非均衡供给、多元供给为基本理念,以主体的权利能力、行为能力、责任承担为基点,提出了农村金融供给法律制度建设的思路。尹优平、郭洪文(2006年)通过对我国农村金融现状及问题分析,提出为新农村建设立法的研究结论。李昌麒、卢代富(2006年)在进行我国农村经济法治研究中,提出了农村金融法律制度建设的基本方向与主要框架。徐德敏、倪楠(2006年)着重研究了农村金融问题的法律对策。吴晓灵(2006

年)指出新农村建设背景下农村金融改革必须试点推进与立法先行。彭春凝(2007年)从法律层面分析了农村小额贷款公司的相关问题。张燕、潘虹(2007年)对新农村建设中农村合作金融组织创新的若干法律问题进行了探讨。孙永麒(2007年)对完善我国农村金融组织体系的相关法律问题进行了研究。张旭娟(2007年)研究了农村金融机构的功能与法律定位。庹国柱、朱俊生(2007年)着重探讨了在农业保险立法中需要明确多层面的原则性和操作性问题,即农业保险的立法目标、经营原则、经营范围、可保风险、财政补贴政策、经营组织、巨灾风险分散机制、风险管理、管理机构等与农业保险立法密切相关的几个问题。张书清(2008年)分析了农村民间借贷的制度性压制及其解决途径。王煜宇(2009年)对农村金融法律制度的演进逻辑和规律进行了系统总结,并指出了路径创新的方向。黄维健(2009年)则对构建现代农村金融制度的支持政策进行了深入分析。王煜宇(2011年)通过总结农村金融法制化的国际经验,归纳出农村金融法律制度具有政策性、合作性、保障性等显著特征,并强调中国农村金融问题的解决,必须突出政策性金融法律制度、合作性金融法律制度和农业保险法律制度在整个制度体系中的主体地位,注重法律制度供给的均衡性、整体性和协调性,警惕市场化冒进的潜在威胁。郭德香(2012年)以法律视角解析农村金融机构主体的法律属性、权利义务及其发展模式共同关心的问题。王煜宇(2012年)、王曙光(2013年)则在充分意识到法律制度在农村金融权利配置和农村金融市场培育中的基础地位和核心作用的基础上,提出应将法制化作为农村金融改革创新的目标和归宿。

自2006年银监会颁布《关于调整放宽农村地区银行业金融机构准入政策更好支持社会主义新农村建设的若干意见》以来,新型农村金融机构的法制创新建设逐步成为农村金融组织制度创新研究的重点。相关文献一方面肯定了建立新型农村金融机构的必要性(赵建平,2007年;孙同全,2009年),另一方面也发现了新型农村金融机构在设立和运营过程中的种种问题:例如,秦汉峰(2009年)、沈杰和马九杰(2010年)、陆智强等(2011年)发现新型农村金融机构不仅没能很好体现"新"的特点,而且十分容易养成创新惰性,导致业务高端化趋势。杨连波(2008年)、李应军(2009年)、马勇和陈雨露(2010年)、洪正(2011年)、周孟亮等(2012年)则分别发现新型农村金融机构在资金来源、融资渠道、风险积聚、治理结构、监管设计和可持续经营能力等方面的重大问题。高改芳(2009年)、温涛(2010年)的调查表明,新型农村金融机构"不支农、垄大户"。而张蕾蕾(2010年)的研究发现全国性股份制商业银行与国有大型银行发起设立新型农村金融机构的政治表态大于商业意图。另外,刘国防(2010 年)着眼于农村小型金融机构的改革与发展,针对农村小型金融机构面临的障碍,提出调整、完善的建议。范迪军(2011 年)以安徽省凤阳县为例,考察了农村新型互助金融制度创新与绩效。朱显岳(2011 年)基于个案调查分析反思扶贫型农村互助基金合作社的可持续发展。秦菡培(2011 年)在财税政策上为农村资金互助社探讨可持续发展路径。王修华、邱兆祥(2011 年)指出创建普惠性金融体系,发展具有包容性质的农村金融机构是促进农村金融发展、缩小城乡收入差距的有效途径。陆智强(2011 年)、李勇(2011 年)、王怀勇及曹琳(2011 年)从不同侧面指出了新型农村金融机构发展面临的风险和问题。岳彩申、张晓东(2012 年)认为新型农村金融机构法律制度是农村金融体制改革重点转换的产物,属于自然演进的诱致性制度变迁,反映了国外经验与国内民间金融法制化的要求,进行新型农村金融机构法制创新意义重大。许桂红(2012 年)对新型农村金融机构的特征进行了总结。周孟亮、李明贤(2012 年)考察了小额贷款公司财税政策的现状,并构建了我国小额贷款公司新型财税政策改革的基本框架。钱枫林等(2012 年)对于农业合作经济组织进行了供应链融资模式的博弈分析,证成该模式的有效性。黄晓梅(2012 年)对于小额贷款公司信用风险的控制与防范给予了关注。马九杰、周向阳(2013 年)则探讨了农村资金互助社的所有权结构、治理机制与金融服务。薛桂霞、孙炜琳(2013 年)进一步考察了农民专业合作社信用合作的现状和问题,分析了农民专业合作社信用合作的优势。郭建伟、徐宝林(2013 年)对中国建设金融包容的社会进行了研究,指出新型农村金融机构作为建设金融包容社会的一项重要措施取得了一定成绩。李小鹤(2013 年)比较了地下钱庄、小额贷款公司和村镇银行的发展绩效,提出只有扶持、鼓励民间资本成为控制者,才能推动新型农村金融组织的快速发展。曲小刚、罗剑朝(2013 年)分析了新型农村金融机构可持续发展的制约因素,提出促进新型农村金融机构可持续发展的对策。王煜宇(2012 年,2016 年)认为,新型农村金融机构由于产权制度供给错位、经营管理制度越位、支农性制度供给缺位,其“营利性”、“支农性”和“抗风险性”均受到严重抑制。

学者们普遍认为,法律政策不到位是新型农村金融机构存在问题的主要原因(付强,2008 年;朱宝丽等,2008 年;李想,2009 年;赵天朗、尹波,2010 年;张德峰,2012 年),并就一些具体问题提出了法律政策建议(高晋康,2008 年;黄文胜等,2009 年;胡元聪、杨秀清,2010 年;李东方、刘牧晗,2010 年;王修华,2010 年;岳彩申,2011 年;王煜宇,2012 年,2016 年)。王学忠(2010 年)从立法目标、设立原则、准入要件 3 个维度对于新型农村金融机构市场准入法律制度进行了专门探讨。冯果等(2013

年)认为,通过农村金融服务的市场准入、市场运营、市场退出监管规则的变革与再造,农村金融应在包容性监管理念指引下,实现农村金融善治。田春雷(2013年)则指出,应在金融资源配置公平指导下进行一系列法律制度的构建,具体而言包括构建包容的金融监管制度和进行扶持性金融资源配置立法。耿平(2013年)指出,中国农村金融监管存在法律体系不健全、合作监管机制不完善、执法部门职责权限不清和农村金融行业自律能力较低等问题。张宇润(2013年)提出我国农村金融创新法律机制建设必须抓住3条基本主线:一是制度安排体现激励创新的精神,给予农民更多的金融自主权;二是政府应当发挥积极作用,提供货币、财税政策支持,实行服务型监管;三是正式制度和非正式制度相结合。庹国柱(2014年)指出为促进我国农业保险可持续发展,应尽早建立完善的农业保险法律体系。郑景元(2014年)发现我国农村信用社因其立法层级低、变动大等问题而陷于存续危机,提出我国可以借鉴域外农村信用社立法先行、利益交换与民主管理等公私合作经验,通过制定农村合作金融法,确立保障农村信用社主体地位的私法机制。高晓光(2015年)指出,我国新型农村金融机构存在流动性、信用、操作、市场、公信力等方面的风险和脆弱性,需要加强基础设施建设,创新体制机制。王煜宇、刘乃梁(2016年)认为,新型农村金融机构的建设承载了金融公平、金融普惠、金融安全与金融效率等多元发展理念,缺乏有效的制度协调使深层次的理念冲突浮出水面,造成金融机构的发展欠缺可持续性。以"权利—义务—责任"为框架的法律制度为新型农村金融机构的发展提供了改进方向。

总体而言,国内的研究应该说找准了方向、明确了目标,比较一致地认为法律制度对于我国新型农村金融机构发展至关重要。但是相关研究刚刚起步,专门针对新型农村金融机构法律制度进行系统性研究的成果尚未出现,新型农村金融机构法律关系主体行为的作用机理、现行相关法律制度的绩效与偏差、民间资本准入的法律机制与风险防范、新型农村金融机构功能实现的法律保障机制与监管制度创新等方面的问题还较少涉及;此外,对策研究中缺乏阶段性划分,研究和立法呈现不协调的"两张皮"的状态。

第二节　国外农村金融机构法律制度的理论及应用

理论是认识和经验的系统深化。科学理论反映事物内在的本质必然,能够为认识和实践提供指导和帮助。农村金融机构法律制度作为一种认识和实践,离不开相关领域科学理论的系统指导。依据法律制度“调整对象—立法规范—法律关系”的生成逻辑，本书以二元金融理论、金融发展理论、制度金融理论、金融法律关系理论和制度创新理论为“巨人肩膀”，力求锻造农村金融机构法律制度的理论必然，从而使农村金融机构法律制度的认识“看得更远”，实践“走得更稳”。

一、二元金融理论

农村金融的相对独立是农村金融法律制度的生成前提。二元金融理论是农村金融范畴相对独立的理论基础。基于经济与金融之间的密切联系，发展中国家的二元经济结构造成了城乡金融二元划分的基本格局，城乡金融的二元划分反过来又加剧了城乡二元的经济结构，消除城乡二元结构的关键在于为传统农村提供充足的金融组织和金融制度支持。

1954 年，英国著名经济学家刘易斯（W. Auther Lewis，1954 年）在“无限劳动供给下的经济发展”一文中，最早认识到发展中国家的经济发展条件不同于发达经济体，普遍存在典型的现代工业部门和传统农业部门共存的“二元结构”。在刘易斯看来，二元经济的发展过程就是现代工业部门不断扩张和传统农业部门不断缩小的过程。1985 年，迈因特（Maint）在一篇名为“组织二元结构和经济发展”的文章中首次提出组织二元结构的概念，并认为组织二元结构是欠发达经济二元结构的集中反映，其他二元结构都由组织二元结构所派生。发展中国家的市场组织、政府行政组织及金融组织的二元性反应在产品的价格差异、政府行政组织和金融机构的运行效率等各个方面。1997 年，费景汉和拉尼斯（Lanis）出版了《增长和发展：演进观点》一书，提出了二元转型增长理论，将转型增长视为“在两大时代，即农业时代和现代增长时代之间的转型”。他们不仅考虑发展中国家的生产技术二元性，也重视其组织制度二元性。张杰（2003 年）进一步将这一理论具体化，指出发展中国家的金融存在代表传统的农村金融和代表现代的城市金融两个相对独立和分割的金融部门。这种二元金融结构不仅表现在繁荣与萧条、落后与先进等表征上，表现在农村和城市、农业和工业的地理和产业差别上，更主要的是表现在工业化过程中各自的结构和功能上。无论是金融组织结构、金融工具结构，还是金融制度结构；也无论是金融创新能力、金融业务种类，还是金融经济关系，相对城市而言，农村金融总是残缺不全，难以相提并论。中国金融发展的实践是二元金融理论的直接验证。

二、农村金融发展理论

农业信贷补贴论，农村金融市场论，哈耶克（Hayek）不完全市场理论在农村金融发展中的实践运用构成了农村金融发展理论的“更新迭代”。20 世纪 40 年代以来，这些理论在农村金融领域有机结合，形成了对发展中国家农村金融制度创新具有理论参考意义的农村金融发展理论。近年来，随着各国农村金融的深入实践，小微金融理论和普惠金融理论逐渐兴起，农村金融发展理论不断充实完善，反过来又对农村金融制度创新实践产生了深远而积极的推动。

1. 农业信贷补贴论

农业信贷补贴论（Subsidized Credit Paradigm）是农村金融理论界占主导地位的传统学说。该理论的前提是，农村居民、特别是贫困阶层没有储蓄能力，农村面临的是慢性资金不足问题。而且由于农业的产业特性（收入的不确定性、投资的长期性、低收益性等），它也不可能成为以利润为目标的商业银行的融资对象。该理论因此得出结论：为增加农业生产和缓解农村贫困，有必要从农村外部注入政策性资金，并建立非营利性的专门金融机构来进行资金分配。根据该理论，为缩小农业与其他产业之间的结构性收入差距，对农业的融资利率必须较其他产业为低。考虑地主和商人发放的高利贷及一般以高利为特征的非正规金融使得农户更加穷困和阻碍了农业生产的发展，为促使其消亡，可以通过银行的农村支行和农业信用合作组织，将大量低息的政策性资金注入农村。同时，以贫困阶层为目标的专项贷款也兴盛一时（张晓山、安耐，2002 年）。据此，许多学者认为政府在促进农业和农村资本形成中应发挥积极作用。哈索蒂（M. Hasody）曾提出一种典型观点，他认为，由于大多数农民属于小农，提高经济水平应该通过政府发展和组织对小农的贷款来达到。美国经济学家刘易斯也认为，农民需要的资本远超过他们能够进行的储蓄，信贷对于小农业和小工业的发展是必不可少的。托达罗（M. P. Todaro）则在对西欧和美国的经济发展过程作了深入的研究之后认为，发展中国家政府应通过加大资金投入发展农村经济，增加农民收入，改善农民的生活水平。然而，该理论虽然支持一种供给（信贷）先行的农村金融战略，但其假设前提本身可能是存在错误的。事实上，在低收入发展中国家，政府常常被赋予扶持农业信贷的重要责任，但它们为农民所提供的越来越低息的信贷计划对于刺激农业发展的效果却微乎其微，同农业研究和推广投资或社会资本投资的收益比较，用于信贷计划的资源极少产生令人满意的利润结果（张杰，2003 年）。此外，政府将信贷计划视为增加农村和农业资本量的一条便捷途径，却忘记了贷款不一定代表资本,仅增加货币供给并不必然导致农业、农村资本的积累(张杰,2003 年)。

2. 农村金融市场论

农村金融市场论或农村金融系统论(Rural Financial Systems Paradigm)逐渐替代了"农业信贷补贴论"。农村金融市场论或者说农村金融系统论(Rural Financial Systems Paradigm)实际上是金融抑制理论和金融深化理论在农村金融理论领域的发展,该理论强调市场机制的作用,其主要理论前提与农业信贷补贴论完全相反(张晓山、安耐,2002 年)。其代表亚当斯(Adams)认为"农业信贷补贴论"虽然支持信贷供给先行的农村金融战略,但其假设前提本身是错误的(亚当斯,2000 年)。事实上,即使是贫困农户也有储蓄需求,许多亚洲国家的经验表明,如果存在储蓄的机会和激励机制,大多数贫困者会进行储蓄(亚当斯,2002 年)。低息贷款政策很难实现其促进农业生产和向低收入人群倾斜的收入再分配目标,而且,由于贷款的用途是可替换的,低息贷款不太可能促进特定的农业活动,低息贷款的主要受益人不是农村低收入人群,低息贷款的补贴可能被集中并转移到使用大笔贷款的较富有的农民身上(沃格尔,2000 年)。因而,主张政府没有必要向农村注入政策性资金,认为是低息政策阻碍了人们向金融机构存款,抑制了金融发展,运用资金的外部依存度过高是导致贷款回收率降低的重要因素,由于农村资金拥有较多的机会成本,非正规金融的高利率是理所当然的。这些理论观点在一些西方学者的研究中得到了有效地证实。例如,杰森(Jensen,2001 年)分析了政府资助的农业信贷体系对信贷市场的扭曲,认为在发展中国家,农业信贷资金的筹集主要来自国家财政,而发达国家的城乡金融体系已经日益整合为一体,逐步由政府资助补贴的农业信贷模式向市场化的融资方式转变;杰森通过实证分析得出结论:发展中国家政府主导的农业信贷体系在促进农业投资方面缺乏效率,而发达国家的市场化融资方式和国家的必要干预措施明显是更有效的。该理论的主要观点包括:第一,农村非正规金融具有合理性,不应被无故取消;第二,农村金融成果的判断标准是农村金融机构的经营的独立性和持续性;第三,农村金融发展的关键是农村内部储蓄动员;第四,农村金融利率必须由农村金融市场决定,实际存款利率不能为负;第五,目标贷款制度没有施行必要。农村金融市场应当是将正规金融与非正规金融相结合的市场。因此,以完善农村金融市场机制为特征的农村金融市场化改革十分重要。该理论完全仰赖市场机制、极力反对政策性金融对市场的扭曲,20 世纪 80 年代以来一直受到人们的广泛关注(张晓山、安耐,2002 年)。

3. 斯蒂格里茨不完全竞争市场理论在农村金融发展中的应用

20 世纪 90 年代以来,东南亚等地区和国家发生了严重的金融危机,揭示市场机制并不是万能的,对于稳定金融市场来说,合理的政府干预非常重要。农村金融理论也发生了一些新的变化,理论学者认识到要培育稳定且有效率的金融市场,减少金融风险,仍需必要、合理的政府干预。斯蒂格利茨(Stiglitz)的不完全竞争市场论就是其中之一,其基本框架是,发展中国家的金融市场不是一个完全竞争的市场,尤其是放款一方(金融机构)对于借款人的情况根本无法充分掌握(不完全信息),如果完全依靠市场机制就可能无法培育出一个社会所需要的金融市场;为了补救市场的失效部分,有必要采用诸如政府适当介入金融市场以及借款人的组织化等非市场要素(Imperfect Market Paradigm)(斯蒂格利茨、维斯,1981 年;斯蒂格利茨,1989 年;张晓山、安耐,2002 年)。该理论被认为是适合农村金融发展的理论。斯蒂格利茨认为,由于存在市场失败,政府应积极介入金融市场。政府在金融市场中的作用十分重要,但是政府不能取代市场,而是应补充市场。政府对金融市场监管应采取间接控制机制,并依据一定的原则确立监管的范围和监管标准。农村金融市场不是一个完全竞争的市场,尤其是放款一方(金融机构)对于借款人的情况根本无法充分掌握(不完全信息),如果完全依靠市场机制就可能无法培育出一个农村社会所需要的金融市场。为此,有必要采用诸如政府适当介入金融市场以及借款人的组织化等非市场措施。这一理论的主要政策建议有:一是金融市场发展的前提条件是低通胀率等宏观经济的稳定;二是在金融市场发育到一定程度之前,相比利率自由化,更应当注意将实际存款利率保持在正数范围内,并同时抑制存贷款利率的增长,若因此而产生信用分配和过度信用需求问题,可由政府在不损害金融机构储蓄动员动机的同时从外部供给资金;三是在不损害银行最基本利润的范围内,政策性金融(面向特定部门的低息融资)是有效的;四是政府应鼓励并利用借款人联保小组以及组织借款人互助合作形式,以避免农村金融市场存在的不完全信息所导致的贷款回收率低下的问题;五是利用担保融资、使用权担保以及互助储金会等办法是有效的,可以改善信息的非对称性;六是融资与实物买卖(肥料、作物等)相结合的方法是有效的,以确保贷款的回收;七是为促进金融机构的发展,应给予其一定的特殊政策,如限制新参与者等保护措施;八是非正规金融市场一般效率较低,其改善可以依靠通过政府适当介入来加以解决。

4. 哈耶克的局部知识论在农村金融发展中的应用

哈耶克的局部知识论,从知识论角度提出了解决不完全竞争和信息不完全问题的金融局部知识分析范式(Local Knowledge Paradigm),从理论和政策上支持了"农村金融市场论"。局部知识论认为事实上信息不对称问题恰恰不应是政府干预的理由,而应该依靠市场机制加以解决。因为竞争是一种发现信息、减少信息不完全和不对称的过程(哈耶克,1968 年、1969 年;欧肯,1995 年)。农村金融市场中存在许多散布在特定时间和地点的局部知识,只有类似于劳动分工的知识的分工(Division of Knowledge)才能充分利用这些知识,而竞争有助于发现这些知识(哈耶克,1937 年、1945 年、1948 年;冯兴元,2002 年)。在特定时间和地点的现场交易(包括金融交易)最能利用局部知识,金融机构的多样性可以促进金融工具创新,使金融市场不断逼近完全竞争市场。而那些着眼于服务农村经济主体而成长起来的合作金融机构、非正规金融、地方中小型商业金融机构、小额信贷机构等正是农村分散的局部知识的最佳利用者,促进其相互间的竞争,对提高农村金融体系效率和金融资源优化配置至关重要。此外,借款人连带保证小组,也称"团体贷款"①(Group Lending)、贷款中的动态激励②和有规则还款安排③以及借款人互助合作,是促进知识分工尤其是借款人之间的知识分工,充分利用分散的局部知识,克服不完全信息的有效办法之一,政府应该积极培育这类农民组织。非正规金融市场行为,具有交易成本低、信息对称、能够充分利用局部知识等特点,一般效率较高,但其不规范性可能使之存在一定的负面影响,这就需要政府建立和维持某种最低程度的运作秩序框架。由于政府利用局部知识的效能不及市场主体,与市场失灵相比,政府失灵可能性更大,若政府通过其金融机构对农村直接提供补贴性贷款往往效率将更低。因此,农业补贴只能应用于农村金融市场机制失灵的地方。

5. 农村金融发展的微型金融和普惠金融理论

(1)农村金融发展的微型金融理论

微型金融(Microfinance)是在传统正规金融体系之外发展起来的一种金融方式。根据世界银行的定义,微型金融是指对低收入人口提供的小额金融服务。虽然微型金融的核心是小额贷款(Microcredit),但是微型金融不仅是小额信贷,还包括存款、保险及汇兑等金融服务。微型金融是一个非常宽泛的概念,只要是以低收入

① 在不存在实物担保条件下依靠团体中的成员要对其他成员的违约承担一定连带担保责任,即"社会制裁",来发挥担保物作用的贷款组织。

② 指小额信贷中首先发放数额较小的贷款,在及时归还小规模贷款的前提下,才开始发放数额较大的贷款。否则,进一步的信用渠道就被切断。其效果与人口流动性成反比。

③ 指小额信贷中还款过程从获得贷款后的几周就开始一直到贷款到期。这样规定一是可以甄别可能出现还款问题的贷款人,二是可以使银行能有效地控制现金流,防止贷款被挪作他用。

群体为目标的各种类型的金融服务，无论其性质、规模和发起人如何，都应该算作是微型金融业务。微型金融及其小额信贷投放对完善农村金融制度体系、实现金融扶贫的功效及局限性被越来越多的理论研究所关注。其最主要的业务内容是向无法获得正式金融机构服务的低收入群体发放微型信贷和吸收存款，尤其是向非常贫困的家庭及微型企业提供很少量的贷款(小额信贷)以帮助他们进行生产性活动或小本经营。其显著特征是单笔交易额非常小，一般低于人均 GDP 水平。虽然学者们均认为微型金融是农村贫困人群获得金融服务的重要方式，但在发展观上存在两种意见相左的争论——机构主义与福利主义的争论。机构主义论的代表贡扎雷斯(Gonzalez，1994 年)提出，微型金融机构的可持续发展是给低收入人群成功提供金融服务的关键，自给自足是金融机构可持续的必要条件。福利主义论的代表默多克(Morduch，2000 年)则提出微型金融机构不需要自给自足就能可持续发展，更强调消除贫困和外延的深度(服务于经济情况最差的客户)，而不是广度(服务于客户的数量)，按照社会尺度衡量机构是否成功；认为应该构建多种类型机构，既包括追求利润的也包括承担社会使命的，目标定位于不同的市场、市场与非市场资金组合，以及不同的社会及金融收益。

此后，亚洲开发银行(Asian Development Bank，ADB)在 2000 年回顾了小额信贷在消除贫困、消除性别歧视以及对整个金融系统发展方面的巨大作用，同时提出应该扩大小额信贷的受众群体、提高小额信贷的运营效率，实现在消除贫困方面的效用最大化。鲍曼(Baumann，2001 年)研究了小额信贷在消除南非农村贫困问题方面的作用，并提出政府和社会应该对贫困家庭给予信贷支持。马丁、胡姆和罗斯福德(Matin、Hulme & Rutherford，2002 年)提出小额信贷应该考虑到贫困人口的短期、中期及长期需求，成为一个帮助贫困人口脱贫致富的战略性平台。马尔(Marr，2002 年)基于对秘鲁公共银行的经验研究，采用更为复杂的实证研究框架，认为小额信贷不仅能够解决借贷双方的信息不对称问题，还可以有效消除贫困，促进经济的可持续发展。嘉蓝和瑞瓦林(Jalan & Ravallion，2002 年)通过研究中国偏远农村地区资本转移的微观模型发现，对偏远贫困地区进行投资，可以有效消除贫困。科玛拉利瓦、蒙特哥马睿和维斯(Kurmanalieva，Montgomery & Weiss，2003 年)通过对亚洲贫困消除情况的研究，发现了小额信贷机构对消除贫困作用的有效性，提出应该重新审视消除贫困的规划，不应该把小额信贷机构作为消除贫困的万能钥匙，而应该寻求新的突破口。默多克和罗斯福德(Morduch & Rutherford，2003 年)指出贫困家庭在储蓄、投资、保障生计方面被许多因素制约，而非正规金融部门对低收入家庭提供金融中介服务的便利性和灵活性比正规金融中介更完善,小额信贷也是如此。胡瑟和胡塞(Hussein & Hussain,2003 年)通过对巴基斯坦的研究发现,小额信贷不仅在消除农村贫困方面效果显著,而且对巴基斯坦的性别平等作出了很大的贡献。朱迪斯肖(Judith Shaw,2004 年)通过对斯里兰卡东南部微型企业的研究发现,由于地理、财政和社会文化方面的壁垒,阻碍了微型金融在消除贫困方面发挥积极的作用。蒙特哥马睿和维斯(Montgomery & Weiss,2004 年)通过对亚洲和拉丁美洲的小额信贷机构研究发现,小额信贷机构在消除贫困方面存在局限性,尤其在消除赤贫情况方面作用微乎其微。柯翰可(Khandker,2005 年)利用面板数据对孟加拉国进行研究,发现小额信贷不仅让小额信贷的直接参与者,尤其是女性参与者的经济情况得到了改善,而且对农村经济发展起到了促进作用。马托伍(Matovu,2006 年)通过对乌干达的研究发现,农村女性在得到小额信贷机构授信后,生活情况改善十分明显。阿克特(Akhter,2009 年)以巴基斯坦的穆斯林小额信贷机构阿坤瓦特(Akhuwat)为样本,研究了无息贷款对消除穆斯林人口贫困的作用,提出无息贷款对解决穆斯林贫困的意义重大。爱玛和阿兹曼(Imai & Azam,2010 年),爱玛、阿儒昂和阿尼姆(Imai、Arun & Annim,2010 年)利用孟加拉国、印度数据进行计量发现,将贷款用于生产用途的人们在得到小额信贷后生活情况改善显著,而将贷款用于生活用途的人们生活情况改善程度很小,并提出小额信贷机构在发放贷款时应当将借贷者的贷款用途纳入考虑范畴。

近年来,寇冉可(Korankye,2012 年)利用加纳中部地区的第一手和第二手数据,运用计量方法,对影响小额信贷效率的因素进行了分析,提出了小额信贷机构的职员应当在放款前后接受培训,他认为,尽管小额信贷面临着诸多挑战,但是毋庸置疑地在消除贫困方面挥了巨大的作用,他指出这个结果不止适用于加纳,同时适用于全世界的发展中国家。穆瑞萨和齐克韦茨(Murisa & Chikweche,2013 年)通过对发生在津巴布韦的实时案例分析,发现了非银行部门的信贷为极端贫困的人民提供了极大帮助,具有非常好的发展潜质。阿育卜(Ayuub,2013 年)通过对巴基斯坦巴哈瓦普地区的小额信贷机构的职员以及借贷者进行问卷调查,发现小额信贷机构帮助人们提高了生活水准,是复兴乡村经济的一个重要战略。但也发现了这一地区的贫困农民很难及时地从信贷机构获得贷款、贷款利率极高。奥格斯贝格、哈斯、哈姆尕特和梅根赫(Augsburg, Haas, Harmgart & Meghir,2013 年)运用随机对照试验的方法,对波斯尼亚和黑塞哥维那的小额贷款申请人进行了研究,发现小额贷款并没有使乡村贷款人的净收入得到明显改善。侯森(Howson,2013 年)以塞内加尔跨境交易为例强调了仅依靠捐助资金作为小额信贷资金供给来源的不利后果。

（2）农村金融发展的普惠金融理论

普惠金融（Inclusive Financial System）源于联合国2005年宣传小额信贷年时提出的理念，后被联合国和世界银行大力推行，其实质是希望为没有充分享受金融服务的人提供全方位的金融服务。世界银行扶贫小组（Consultative Group to Assist the Poor，CGAP）、金融普惠联盟（Alliance for Financial Inclusion，AFI）、国际金融公司（International Finance Corporation，IFC）、经济合作与发展组织（OECD）以及亚洲开发银行（ADB）等重要组织都对这一议题产生了浓厚的兴趣（阿楠斯，2012年；托米拉伍等，2013年）。普惠金融理论是与金融排斥理论相对应的。金融排斥（Financial Exclusion）理论是一门新兴理论，最初是国外金融地理学家的研究议题，是西方金融地理学家“新金融地理”的研究方向之一，研究的重点是金融机构和服务的地理指向性，后来越来越多的经济和社会学家开始关注这个问题。休洪和斯威夫特（Shoehorn & Thrift，1993年）最先提出金融排斥概念，但当时仅仅局限于地理排斥。波兰德（Pollard，1996年）、弗雷（Fuller，1998年）、雷西奥和斯威夫特（Leyshorn & Thrift，1997年）、肯普森和瓦雷（Kempson & Whyley，1999年）、色毕拉（Cebulla，1999年）、布雷吉本（Bridgeman，1999年）、英国金融服务机构（FSA）（2000年）均进一步对金融排斥及其影响因素进行了深入研究。阿根特和柔黎（Argent & Rolley，2000年），拉梅尔和赫荣（Lamer & Heron，2002年）则通过对澳大利亚和新西兰的金融排斥现象进行分别研究后发现，经济发展落后的农村地区金融排斥问题更为严重。恰托帕德耶（Chattopadhyay，2011年）通过对西孟加拉的调查发现，尽管银行在农村地区广泛存在，但是民间借贷仍然是农村金融的主要来源，需求方的因素是金融排斥的原因。基于此，近年来许多学者探讨了构建农村普惠金融的包容性金融体系在缓解金融排斥，尤其是在缓解农村金融排斥中的重要作用［骞卷和曼琚（Chandran & Manju，2011年）］。根据联合国的定义，农村普惠金融是指将储蓄、汇款和贷款等基本的金融服务，尽可能全方位、有效地覆盖农村所有人群。

此外，与普惠金融相关联的包容性金融发展问题也逐步受到学者的关注。其中，有关金融包容性的测度研究，为普惠金融体系的建立提供了技术支撑。琼斯（Jones，2008年）通过对英国信用社在消除贫困和促进金融包容性的分析发现，信用社应包含在金融服务业内，从而在金融排斥群体内产生影响。萨马（Sarma，2008年）提出了金融包容性指数（Index of Financial Inclusion，IFI）来测量金融包容性，该指数能够获取金融排斥、金融包容性的多维度信息。查克拉瓦提和帕（Chakravarty &

Pa,2010 年)指出人力发展的测量方法也能够有效地运用在金融包容性的测量。阿普雅德(Appleyard,2011 年)以社区发展金融机构(Community Development Finance Institutions,CDFIs)为例比较了美国和英国贫困地区的金融包容政策,发现尽管 CDFIs 能够为金融排斥企业提供重要的资金来源,但是政策措施造成了不平衡的地理覆盖范围和市场空白,留下了显著的金融排斥空间。骞卷和曼琚(Chandran & Manju,2011 年)认为普惠金融能够动员更多的生产资源,从而推动经济增长、减少贫困,提出建立低收入人群银行是一个可行的选择。柯汉娜、库马、尼茨尔和谢诺伊(Khanna,Kumar,Nitsure & Shenoi,2012 年)讨论了金融包容性问题,概括了审慎标准的要点,分析了在过去几年不良资产的数据,回顾了金融机构共同遵循的具体方法。古本特、文科特拉曼兰德和古普塔(Gupte,Venkataramaniand & Gupta,2012 年)同样研究了如何测量金融包容性,并运用了印度乡村的最新数据计算了包含多维变量影响的金融包容性指数。第尼茨、比诺兹和珀兹本(Diniz,Birochi & Pozzebon,2012 年)指出尽管获取金融资源是促进低收入人群发展的基本方式,但它应与其他包容性机制相协调,如金融教育。尤努马兹(Yorulmaz,2013 年)通过测量了土耳其不同地区之间的金融包容性,结果显示不同地区间的金融包容性与收入成正比。欧卡帕拉(Okpara,2013 年)为了完善现有的金融包容性指标,使用平均比率指数法提出了"chi-wins 金融包容性指标"。查克拉瓦提和帕(Chakravarty & Pal,2013 年)通过对印度 1972 ~ 2009 年的金融包容性指数的测量发现,1977 ~ 1990 年印度的社会银行政策对培育金融包容性起到了重要的作用;此后,亲市场的金融部门改革举措阻碍了金融包容性发展的步伐。卡普尔(Kapoor,2013 年)讨论了金融包容性将在印度的经济发展中扮演着什么样的角色,并提出了一些可行的方案和政策措施。斯瓦米(Swamy,2013 年)通过实证研究发现,在农村贫困家庭的金融包容性项目中,扣除通胀因素的收入增长率对女性的影响是 8. 4% ,而对男性的影响是 3. 97% ,从而表明贫困参与者的性别将影响这些项目的成果。第阿克斯特和高斯(Dixit & Ghosh,2013 年)阐明了贫困农村地区包容性增长的需要,并以印度为参考提出把金融包容性作为一种工具,实现包容性增长。克拉玛拉、佩纳和图斯塔(Clamara,Pena & Tuesta,2014 年)通过秘鲁的微观调查数据定量分析了普惠金融的决定性因素,发现个人特征会影响金融普惠政策设计。

从农村金融发展理论的相关研究理论可以看出,发展中国家政府主导的农业信贷模式普遍在促进农业、农村投资增加方面缺乏效率(阿维谢布雷夫曼,1990 年),而发达国家的市场化融资方式和国家的必要干预措施明显是更有效的。因此,在农村经济发展中利用市场机制配置金融资源是关键的，但是政府对农村金融市场机制失灵的地方进行有效的干预也是重要的。此外，国外尤其是发达国家的农村金融体系及制度建设同样给中国农村金融发展提供了参考，特别是在小额信贷和普惠金融的发展创新方面，他们较为成熟的实证研究方法和手段同样可以借鉴。但是，中国农村金融发展不可能照搬任何已有的理论与模式。

三、制度金融理论

制度金融学理论是把金融制度作为研究对象的研究理论。制度金融学理论关注“真实的金融世界”，也即金融交易费用不为零。金融交易费用、金融产权制度、金融制度变迁是制度金融学理论的主要分析工具。制度金融学理论认为分析金融制度应坚持实践的、联系的、发展的观点，摒弃先验的、孤立的、静止的制度价值观，将制度与特定的制度环境相联系。

1. 制度金融学理论的源起：向“真实世界”的回归

很长一段时间以来，金融理论的研究与发展都建立在新古典模型之上，即一个“零交易费用的陌生世界”。[①] 在这个陌生的零交易费用世界当中，信息充分、对称且能够获得，所有的经济主体都具有完全的理性，效率最大化是其唯一目标，即便面对再复杂的情况也能作出最为理性的选择。在零交易成本、信息完全、完全理性、最大化的新古典模型理论假设之下，社会、政治、文化、法律等构成制度的因素都被视为中性的外生因素(exogenous factor)而被排除在新古典主义的分析模型之外。正如从科斯[②](Coase，1937 年，1960 年)在《企业的性质》《社会成本问题》中所推导出来的“科斯定理”，当交易费用为零时，无论制度如何安排，人们都能实现经济效益的最大化。在这一“零交易费用的陌生世界”里，金融的世界完全超脱于现实中的摩擦，(既定的)制度于金融发展而言，并没有起到任何的作用。

与新古典主义经济学一样，一个学科或者理论的发展到了一定的程度，僵化是不可避免的，新古典主义金融学也不出其右。边际革命之后的经济学逐步走向了罗

① “零交易费用的陌生世界”，详见[美]埃里克·弗鲁博顿、[德]鲁道夫·芮切特：《新制度经济学：一个交易费用分析范式》，姜建强、罗长远译，格致出版社、上海三联书店、上海人民出版社 2015 年版，第 6～8 页。

② R. H. Coase, “The Nature of the Firm”, *Economica*, New Series, Vol. 4, No. 16, 1937, pp. 386 - 405. ; R. H. Coase, “The Problem of Society Cost”, *Journal of Law and Economics*, Vol. 3, 1960, pp. 1 - 44.

宾斯(Robbins,1932 年)的“选择的理论”(Science of Selection),[①]古典政治经济学中的福利传统及对制度和历史的关注被渐渐淡忘,事物的本身已不再是那个年代经济学理论研究所关注的内容,而是沉醉于通过理论模型对外部世界进行预测。最终,新古典主义经济学在纯粹的、技术性的理论假设中一步一步走向僵化,失去了对真实世界的解释力。面对新古典主义经济学的困境,对制度与历史的回归,重新进入人们的视野之中。以凡勃伦、康芒斯为主的,建立在德国历史学派之上的旧制度经济学(The Old Institutional Economics,OIE)也应运而生。虽然旧制度经济学将经济学研究重点重置于制度之上,采用历史描述的表达方式来解释经济社会的发展规律,但因其缺乏内部统一的观点与分析框架[②](孙良,2002 年),在解释真实世界时也同样乏力。旧制度经济学对制度分析的回归为往后制度经济学的发展积淀了必要的经验,此后以科斯、威廉姆森、诺斯、阿尔钦、张五常为首的学者提出了新制度经济学理论[③](New Institutional Economics,NIE)。新制度经济学理论以交易成本、产权、合约与制度变迁为基本分析要素。与新古典主义下的“零交易费用的陌生世界”不同,新制度经济学所关注的是“真实的世界”,即一个存在交易费用的社会,在交易费用不为零的情况下,制度就显得尤为重要。同时,信息不完全、经济体的有限理性、非最大化等假设都是这个“真实的世界”的构成要素。自此,经济学的理论发展进入了一个崭新的时代。同时,在经济学理论发展的推动下,“制度革命”也席卷了同样对真实世界缺乏解释力的新古典主义金融学。

与经济学理论的“制度革命”相比,金融理论的“制度革命”则要来得更晚一点。在 2005 年,默顿和博迪[④](2005 年)意识到新古典主义下金融理论在金融创新与发展过程中所面临的问题,提出了功能视角下金融功能与金融结构的统合。在文中,默顿与博迪将金融制度内生化,指出了随着交易费用的引入,内生化的金融制度是实现金融功能中减少交易费用和行为障碍的重要因素。默顿与博迪在文中还讨论了新古典主义经济学下的金融理论与新制度主义经济学及行为经济学下的金融理

---

① [英]莱昂内尔·罗宾斯:《经济科学的性质与意义》,朱泱译,商务印书馆 2000 年版,第 1 ~ 15 页。

② 参见孙良:《新旧制度经济学的比较分析》,载《中国经济问题》2002 年第 2 期,第 14 ~ 18 页。

③ 科斯等否认新制度经济学是对旧制度经济学的继承与发展,甚至对此进行强烈的抨击,对其描述性的分析方法更是嗤之以鼻。从理论内核上看,旧制度经济学是反对新古典经济学的,而新制度经济学则以新古典经济学理论为基础,可以说是对新古典经济学的修正与发展。

④ Robert C. Merton, Zvi Bodie, “Design of Financial Systems: Towards A Synthesis of Functional and Structure”, *Journal of Investment Management*, Vol. 3, No. 1, 2005, pp. 1 – 23.

论的不同,这在一定程度上可以视为制度金融学理论(Insititute Finance)在西方的正式提出。但在制度金融理论在西方的正式提出之前,以金融制度因素为分析对象的研究已多有出现。国内学者张杰对此进行了很好的综述,在张杰看来,“货币金融理论原本就是制度金融学理论。或者说,制度金融学应当是货币金融学的本源,而不仅仅是后者的新发展”。[①] 以货币理论为切入点,张杰[②](2010 年)综述了国外制度金融学理论的起源,指出门格尔的货币演进范式中制度因素内生性的观点;劳伦斯·怀特(Lawrence White)的“新门格尔主义”对门格尔理论的重述确认了商品可售性上的差异,从而推演出交易成本为正,并构建了完整的货币制度理论框架;希克斯(Hicks)将交易成本作为货币金融理论的考察对象,认为利息本身就是一种交易成本,并进一步梳理不同制度间的逻辑关系,初步形成一个完整的金融制度分析框架;克洛尔(Chloe)强调了交易费用的存在直接影响了物物交易的进行,继而说明了通过制度对货币进行安排有助于降低市场中的交易费用;尼汉斯(Nehans)则在克洛尔的基础之上进一步提出围绕交易费用最低的货物——货币而进行的间接交易远比原始的物物直接交易更为节约交易费用。

在默顿(Merton)和博迪(Bodie)正式提出制度金融学理论之前,我国学者江春于 1999 年在新制度经济学的基础之上提出了“新制度金融学”[③](江春,1999 年),并在往后的一段时间里将“新制度金融学”运用在不同的金融研究领域当中。在江春的研究当中,金融产权是其研究的重点,金融产权的重要性背后所暗含的意蕴则是“真实世界”中现实存在的交易费用,只有清楚划分产权边界才能有效降低金融过程中的交易费用。在其后,国内学者张杰[④](2013 年)对制度金融学理论的研究也体现了制度金融学理论对“真实世界”的回归。在金融交易费用不为零的真实金融世界中,金融制度具有重要作用。张杰认为,真实的金融世界与新古典主义下的金融世界存在巨大差异,与新古典主义下金融世界的既定制度不同,真实金融世界存在不

---

① 参见张杰:《制度金融学的起源:从门格尔到克洛尔》,载《东岳论丛》2010 年第 10 期。

② 参见张杰:《制度金融学的起源:从门格尔到克洛尔》,载《东岳论丛》2010 年第 10 期;张杰:《制度金融理论的新发展:文献述评》,载《经济研究》2011 年第 3 期。

③ 江春在 1999 年发表的文章《论金融的实质与制度前提》中提出金融的实质并不是资金的借贷活动或融通活动而是财产权利的交易活动。文中,金融产权作为“新制度金融学”的核心内容被提出。在江春看来,金融是经济的核心,制度对经济发展至为重要,同理,以制度为切入点研究金融与制度之间的关系也同样可行且具有重大意义。本书将江春所提的“新制度金融学”也归类为制度金融学理论(详见江春:《论金融的实质与制度前提》,载《经济研究》1999 年第 7 期;江春:《新制度金融学探索》,载《经济学动态》2002 年第 6 期)。

④ 参见张杰:《金融分析的制度范式:哲学观及其他》,载《金融评论》2013 年第 2 期。

同的制度安排,衡量不同制度安排的效率则是制度金融学理论所强调的一个方面。从制度金融学理论出发,真实金融世界中的制度安排并不是先验性的,不存在绝对的好的制度与坏的制度,而衡量一个具体的金融制度是否有效,应定位于真实的金融世界,定位于其与相应制度环境的匹配程度上,定位于其能否有效降低真实金融世界中的金融交易费用。

如果说交易费用的引入在经济学理论上进行了一场"制度革命",无疑,金融交易费用的引入同样也会在金融理论研究中掀起巨大的波澜。回归一个真实的金融世界,不仅是国内外金融理论研究的一个新诉求,也是推进金融发展与创新所必须坚持的基本出发点。本章将在对金融交易费用、金融产权、金融制度变迁的相关研究成果进行评述的基础上,对制度金融学理论的发展进行小结。

2. 制度金融学理论:金融交易费用

金融交易费用理论认为,金融市场上存在金融交易费用,金融交易费用的高低直接影响整个金融体系的效率,合理的金融制度是降低金融交易费用的有效途径。理解制度金融学理论的关键在于理解金融交易费用的存在,也即前文所讲的真实的金融世界。对于交易费用的理解,无疑要先回答一个问题,即金融交易费用是什么?科斯①(1937 年)在《企业的性质》中通过从不同的企业出发,推断企业是价格机制的替代物;再列举不同企业存在的理由,指出市场的运行是存在交易成本,而企业的存在使得合约的签订减少进而降低了市场运行的交易费用。这是交易费用最原始的表述,在此之后,越来越多的制度经济学研究者尝试对交易费用进行定义。阿罗②(Arrow,1969 年)认为交易费用就是经济制度运行的成本。显然,现实当中的交易费用不止于经济制度的运行成本,在诺斯③(North,1990 年)看来,交易费用源于信息的不完全,交易费用包括衡量交换物之价值的成本、保护权利的成本,以及监督与实施契约的成本。张五常④(1999 年)在《交易费用的范式》将交易费用进一步扩大

① R. H. Coase, "The Nature of the Firm", *Economica*, New Series, Vol. 4, No. 16, 1937, pp. 386 – 405.

② K. J. Arrow, "The Organization of Economic Activity: Issues Pertinent to the Choice of Market versus Non-Market Allocation", *In THE Analysis and Evaluation of Public Expenditures: The PBB-System, Joint Economic Committee*, 91st Cong., 1st sess., Vol. 1. Washinton, D. C.: Governmetn Printing Office, 1969, p. 48.

③ 参见[美]道格拉斯·C. 诺斯:《制度、制度变迁与经济绩效》,杭行译,格致出版社、上海三联书店、上海人民出版社 2014 年版,第 32 页。

④ 参见张五常:《交易费用的范式》,载《社会科学战线》1999 年第 1 期。

为在鲁滨逊·克鲁索经济①中所不可能存在的一切成本。张五常认为交易费用也就是制度成本,只有一个人的社会是不存在制度的,而只要社会中多于一人,则制度就会产生。但这种成本与科斯最开始的信息和谈判的交易费用又有所区别,或者可以说是一种更广泛意义上"交易费用"。对此,张五常也指出,他所指的交易费用不仅是科斯所提出的"交易费用",也指代更广泛意义上的制度费用,这点也得到了科斯的赞同,金融交易费用就是金融社会中的一切制度费用。

在回答了金融交易费用是什么之后,人们要面对的第二个问题,金融交易费用从哪里来?弗鲁博顿与芮切特二人(1996年)②对交易费用的类型进行了划分,依循其足迹,笔者亦可将金融交易费用划分为市场型交易费用、管理型交易费用和政治型交易费用。③ 在此基础上进行逆推,不难发现第二个问题的答案,金融交易费用源自市场金融交易中的信息搜索、合约谈判、监督与执行;源自金融组织的建立、维持或改变及运行的费用;源自金融制度框架的建立、运行和调整。在交易费用经济学派的代表人威廉姆森(Williamson)看来④(1975年、1985年),这种种交易费用的源起,一方面,与人类的两大天性——有限理性与机会主义息息相关;⑤另一方面,在人的因素之外,与特定交易有关的因素也会形成交易成本,如资产的专用性、⑥不确定性的程度与交易的频率。

在新古典主义下金融交易费用为零,给定的制度作为外生因素并不影响效率的最大化;而在制度金融学理论中,金融交易费用不为零,不同的金融制度安排内生于金融发展,会导致金融效率的差异。这也引出所要回答的第三个问题,也是制度金融学理论学者所关注的核心问题——金融交易费用如何影响金融制度。一般而言,

---

① 鲁滨逊·克鲁索即笛福,系1719年所著小说《鲁滨逊漂流记》中独自落难于荒岛之上的主人公。鲁滨逊经济是经济学研究里常用的理论模型,该理论模型中只有一个个体,即鲁滨逊·克鲁索,故该模型中只存在资源配置,而没有市场交易。

② 参见[美]埃里克·弗鲁博顿、[德]鲁道夫·芮切特:《新制度经济学:一个交易费用分析范式》,姜建强、罗长远译,格致出版社、上海三联书店、上海人民出版社2015年版,前言。

③ 市场型金融交易费用主要是信息、谈判、履行和监督的费用;管理型金融交易费用是金融组织的建立、维持或改变及运行的费用;政治型金融交易费用主要是指政治体制中金融制度框架的制定、运行和调整的成本。

④ O. E. Williamsom, *Markets and Hierarchies: Analysis and Antitrust Implications*. New York: Free Press, 1975; O. E. Williamsom, *The Economic Institutions of Capitalism*, New York: Free Press, 1985, p. 67.

⑤ 与新古典主义金融学的完全理性假设不同,新制度主义下的制度金融学理论认为金融交易中的个体因其自身知识等因素的限制,其理性是有限的;根植于新制度经济学的制度金融学理论同样强调个体的机会主义倾向,交易个体在利益的诱使下可能突破合作的框架,追逐潜在利益的最大化。

⑥ 资产的专用性是指资产一旦形成,其功能便已确定,不能再作他用。

金融交易费用的存在使得金融制度尤为重要,而金融制度设立的目的亦在于有效降低金融交易费用。那么能否有效降低金融交易成本就成为衡量金融制度优劣的主要标准。诺斯①(1990 年)通过交易成本分析范式,解释了制度变迁的过程,当制度效益高于制度成本时,一项新的制度便可能产生。但也有学者对交易费用是制度进化的衡量标准提出质疑,认为交易费用无法真正衡量制度的效率,这与著名的“诺斯悖论”有所联系。简单来说,“诺斯悖论”认为通过制度变迁,交易费用在不断的降低,这成为经济发展的源泉;而经济发展也意味着社会分工等因素的复杂化,这又直接导致了交易费用的上升,引发经济发展的停滞。边际意义上短期交易费用的下降与长期交易费用的上升构成了“诺斯悖论”。对此,杨小凯②(1999 年)、李建标和曹利群③(2003 年)、袁庆明④(2011 年)都作出了一定的解释。诺斯⑤(1992 年)在其后期的研究对“诺斯悖论”也有所回应,将“适应性效率”(adaptive efficiency)作为衡量制度绩效的标准之一。与交易费用注重边际效率不同的是,“适应性效率”更看重的是制度在长期中的效率,也即制度体系与制度环境的相适度。“适用性效率”的使用,似乎更符合制度金融学理论所强调的“真实的世界”。不同经济体制下有着不同的金融环境,也就是说每一特定金融制度所要面临的制度环境也是不相一致的。先验地认为某一制度在所有制度环境中都能取得同样的效果显然是不可能的。特定的制度环境就是理论模型中所必须予以考虑的约束条件,交易费用则仍然是理论模型中用以衡量制度绩效的重要工具,通过分析交易费用所得出的“适应性效率”则是制度绩效衡量的结果。从这里可以看出,“适应性效率”的提出并不是对交易费用的排斥。交易费用仍然是衡量金融制度边际效率的主要标准,是指引制度变迁的重要工具。对于交易费用能否衡量制度绩效,另一个质疑则来自交易费用的可度量性。对此,张五常⑥(1999 年)作出了必要的回应,指出对交易费用的度量并不在于“可以用元或分来度量”,而在于边际意义上不同制度间效率差异的可观察性。金融交易费用在影响金融制度的制定、运行和调整的同时,也影响着金融交易个体的选择行

① 参见[美]道格拉斯 · C. 诺思:《制度、制度变迁与经济绩效》,杭行译,格致出版社、上海三联书店、上海人民出版社 2014 年版,第 31 ~ 35 页。

② 参见杨小凯:《经济学原理》,中国社会科学出版社 1999 年版,第 5 ~ 10 页。

③ 参见李建标、曹利群:《诺思第二悖论及其破解》,载《财经研究》2003 年第 10 期。

④ 参见袁庆明:《新制度经济学》,中国发展出版社 2011 年版,第 130 ~ 155 页。

⑤ D. C. North, “Institutions, Ideology, and Economic Performance”, *Cato Journal*, Vol. 11, Issue 3, pp. 477 – 496.

⑥ 参见张五常:《交易费用的范式》,载《社会科学战线》1999 年第 1 期。

为。对特定制度条件下交易费用如何影响交易个体选择行为的研究是交易费用经济学派的主要研究内容[①]（瑟兰斯基和克雷，1995 年）。

国内学者多有利用交易费用的分析方法来研究我国金融制度问题。殷孟波和翁舟杰[②]（2005 年）通过分析我国农村信用社合作制的交易费用指出我国农信社改革的方向是真正落实合作制。李竟成[③]（2005 年）利用交易费用的分析范式诠释了金融制度的效率，认为不同金融制度效率的高低取决于该制度发挥功能所需交易成本的大小，指出我国往后金融制度的选择和设计需要综合考虑制度环境因素。易绵阳（2014 年）[④]基于交易费用的视角比较了我国近代两种金融监管制度，指出近代中国金融监管制度的成败均与国家（政府）息息相关，当下我国金融监管制度的完善应当充分发挥市场主体自律监督的作用，避免过度依赖政府的行政手段。王劲屹、张全红[⑤]（2014 年）从交易费用的视角研究了我国农村资金互助社的问题，指出对我国农村资金互助社的金融监管应采取非审慎监管制度。

3. 制度金融学理论：金融产权

金融产权理论认为，合理的金融产权制度安排可以明晰界定金融产权的边界，降低金融交易费用，提升金融发展效率。制度金融学理论强调真实的金融世界，也即金融交易费用不为零。根据科斯定理，交易费用不为零时，权利的界定与配置将极大地影响经济效率，而决定权利界定与配置的基础无疑就是产权制度。可以说，金融产权制度是金融制度体系的核心，其构成了金融制度体系中其他制度的基础并直接决定了整个金融体系的效率。要理解金融产权，首先要厘清什么是金融产权？对于产权概念的表述，最经典的莫过于“产权是一个权利束”，包含所有权、占有权、支配权、使用权、处置权等一系列财产权利。作为最早认识到产权重要性的学者，阿尔钦（Alchin）认为私有产权是一个社会所强制实施的选择一种经济品的使用的权

---

① H. A. Shelanski, P. G. Klein, “Empirical Research in Transaction Cost Economics: A Review and Assessment”, *Journal of Law, Economics & Oganization*, Vol. 11, No. 2, 1995, pp. 335 – 361.

② 参见殷孟波、翁舟杰：《从交易费用看农村信用社的制度选择——为合作制正名》，载《财经科学》2005 年第 5 期。

③ 参见李竟成：《金融制度效率：交易费用经济学的诠释》，载《经济经纬》2005 年第 3 期。

④ 参见易绵阳：《近代中国两种金融监管制度的比较：基于交易费用视角的研究》，载《财经研究》2014 年第 1 期。

⑤ 参见王劲屹、张全红：《农村资金互助社可持续发展：基于交易费用视角》，载《农村经济》2013 年第 3 期。

利,[①]而市场资源总是稀缺的,资源的稀缺性总会导致人与人之间的竞争,有竞争则需要有规则,而私有产权制度就是竞争的规则。[②] 相比私人产权,阿尔钦认为政府产权和共有产权的性质是模糊而难以推演其结果的,在此之下个人的权利会遭受损害。德姆塞茨[③](Demsetz,1967 年)在权利束的基础上提出了"外部性内在化"的命题,认为产权作为一种社会工具,其重要性在于能帮助交易个体形成交易时的合理预期,其主要功能就是引导人们实现将外部性较大地内在化的激励。产权经济学派对产权的核心概念是建立在私有产权之上,德姆塞茨以土地所有权为例子说明共有产权较之于私有产权有着更高的交易费用、更低的效率以及无法避免的"搭便车"问题。似乎,在西方经济学人眼中共有产权便是"毒瘤"。但不可否认,以共有产权为主的"公共池塘资源"是普遍存在的[④](奥斯忒和赫斯, Oster & Hess,2007 年),在奥斯忒[⑤](Ostrom,1990 年)看来,这种公共池塘资源应在一定使用限制的基础上为人所共有,但理性的人往往会引起"公地悲剧"。存在即是合理的,共有产权的存在自有其道理,其中最为主要是实现社会福利、社会公平及资源效率的可持续性和最大化。对"共有产权无效率论",在诺斯[⑥](1977 年)看来,共有产权之所以容易失效,原因在于没有确定权利的所有人。卢克[⑦](Lueck,1994 年)通过检验得出了共有产权产生高效率的条件。韩文龙、刘灿(2013 年)[⑧]认为考量一个共有产权制度的效率应当将其置于特定的历史阶段、政治、文化等因素组成的制度环境中。可见,简单地说私有产权优于共有产权是带有一定的先验主义色彩,不管是何种产权制度安排,其效率都应在特定的制度环境来衡量。作为交易的约束条件,只要能够合理划分产权边界,则不应拘泥于私有产权与共有产权的效率之争上。彻底的私有产权可能导致

---

① 参见[美]阿曼·A. 阿尔钦:《产权:一个经典注释》,载[美]罗纳德·科斯等:《财产权利与制度变迁》,刘守英等译,格致出版社、上海三联书店、上海人民出版社 2014 年版,第 121 页。

② 参见张五常:《新制度经济学的现状及其发展趋势》,载《当代财经》2008 年第 7 期。

③ 参见[美]哈罗德·H. 德姆塞茨:《关于产权的理论》,载[美]罗纳德·H. 科斯等:《财产权利与制度变迁》,刘守英等译,格致出版社、上海三联书店、上海人民出版社 2014 年版,第 70 页。

④ E. Ostrom, C. Hess, *Private and Common Property Rights*, Working Paper, 2007, pp. 2 – 7.

⑤ E. Ostrom, *Governing The Commons: The Evolution of Institutions for Collective Action*, Cambridge University Press, 1990, pp. 2 – 10.

⑥ D. C. North, P. R. Robert, "The First Economic Revolution", *Economic History Review*, Vol. 30, Issue 2, 1977, pp. 229 – 241.

⑦ D. Lueck, "Common Property as an Egalitarian Share Contract", *The Journal of Economic Behavior &Organization*, Vol. 25, No. 1, 1994, pp. 93 – 108.

⑧ 韩文龙、刘灿:《共有产权的起源、分布与效率问题——一个基于经济学文献的分析》,载《云南财经大学学报》2013 年第 1 期。

市场失灵，彻底的共有产权也容易产生政府失灵低效，将二者合理的配比并清楚地划分彼此之间的权利边界，或是产权制度实现最大效用的安排。

金融产权可以理解为金融资产的权利束，是一切金融权利的基础，是金融市场竞争、金融交易的重要工具与规则。金融产权的作用不仅在于提供一个竞争规则与合理预期，其作用更体现于对金融资源的合理配置，对金融发展的激励、约束与协调。只有在完善的金融产权制度的基础之上，金融市场才能有序发展。对此，茂若①(Mauro，1995 年)、柯内科和柯菲尔②(Knack and Keefer，1995 年)等通过相关数据验证了产权与投资及经济发展的关系，指出缺陷的产权会导致投资额的下降，并最终拖慢经济的发展。强生、麦克米兰和伍德阿芙③(Johnson，McMillan and Woodruff，2002 年)研究指出弱金融产权会抑制企业的投资欲望，相反强金融产权则会刺激企业进行再投资。克拉森斯和拉文④(Claessens and Laeven，2003 年)发现在有更完善证券产权制度的国家中，企业能够更好地配置金融资源，并获得更快的成长，进而推动整个金融的发展。

国内传统主流金融学理论认为，金融就是货币或资金的借贷或融通。江春(1999 年)从财产权利的角度重新分析了金融的本质，认为金融的本质是金融财产的借贷或财产的跨时交易，是金融产权的跨时交易。那么，从这一视角出发，就不难发现金融交易主体进行金融交易的前提便是拥有独立的、排他的金融产权。通过完善金融产权制度来培养金融市场上独立自主的金融交易主体，不仅将推动我国金融市场机制的构建和完善，也将是我国整体金融制度体系改革的方向。在江春看来，我国金融发展的最大缺陷就是金融产权制度缺陷，不管是人民币自由兑换问题⑤(2000 年)、利率市场化问题⑥(2003 年)、人民币升值问题⑦(2004 年)、金融创新⑧

① P. Mauro，"Corruption and Growth"，*Quarterly Journal of Economics*，Vol. 110，No. 3，1995，pp. 681－712.

② S. Knack，P. Keefer，"Institution and Economic Performance：Cross-Country Test Using Alternative Institutional Measures"，*Economics and Politics*，Vol. 7，No. 3，1995，pp. 207－228.

③ S. Johnson，J. McMillan，C. Woodruff，"Property Rights and Finance"，*The American Economic Review*，Vol. 92，No. 5，2002，pp. 1335－1356.

④ S. Claessens，L. Laeven，"Financial Development，Property Rights and Growth"，*The Journal of Finance*，Vol. 58，No. 6，2003，pp. 2401－2436.

⑤ 参见江春：《产权改革、人民币自由兑换与 WTO》，载《金融研究》2000 年第 8 期。

⑥ 参见江春、刘春华：《中国利率市场化的新制度金融探讨》，载《财经理论与实践》2003 年第 7 期。

⑦ 参见江春：《人民币升值之争得理论反思：新制度金融学的解释》，载《中南财经政法大学学报》2004 年第 6 期。

⑧ 参见江春、许立成：《金融创新的新制度金融学探索》，载《武汉金融》2006 年第 4 期。

(2006年)还是人民汇率制度问题[①](2008年)等,其解决的路径无疑都是金融产权制度改革。苑书义[②](2011年)研究了我国金融产权与金融组织的内生关系,认为金融产权与金融组织具有强烈的内生关联性,指出提高金融组织效率的路径在于逐步改革我国金融产权制度。目前,我国金融产权结构中国有产权占有重要地位,这在银行市场中表现得尤为明显。银行是整个金融体系的核心,我国银行业中以国有资本银行为主,民营资本真正进入银行业占比较小,国有银行的效率直接影响了我国银行业及整个金融业的效率。在较为单一的银行产权结构下,国有银行的效率一直被人诟病。改革国有银行产权结构,改善银行业产权结构单一化是提高国有银行效率及整个银行业效率的关键所在[③](高连和,2005年)。王林辉和董直庆[④](2008年)认为改革金融产权结构,实现多元化的金融产权格局才能促进我国金融发展效率的提高。而刘东[⑤](2003年)认为,我国金融产权制度的改革不应局限于形式上的产权改革,更应注重相关配套制度的完善。

四、金融法律关系理论

金融法是调整金融关系的法律规范的总和。自1844年《英格兰银行条例》颁布以来,金融法理论随着金融法实践不断拓展和深化,主要包括金融法演化理论,金融法特征理论、金融法体系理论、金融法渊源理论和金融法律关系理论。

1. 金融法演化理论

金融法是随着商事交易的出现而产生,并随着商事交易范围的扩大而逐渐丰富和发展的。随着商品交易的不断扩大,与交易密切关联的资金融通和周转活动得到进一步的加强,银行、信托、担保、保险等金融活动得到进一步的发展,逐渐形成了所谓的"第三种商"。金融法就是在规范和调整这类"第三种商"中不断演进的。货币兑换、收支、借贷等活动中逐渐形成并被普遍遵循的各种契约和习惯成为金融法的最早渊源。随着国家的建立和统一货币的出现,统一货币制度成为金融法发展的第二个重要阶段。罗马法的复兴、西欧民族国家商法典的出现,为自由市场经济中的

---

① 参见江春:《人民币浮动汇率:制度变革与经济转型》,载《财经问题研究》2008年第4期。

② 参见苑书义:《金融产权与金融组织的内生关系及启示》,载《经济问题探索》2011年第10期。

③ 参见高连和:《国有产权制度的国有商业银行效率研究》,载《理论探讨》2005年第1期。

④ 参见王林辉、董直庆:《产权制度、金融结构与我国金融发展效率的实证检验》,载《东北师大学报(哲学社会科学版)》2008年第6期。

⑤ 参见刘东:《中国金融改革面对的产权问题思考》,载《金融研究》2003年第8期。

货币和信用规则的系统发展奠定了制度基础，是金融法历史变迁的第三大重要阶段。最后，关于货币兑换、货币收支、货币借贷等活动所逐渐形成的大量规则逐渐与一般的商事规则相分离，从而形成了近代金融法的雏形。

随着资本主义商品经济和信用活动的进一步发展，银行等专业金融机构大量出现，近代金融法逐步形成。1844 年，世界上第一部银行法——《英格兰银行条例》颁布，标志着近代意义上以单行法典形式存在的金融法的正式产生。[①] 继《英格兰银行条例》之后，法国、德国、瑞典等欧洲民族国家，美国、日本等近代资本主义发达国家，也相继颁布了调整银行等金融机构和货币存贷关系的法律规范。[②] 之后，随着金融信用活动的不断深化，金融主体逐步由银行拓展到证券公司、保险公司、信托公司、基金公司、投资公司、金融控股集团等，金融活动逐步由货币借贷发展到票据承兑、证券投资、保险分担等多种信用实践模式，货币市场、资本市场、黄金市场、外汇市场等逐步发展壮大，客观上要求统一、权威的金融规则加以调整。20 世纪二三十年代以来，随着调整各种专门金融关系的票据法、信贷法、保险法、证券法、信托法等在经济发达国家的陆续出台，现代金融法律体系逐步形成。

2. 金融法特征理论

金融法在本质上属于商法的范畴。尽管金融法的调整对象包含金融机构、金融市场和金融监管，但金融市场是其核心和枢纽。培育、完善和发展金融市场，促进金融市场繁荣是金融法的主要目的和功能。金融本身是作为“第三种商”发展而来的，金融法的演进是商法演进的组成部分。由于金融法属于商法范畴，因此金融法具有商法的一般特征以及其自身的特殊特征，包括：

（1）金融法具有营利性。金融法具有营利性不是指金融法本身具有营利性，而是通过金融法的宗旨、原则、制度和条文的规范，激励和促进金融主体的合法营利行为，约束和惩罚金融主体的违法营利行为。市场经济是竞争主体和利益主体高度分化的经济，具有功利性的本性。市场经济利益驱动成为支配人们行为动机的重要因素。在市场经济中，经济人都会把追求自身利益最大化作为基本目标，这是市场经济规律作用的必然结果，因而具有经济上的必然性和合理性。金融法主要规范的是金融主体的营利行为。金融主体从事金融活动，其直接和主要目的就在于盈利。从

---

① 世界上第一家银行为 1171 年成立的威尼斯银行，英格兰银行于 1694 年正式成立。

② 如法国 19 世纪颁布的《土地银行法》、德国 19 世纪颁布的《德意志帝国银行法》、瑞典于 19 世纪 50 年代颁布的《瑞典银行法》、美国 1863 年颁布的《国民银行法》、日本 1882 年颁布的《日本银行条例》等。

这一角度来看,金融法当然是一部“盈利法”。但是,金融法并不是单纯只讲盈利。金融法鼓励和保护通过正当交易手段和合法投资途径去获取经济利益。

(2)金融法以技术性规范为主。现代金融的发展,客观上要求法律尽可能使金融主体的设立程序化,使金融行为的规则简洁,以利于金融活动的快捷发展。另外,现代金融交易更多的融进了先进的科学技术,金融交易的这一特点使金融法的内容也极具技术性,它不仅要求人们具有诚实信用的道德观念和商业信誉,也要求人们具有更为精准缜密的经济、技术知识和思维。因此,金融法是实践性极强的法律,必须具有很好的可操作性和技术性。例如,我国《票据法》中关于票据的设权性、文义性、定型性,票据行为的独立性、执票人的追索权、票据的抗辩等,均为与票据的结算、支付、信用等功能密切相关的技术性规范。又如,我国《保险法》中关于保险危险的确定、保险价值的测定、保险费的计算、理赔程序等,莫不体现了极强的技术性。

(3)金融法是公法和私法的融合。在金融法这一规范体系中,以私法规范为核心,同时包含有大量的公法性条款,即国家通过立法形式而干预金融交易活动的规范。然而,这些公法性质的规范还不能从根本上改变金融法的私法属性。具体而言,金融法在调整金融调控与监管关系方面,具有宏观调控性、以强制性规范为主,表现为金融法的公法性;同时,金融法调整平等主体之间的金融交易关系,包含有大量的私法规则和制度,表现为明显的私法性。因此,金融法是典型的公法和私法相融合的法。

(4)金融法具有国际性。金融法按照国家间的关系可以大体分为国内金融法和国际金融法。因为金融法所调整的市场经济本身就具有显著的跨地域性,一国的市场经济的发展离不开他国经济的发展,国内金融法可借鉴别国金融立法的有益经验,顾及有关的国际惯例。

(5)金融法具有宏观调控性。金融法是以实现国家对金融业的调控和监管为目的的法。金融法通过对市场准入、经营范围、利率及汇率和资格审查等四大要素进行规范,以实现对金融关系的规范。由于上述因素对国民经济有直接或间接的影响,所以,金融法对宏观经济的调控作用,比其他法律更加明显。

3. 金融法体系理论

金融法的体系,是指调整金融关系不同侧面的金融法律、法规、规章等金融法律规范,分类组合为不同的金融法律制度,并形成相互联结、有序统一、层次分明的整体。金融法的内容则是国家制定的规范金融行为、调整金融关系的规范性文件中的具体规则。由于各国历史文化传统不同、法律制度存在差异以及经济发展阶段国家的金融干预程度不同，金融法的体系各有特点，内容也不尽相同。适应社会主义市场经济发展的要求，我国的金融法体系从宏观上大体分为金融机构组织法，金融市场法和金融监管法三大类。

(1)金融机构组织法。金融机构组织法，又称金融主体法，是用于确定包括银行、非银行金融机构等各类金融关系参与者的性质、法律地位、组织形式、机构设置、业务范围、职责权限等的法律规则的总称。金融机构是金融活动不可或缺的主体，金融关系的当事人中往往有一方是金融机构，因而它在金融体系中居于核心地位，也成为金融法予以规范和主管机关进行监管的主要对象。所以，金融组织法是金融法的基础，包括中央银行法、商业银行法、政策性银行法、非银行金融机构管理法、涉外金融机构管理法等。

(2)金融市场法。金融市场法又称金融业务法，或金融交易法，是指调整金融机构与客户之间各种具体金融业务活动的法律规范的总和。根据不同金融业务的不同性质，金融市场法又可细分为间接融资法、直接融资法、特殊融资法及金融中介业务法等。间接融资法，是指调整间接融资关系的法律规范的总称。直接融资法，是指调整直接融资关系的法律规范的总称。特殊融资，是指发生在期货市场、期权市场和外汇市场的融资行为，该类行为具有不同于一般直接融资和间接融资的特点。调整期货、期权和外汇融资行为的法律规范即为特殊融资法。金融中介业务法，是指调整金融机构与客户之间中介业务关系的法律规范的总称。

(3)金融监管法。金融监管法是用以确立国家金融主管机关的性质、地位、职权、职责及监管措施，以及规范金融主管机关的具体监督管理行为的法律规范的总称。我国已初步建立起了“分业经营、分业监管”的金融业监督管理机构体系，主管机关主要包括中国人民银行、中国银行保险监督管理委员会、中国证券监督管理委员会。我国金融监管法已形成基本框架，最典型的是2003年12月27日第十届全国人大常委会第六次会议通过的《银行业监督管理法》。另外还包括《中国人民银行法》《商业银行法》《证券法》《保险法》等法律法规中关于相关金融主管机关的职权、职责及监管措施等方面的法律规范。

4. 金融法渊源理论

金融法的渊源，是指金融法律规范的表现形式。金融法的渊源主要有：

(1)宪法。宪法是由全国人民代表大会制定的国家的根本大法，具有最高的法律效力。宪法中关于社会主义经济制度的规范，是对金融关系进行规范的基本依据。

(2)金融法律。金融法律包括金融专门法和金融交叉性法律。金融专门法按照法律效力又分为金融基本法和金融普通法。金融基本法是全国人民代表大会制定的规定金融货币核心关系和基本关系的法律,其效力低于宪法,高于金融普通法。在我国,只有《中国人民银行法》才是金融基本法。金融普通法是全国人大常委会制定的规定某类特殊金融关系的金融法律,如《商业银行法》《保险法》《票据法》《证券法》《信托法》《证券投资基金法》《银行业监督管理法》等。除专门性金融法律之外,还有其他法律中涉及金融法的渊源,比如,《民法典》中有关于借款合同和融资租赁合同的规定,《刑法》中有关于金融犯罪及其刑事责任的规定。

(3)金融行政法规。金融行政法规是国务院制定的规范金融关系的规范性文件,如《储蓄管理条例》《金融违法行为处罚办法》《非法金融机构和非法金融业务活动取缔办法》《个人存款账户实名制规定》《金融资产管理公司条例》《金融机构撤销条例》《外资保险公司管理条例》《外资金融机构管理条例》等。除专门的金融行政法规外,其他行政法规中涉及金融关系的规范,也是金融法的渊源。

(4)金融部门行政规章。金融部门行政规章是国务院直属部门所制定的规范金融关系的规范性文件。它们主要是由国务院金融监督管理机构(如证监会、银保监会)、中国人民银行、国家外汇管理局针对金融关系所制定的即时性、可操作性和针对性规范,它们数量最多,变化较快,修改和废止的频率也较高。比如中国证监会几乎不超过一个月就会出台规范证券市场某类关系的规范性文件。

(5)金融地方性法规。根据我国《立法法》的规定,金融地方性法规是指省一级和较大的市的权力机关及其常设机关为执行和实施宪法、金融法律和金融行政法规,根据本行政区的具体金融关系的实际需要,在法定权限内制定并在本辖区内实施的规范性文件。

(6)金融司法解释。金融司法解释是最高人民法院和最高人民检察院关于金融案件的审判和检察活动中的法律适用问题所作的法律解释,如《关于人民法院审理借贷案件的若干意见》《关于审理融资租赁合同纠纷若干问题的规定》《关于审理票据纠纷案件若干问题的规定》《关于审理证券市场因虚假陈述引发的民事赔偿案件的若干规定》《关于审理期货纠纷案件若干问题的规定》等。

(7)国际条约。我国缔结或者参加的与金融有关的国际条约,除我国政府声明保留的条款外,构成我国金融法的重要渊源。

5. 金融法律关系理论

金融法律关系是由金融法律规范调整的在金融监管、调控活动和金融业务活动过程中形成的具有权利义务内容的社会关系。当以银行为核心的金融机构、企事业单位、其他组织和个人在进行金融监管、调控和金融业务活动时,形成了各种金融关系;而这些金融关系受相应的金融法律规范调整时,就形成了合乎法律的、受国家强制力保护的权利义务关系,即金融法律关系。因此,金融法律关系的形成条件有两个:一是有某种具体的金融监管、调控活动或金融业务活动的存在;二是要有反映国家意志的金融法律规范的存在。金融法律关系除具有一般法律关系的特征外,还具有以下自己的特征:第一,金融法律关系的主体必须包含金融机构。金融机构是金融法律关系的当然主体,同时,也是形成金融法律关系的必要主体。因为,金融法律关系是在金融监管、调控活动和金融业务活动过程中形成的权利义务关系,而金融监管、调控或金融业务活动是以银行等金融机构为中心开展起来的。故在金融法律关系主体中,必须有一方主体是金融机构。第二,金融法律关系客体的广泛性和复杂性。金融活动源于商品货币关系,有商品货币关系存在的地方,就必然存在金融活动。在当代的社会生活中,金融活动已经渗透社会生活的方方面面,成为现代社会生产、交换、分配和消费顺利进行的必要条件。并且,随着金融竞争的加剧,金融创新的不断增多,能够成为金融法律关系客体的金融产品和相关法律行为也会越来越广泛和复杂。第三,金融法律关系具有较严格的准则性、程序性。金融法律关系的准则性和程序性,首先,体现在法律关系主体市场准入的准则和程序之上,不是所有的商事主体和民事主体都能成为金融主体;其次,体现在金融法律行为的要式性和程序性上,由于金融法律行为具有大量、反复、同一的特点,如果行为没有固定款式而完全由当事人自由协商,不但不符合经济原则,而且易生分歧从而有碍交易迅捷,故金融法律行为具有要式性和程序性;最后,金融法律关系的内容即权利义务关系具有定型化的特征。主体面对大量类似的行为,基于对效率的追求和对风险的控制,往往规定严格的程序,并采用格式化合同形成金融法律关系。金融法律关系的变动往往对当事人权益影响重大,其他主体出于防范风险的考虑,也更倾向于采取书面形式将权利义务固定下来。此外,法律强制规定如果不具备某些要件便不能形成金融法律关系,如担保合同必须具备书面形式。

(1)金融法律关系的构成要素。金融法律关系的构成要素,是指形成金融法律关系不可缺少的部分。和一般法律关系的构成要素相同,金融法律关系也是由主体、客体和内容3个要素构成。金融法律关系的主体。其是指参加金融法律关系,依法享有权利、承担义务的当事人。国家机关、企事业单位、社会组织和个人依法可以成为金融法律关系的主体,而金融机构则是金融法律关系的当然主体。金融法律关系主体具有社会性和法律性。前者是指金融法律关系主体的产生是由一定的社会经济生活条件决定的。经济越繁荣,就会有越多的金融主体类型,如我国的信托投资公司、财务公司、证券公司等都是在改革开放和实行市场经济政策以后出现的。随着市场经济的深入发展,将会有更多新型的金融主体涌现。后者是指什么样的人或社会组织可以成为金融法律关系主体,是由法律规定或确认的,未经法律的认可,不能参加金融活动形成金融法律关系。一般而言,公民、法人或其他单位参加平权性的金融法律关系的资格,诸如存贷、投保等,由民法加以规定,其他专门法对此并无特别规制。作为专门从事金融业务的银行和非银行金融机构,其资格则由专门的法律法规加以规定。金融法律关系主体可作如下分类:第一,特殊主体。包括中国人民银行、国家外汇管理局、中国银行保险监督管理委员会、中国证券监督管理委员会。它们作为法定的国家金融监管、调控部门,代表国家管理金融机构及其活动,代表国家监管、调控金融市场,在金融法律关系主体中居于特殊、重要的地位。第二,各类银行和非银行金融机构。各类银行包括政策性银行、国有商业银行、股份制商业银行、城市商业银行、农村商业银行、农村合作银行、外资银行、外国银行分行、中外合资银行及其他经营存款、放款、汇兑结算等业务的金融企业。非银行金融机构,是指未以"银行"命名而从事金融活动的信托、投资、租赁、债券、保险、货币经纪等金融业务的金融机构,也称其他金融机构。从广义上讲也是银行。第三,各经济组织、事业单位、社会团体。这些主体可以是法人组织,也可以是非法人组织,如合伙组织等。其中,企业毫无疑问是金融市场上最重要的主体。企业因从事商品生产而和金融市场紧紧联系在一起。即使是传统的企业,在生产经营活动中也可能发生资金余缺。资金短缺的企业要设法筹资,资金盈余的企业要寻求投资机会和对象,金融市场成为满足其资金需求及投资的重要渠道或机制。现代企业更是如此,作为现代企业的中坚和主导力量的公司,实现了所有者和管理者分离的结构,直接表现形式为投资主体的多元化。而这个资本联合与集中的过程,只有通过金融市场才能实现。如股份有限公司发行权益性金融工具、有限责任公司发行债务性金融工具或准权益性金融工具。第四,自然人。自然人作为金融法律关系主体具有分散性的特点,自然人包括中国公民、外国公民、无国籍人。自然人参加金融法律关系往往受到直接或间接的限制。直接限制包括对自然人行为能力的要求,在绝大多数情况下,都要求金融法律关系主体具有完全民事行为能力;唯有在特殊情形下,无民事行为能力人或限制民事行为能力人才能成为金融法律关系的主体,如作为保险关系中的被保险人、受益人。间接限制包括规定一定的准入门槛,将达不到这个标准的自然人排除在交易主体之外,例如,许多国家的金融工具规定了最低成交单位,股票为100股,可转让大额定期存单为10万元。如果一个自然人的资金不足以构成一个成交单位,就不能在市场上直接交易。第五,国家。国家作为金融主体的身份是双重的:一是作为金融交易的主体,二是作为金融市场的监管者和调节者。国家在货币市场上,是最活跃的主体之一,是主要的资金借入者。前者如发行货币,发行国家公债等,通过这些活动,政府弥补财政赤字。此外,国家对金融市场的监管虽然主要是授权给监管机构,但也经常自己出面向金融市场施加影响,如制定金融政策、改进金融市场的功能;从事公开市场业务、执行货币政策等。

(2)金融法律关系的客体。是指金融法律关系的权利义务指向的对象。客体是金融法律关系的必备要素,没有客体,权利和义务就失去了依托,就不能产生、变动和消灭。金融法律关系的客体包括货币、金银、有价证券、权利和行为等。包括:第一,货币。货币包括人民币和外币。人民币是我国流通领域中唯一合法的货币,它是金融法律关系适用最为广泛的客体。虽然外币在我国不能任意流通,但它是外汇管理行为的对象和金融法律关系的客体。第二,金银。金银是一种可以充当一般等价物的特殊商品,具有商品和货币的双重属性。当它充当货币的结算支付工具时,就成为金融法律关系的客体,同时也成为金银管理行为的对象。第三,有价证券。有价证券是设定并证明持券人有取得一定金额权利的凭证,包括票据、股票和债券等。票据,是指有出票人签名于票上,无条件约定自己或委托他人以支付一定金额为目的的有价证券,包括汇票、本票和支票。股票,是股份公司为筹集资金而发行给股东的持股凭证,并借以取得股息、红利的有价证券。债券包括国库券、金融债券和公司债券等。第四,期货、期权等金融衍生工具。金融衍生品是活跃市场、吸引资金不可缺少的因素。自20世纪90年代以来,我国逐渐引进一些金融衍生工具,并形成了一些集中交易市场。目前我国的金融衍生工具品种还是比较少,交易规模也不大。但随着交易需求的增强和政策的到位,金融衍生品将来在我国一定会有较大的发展。

(3)金融法律关系的内容。其是指金融法律关系的主体依法享有的权利和承担的义务。在不同的金融法律关系中,金融主体享有不同的权利,承担不同的义务。金融法律关系主体的权利是指主体有权依据金融法律、法规的规定为一定行为、不为一定行为和要求他人为一定行为、不为一定行为的可能性。其内容有四个方面:第一,金融法律关系主体可依法为一定行为。例如,商业银行可以在公开市场上买卖国债和其他政府债券;自然人可以买卖股票等。一般而言,行政主体只有在法律法规有授权时才能作出某种行为,其他主体在法律不禁止时都可以自由作为。第二,金融法律关系主体可依法不为一定行为。例如,商业银行对行政机关强令其发放贷款或者提供担保的要求有权予以拒绝等。在计划经济时代,金融机构和行政机关很大程度上是上下级关系,随着金融体制改革的推进,金融机构在立法层面获得了相对独立的地位,但在实际运行中,行政机关对金融机构不当干预的现象还是比较普遍。应当在执法、司法等各个层面真正保障银行的自主权,只有这样才能建立起健康有序的金融市场。第三,金融法律关系主体可依法要求他人为一定行为。例如,中国证监会对某证券公司作出责令限期整改的决定等。有序的金融秩序的形成离不开市场调控机关、监管机关的有效作为,这就要求它们切实承担起调控、监管职责,营造良好的金融环境。第四,金融法律关系主体可依法要求他人不为一定行为。例如,存款人有权要求银行不得向外泄露其存款情况等。在市场经济中,处于弱势一方当事人的权益更容易受到侵犯,这就需要公权力的介入,建立起有效的纠纷解决渠道,保护他们的合法权益。其内容包括,金融法主体必须依法为一定行为。例如,商业银行应当依照中国人民银行的规定缴存存款准备金,留足备付金。就行政机关而言,法律规定的职权既是其权利,又是其义务,这就要求其必须履行职责,否则便构成行政不作为;金融法主体必须依法不为一定行为。例如,银行资金不得进入股市。值得指出的是,禁止性规定不是一成不变的,因为金融市场的变化较大,这也要求政策不断调整。例如,我国一直坚持保险业和证券业的分业经营,保险资金在2005年前是禁止进入股市的,从当年2月以后便不再禁止。在金融管理法律关系中,管理者享有对金融组织依法管理的权利,但同时,这也表现为对国家应尽的义务。就被管理者而言,负有服从管理者依法管理的义务,但同时也享有对管理者是否依法管理进行监督的权利。这表明金融管理法律关系中权利和义务具有对等性。

(4)金融法律关系的产生、变更和终止。第一,金融法律关系的产生,是指基于一定的法律事实使金融法律关系主体之间形成一定的权利义务关系。法律事实的存在与变化,是金融法律关系产生的前提。所谓法律事实,是指依照金融法律规范能够引起金融法律关系产生、变更和终止的事实,包括事件和行为。事件,是指不以人的意志为转移的客观现象,如不可抗力事件、时间的流逝等;行为,是指由金融法律规范规定的能够引起金融法律关系产生、变更和终止的行为,包括合法和违法行为。合法行为是指与法律规范的要求相一致的行为,其中大多为以产生某种法律后果为目的的行为,即金融法律行为;违法行为是指与法律规范不一致的行为。此种行为不能产生行为人所预期的法律后果,即不符合主体所预期的法律关系,但能引起保护性法律关系的产生。第二,金融法律关系的变更,是指由于一定的法律事实的出现或变化,使业已存在的金融法律关系的某些要素发生改变,从而引起金融法律关系的变更,包括主体,客体和内容的变更。如将在银行存款由活期转为定期,即发生内容的变化;将该存款转给他人,即发生主体的变化;用该存款购买该商业银行的债券,即发生客体的变化。第三,金融法律关系的终止,是指由于一定法律事实的出现,使金融法律关系主体间的权利义务关系归于消灭。如商业借款基于清偿而消灭。

(5)金融法律关系的保护。金融法律关系的保护,从不同角度可进行不同分类。如从受惩主体承担责任的性质上可分为行政保护方法、民事保护方法、刑事保护方法;从具体承担责任的内容上,可分为财产责任方法、资格责任方法、人身责任方法、生命责任方法等;此外,还可以分为机构责任和个人责任,私法责任和公法责任等。金融法律关系的保护是通过3个保护机构进行的。第一,金融监管、调控机构。金融监管、调控机构是一国金融体制的中心,也是进行金融法律关系保护的最基本机构。金融监管、调控机构通过对金融机构的市场准入、市场退出和金融业务活动的全过程的日常监管,对金融违法行为进行行政查处,可以对金融法主体权利义务的实现起到最基本的保障作用。在我国,金融监管机构主要包括中国人民银行、国家外汇管理局、中国银行保险监督管理委员会、中国证券监督管理委员会。第二,仲裁机构。仲裁委员会组成的仲裁庭以第三人的身份对金融法律关系主体之间发生的金融纠纷进行调解或者仲裁,可以有效解决主体之间的金融纠纷,实现对金融法律关系的保护。但进行仲裁的前提是当事人双方应自愿达成提交仲裁的协议。第三,司法机构。一般是指人民检察院和人民法院。

五、制度创新理论

把与制度及制度变迁的有关问题纳入经济学学科的努力,贯穿经济思想史的始终(马克龙和瑞斯福德,1994年)。自早期政治经济学以来的制度经济学①对制度变迁与创新进行了大量探索。但一般认为,科斯及其追随者开辟的“法经济学”②是新

① 制度经济学在广义上包括以凡勃伦、康芒斯和米契尔为首的早期制度经济学(Institutional Economics),也称旧制度经济学和以艾尔斯、贝尔、米恩斯、加尔布雷思和熊彼特为首的后制度经济学(Neo Institutional Economics)以及以诺思、威廉姆森、阿尔奇安和德姆塞茨等为主要代表的新制度经济学(New Institutional Economics)。

② 虽然加尔布雷思等人的理论曾经被称为新制度经济学而风行一时,但时过境迁,现在新制度经济学成了以科斯为代表的法经济学学派的专有名词,而科斯之前的一律被称为旧制度经济学。

制度经济学最为杰出的代表。法经济学是将制度[1]作为经济发展的内生变量,在“产权”和“交易费用”基础上,运用新古典经济学方法研究制度及其功能和作用的新兴经济理论。[2] 在法经济学当中制度变迁与创新是两个密切联系的概念,戴维·菲尼(Davidney,1992 年)根据研究重点,将法经济学中的制度变迁与创新理论,分为以制度需求为重点和以制度供给为重点的两个发展阶段,机制设计理论是第二阶段的重要内容和前沿课题。

1. 以制度需求为重点的制度创新理论

法经济学认为制度是关于交易活动的规则。基于“科斯定理”(Coase's Theorem),法经济学得出了“制度是重要的”的结论,并在此基础上引入熊彼特在《经济发展理论》中提出的“创新理论”(Innovation Theory),认为“制度创新”(Institutional Innovation)是指制度的变革、改革,其结果是制度总体或基本特征的变化,即用新的更有效率的制度来代替原有的制度以取得更大的制度净收益,也就是通过提供更有效的行为规则而对经济发展作出贡献。制度创新不同于制度改良,制度改良是不涉及制度总体或基本特征基础上的制度改变。制度创新可能导致制度变迁(Institutional Change),即对构成制度框架的规则、准则和实施的组合所作的边际调整或制度的替代、转换与交易过程(Douglass C. North,1994 年),也即以现有制度作为起点模式转变为另一种效率更高的作为目标模式的制度或目标模式对起点模式的替代。但这并不是必然的,只有当制度创新引入后,才会对旧的价值体系带来干扰。不然制度创新产生的新要素将被旧的制度同化、吸收甚至扼杀,制度就不但不能变迁,反而可能被锁定。

在制度变迁与创新的需求形成机制上,法经济学认为规模经济、技术进步,外部成本与收益、对风险的厌恶、市场不完善等许多外部性变化,以及因观念、宗教等的变化而引起的偏好变化,引起了相对价格变化,打破了原有制度均衡,从而导致潜在利润的产生,而这些潜在利润难以在现有的制度安排结构中实现,从而引诱经济主体力图通过制度变迁来获取其潜在利润(科斯、阿尔钦、诺斯等,1996 年),制度创新

---

① 在英文中一般 system 和 institution 都可以翻译为“制度”,但这两个词除翻译为制度外,还有别的含义,如“system”就有系统、体系、体制、秩序、规律、方法等含义,“institution”有公共机构、协会、学院等含义。制度经济学中的制度都用“institution”,而不用“system”,制度经济学就是“institutional economics”。一般认为“system”偏向指较宏观的、有关社会整体的或抽象意义的制度,而“institution”则一般指较微观的、具体的制度。

② 新制度经济学的内容包括制度的构成与起源、制度变迁与创新、产权与国家理论、制度与经济发展的关系理论。

是制度创新者为了获得追加的或额外的收益(L·E.戴维斯、诺斯,1994年),而对现行制度进行的变革。同样,制度通过界定或限制交易主体的选择减少交易活动的不确定性,从而降低交易费用,获取预期收益,在存在明显过高的交易费用时,制度变迁与创新的欲望就会产生,而这又取决于制度变迁与创新的成本,制度变迁与创新的动力就是来自这种新制度带来的净收益,只有当制度变迁与创新主体的预期收益大于其成本时制度变迁与创新才能实现。因此,在这里,制度变迁与创新被看作制度主体对获利机会自发和渐进反应的演进过程,是需求诱致的结果。潜在利润的形成是制度变迁与创新的前提条件,预期收益大于预期成本是其必要条件。

2. 以制度供给为重点的制度创新理论

以制度供给为重点的法经济学理论认为,制度作为一种只有通过"公共选择"才能产生的,具有一定排他性的"公共规则"。不仅其所具有的"外部性",会导致制度变迁与创新中的"搭便车"而使制度供给不足,而且,制度本身并不能独立存在,必须有其承载体,而这些承载体又必须依靠制度支撑和维系。不同制度主体的制度选择是不一致的,甚至存在"制度悖论"①,使制度落入被锁定的陷阱。因此,仅依靠制度变迁与创新的需求诱致,还不足以导致有效的制度变迁与创新,实现制度均衡(林毅夫,1994年)。"正像早期就技术变化所作的研究中有很多集中分析需求诱致这个机制一样,制度变化方面的若干重要论述是遵循科斯的观点的(Ronald H. Coase,1960年),即认为制度是在变迁所得利益超过变迁所需成本时改变的","但他们忽视制度变迁的供给一方"(戴维·菲尼,1992年)。为此,制度变迁与创新理论的重点便从需求转向了供给。

从制度供给角度看,法经济学认为,制度供给主要依赖于创新主体的形成及其相互间的协调与共同努力、②知识基础与创新成本、社会各既得利益集团的权力结构或力量对比等因素,把握制度变迁的充分条件,还必须考虑诸如统治精英或上层决策者的政治经济成本收益在制度变迁中的重要作用(拉坦、速水,1984年),重要的制度供给要包含诸多政治手段的运用,国家功能、政治制度与社会意识形态对制度变迁与创新起着推动性与决定性作用(诺斯,1994年)。在这一背景下,社会利益集团权力结构的力量对比及其制度供给的成本收益比较成了制度供给的前提条件,制

---

① 既定制度约束下人们的最优行为结果并未与所适应的制度相对应的结果吻合一致,即人们在自身利益最大化原则下所选择的制度其结果导致了逐渐偏离资源有效配置的状态。

② 诺思认为制度创新要形成两级创新主体,即初级行动主体与次级行动主体,并认为制度创新需要两级行动主体相互配合与共同努力。

度供给不再仅是一个需求诱致的过程,而是一个强制性的过程。制度也超出了“自由契约性博弈规则”(道格拉斯诺斯,1991 年)和“关于博弈重复进行的主要方式的共有理念的自我维持系统”(青木昌彦,2000 年)的范围,成为由具有权力或权威性的社会代理人设计和确立并被自上而下地强加和执行的具有法规表现的正式博弈规则(周小亮,2002 年)。这种制度一般的主要表现形式为外在行为规则、程序性规则和具有特定目的的专门指令,其本质上是社会强势利益集团实现自身利益目标的工具、手段和方式,隐含上下等级关系和权力因素,其执行主体则是某些高于社会共同体的具有权力和权威性的部门或机构,国家是其中最大和最重要的成员。制度变迁与创新不再是一个仅由既定社会历史和文化传统所决定的自发演进的,各种主体均能够通过精明而又简单的“趋利避害”来追逐自身利益最大化的,平稳的、渐进的、连续的、和谐的,无意识、无目的,只有人受益,没有人受损的过程。在本质上,它成为不同利益集团在既定的社会环境中,为实现自身利益最大化,在强势利益集团主导下的有意识、有目的的重新界定社会利益关系和权力关系的博弈乃至斗争的过程。既然制度可以“供给”,那么“如何供给”成为问题的核心和关键。20 世纪六七十年代,由赫维茨和马斯金(Herwitz & Maskin)开创的机制设计理论系统完整地回答了这一制度供给的关键问题。

机制设计理论可以看作博弈论和社会选择理论的综合运用。简单地说,如果我们假设人们是按照博弈论所刻画的方式行为的,并且设定按照社会选择理论我们对各种情形都有一个社会目标存在,那么机制设计就是考虑构造什么样的博弈形式,使这个博弈的解就是那个社会目标,或者说落在社会目标集合里,或者无限接近于它。据此,赫维茨提出了一个分析制度问题的一般化框架,把机制设计认定为一种典型的三阶段不完全信息(贝叶斯)博弈。第一阶段,委托人提供一种机制(规则、契约、分配方案等);第二阶段,代理人行动,他决定是否接受这种机制;如果他接受机制,则进入第三阶段,代理人在机制约束下选择自己的行动。由于其在制度供给中的杰出作用,近年来,机制设计理论被广泛地运用于公共经济学的诸多领域,形成了以产权为基础,契约为手段,实施有效的激励—约束,提高委托—代理效率为目标的治理结构理论,进而使制度创新理论不断走向微观的、具体的操作层面。

法经济学的制度创新理论在产权与交易费用概念基础上,将制度作为经济发展的内生变量,以制度均衡为目标,运用成本收益分析方法,从制度需求和供给两个方面,揭示制度变迁与创新的诱致性和强制性过程的成因、原理、机制及其路径、模式、影响因素与变化规律,构建了制度分析的基本框架,提供了一整套能对现实经济,尤其是转型经济,作出切合实际解释的分析工具。显然,运用其分析框架和工具来解释农村金融法律制度的问题及特征,构建适应新农村建设和城乡统筹发展的农村金融机构法律制度对本书将是积极有效和必需的。因此,本书将综合分析上述理论,研究我国农村金融机构法律制度改革的问题,探索供给侧结构性的制度创新路径。

第三章　农村金融机构法律制度的概念框架

第三章的论述为本章的展开提供了清晰的逻辑起点和理论基础。然而,长期以来,我国农村金融体制改革,受“工具金融观”“机构金融观”等金融观的影响,停留在“就事论事”“分分合合”的层面上,农村金融机构体系建设缺乏科学理论的系统指导和法律制度的“顶层设计”。“农村金融机构法律制度”的理论意义和实践价值尚未得到充分认同,农村金融机构法律制度的概念框架亟待建立。本章将遵循传统法学范式,由农村金融机构法律制度的调整对象入手,分析归纳农村金融机构法律制度的概念特点,性质归属和原则定位,确立农村金融机构法律制度的基本概念框架。

第一节　农村金融机构法律制度的调整对象

法的调整对象是所有法学研究的元命题。不同的调整对象决定了性质、式样和风格迥然不同的各个部门法。顾名思义,农村金融机构法律制度的调整对象为“农村金融机构”。质言之,又包括较为具体的“农村金融机构”和较抽象的“农村金融机构关系”两个层次。农村金融机构,又称农村金融组织,是农村金融市场的主要供给主体,是指分布于农村地区的,为农村金融发展和农民生产生活提供资金、信用等金融服务,从事农村金融活动的专门金融中介,不包括农村金融监管机构。

一、农村金融机构

1. 农村金融机构的历史范畴

农村金融机构首先是一个历史范畴,是在经济结构出现城乡差异,金融结构出现二元分化之后的必然产物。从国内外农村金融机构演进的历程来看,农村金融机构的发展大致可以划分为三个阶段:一是工业化前阶段。工业化前阶段的农村金融机构,严格意义上属于农业金融机构。无论是中国抑或是西方发达国家,在这一阶段都经历了漫长的演进过程。这一阶段的农业金融机构以农业(主要是指种植业和养殖业)为服务对象,其从事的农村金融活动主要集中和局限于农业信贷,农业信贷也往往带着行政色彩,大多数国家的国家农贷制度也在这一阶段形成并逐步完善。我国先秦时期出现的"泉府"就是这一阶段政策性农业金融机构的早期形式。在政策性农业机构发展的同时,农村民间金融机构也逐渐发展,一度达到相当普遍的程度。[①] 二是工业化进程阶段。在工业化进程阶段,政府致力于实现国家的工业化、城镇化,农村金融机构在这时候也有了其明确的指向,不再是仅服务于农业的金融活动,而是为了满足整个农村经济生活与经济发展的金融需求。正如美国经济学家、1979 年诺贝尔经济学奖获得者刘易斯所指出的那样,工业化进程中的国家(发展中国家)普遍存在典型的"二元结构"特征,而这种"二元结构"特征必然要在这些国家的金融上反映出来,即这些国家的金融也存在代表传统部门的农村金融和代表现代部门的城市金融两个相对独立和分割的金融部门(张杰,2003 年)。农村金融机构在这一阶段得到蓬勃发展,农村金融活动范围逐步拓展,银行和各种非银行金融机构的各种业务开始服务于农业和农村经济,农业和农村发展的融资方式、融资手段和融资渠道也得到大大拓宽。三是后工业化阶段。后工业化阶段农村金融机构,我们可以观察发达国家的实践。这些国家实现工业化以后,农村人口比例非常小(一般不足 5%),城乡差别逐步消除,农村金融机构严格来说已经失去了它的地域指向。由于农业生产自身的特殊性,发达国家仍然大力发展农业金融机构以加强农业发展的金融支持,金融工具和手段得到极大丰富,金融机构体系更加完善,政策性农业金融机构不断向商业性农业金融机构转化,农业金融市场化完成(杰森,2001

① 据《史记·货殖列传》记载:"鲁人俗俭啬而曹邸氏尤甚,以铁冶起,富至巨万……贳贷行贾遍郡国。"

年)。在这一阶段,农村金融活动回归于农业金融,农村金融机构回归为农业金融机构。

因此,研究农村金融机构,首先必须明确农村金融机构的历史范畴。必须明确农村金融机构的产生和发展,是在国家工业化进程中,在二元经济金融结构的历史背景下,农村金融需求与城乡金融一体化需求不断发展深化的阶段性产物。世界上最早的农村金融机构,是1848年德国政治实践家雷发巽创立的农村信用合作社;我国最早的农村金融机构,是1918年北洋军阀政府筹办的“中国正银行”。[①] 毫无疑问,当前我国经济社会发展的历史背景符合农村金融机构的历史范畴,对农村金融机构法律制度的研究具有重要的现实意义。

2. 农村金融机构的基本分类

依据不同的标准,可以对农村金融机构进行不同的分类。依据不同的法律地位,农村金融机构可以分为正规金融机构和非正规金融机构。农村正规金融机构(formal finance)是指受到国家信用体系,一般是中央银行的控制和金融法规约束的金融机构(柯柔普,1989年)。在我国现有农村金融体系中,前者如中国农业银行、邮政储蓄银行、村镇银行以及各类农村合作银行和农村商业银行等,后者如农业发展银行、小额贷款公司等。农村非正规金融机构(informal finance)是指在中央货币当局或金融市场当局监管和金融法规约束之外发生的金融交易、贷款和存款的金融服务供给方(柯柔普,1989年),主要是指个人之间借贷行为、个人和企业团体间的直接借款行为、经济服务部、金融服务部、高利贷、各种合会、私人钱庄等民间金融活动。其最重要的特征在于其主体地位没有得到正式制度承认和保障,甚至被排斥在正式制度安排之外。依据是否以营利为目的,农村金融机构可以分为营利性农村金融机构和非营利性农村金融机构。营利性农村金融机构可称为商业性农村金融机构,一方面,包括正规的农村商业性金融、保险、证券、信托机构;在我国现实的农村金融机构中,主要是中国农业银行、邮政储蓄银行、村镇银行、小额贷款公司、证券和保险机构中从事农村业务的部分,以及农村信用社改革中出现的农村股份制银行、农村商业银行、农村合作银行。严格地讲以营利为目的农村信用社也应被归入此类。另一方面,包括非正规的营利性农村金融机构,如各种以营利为目的民间和地下农村金融机构。非营利性金融则包括农村政策性金融、互助性金融、民间友情借

① 参见王煜宇:《农村金融法律制度改革与创新:基于法经济学的分析范式》,法律出版社2012年版,第79页。

贷和金融扶贫活动。依据生成机制,农村金融机构可分为农村内生金融机构与农村外生金融机构。农村内生金融机构,是指农村经济发展过程中,根据农村经济发展的实际需要而自发产生的金融活动组织机构。农村外生金融则是指,从农村经济系统外强行植入的金融活动组织机构。依据所有制形态,可以将农村金融机构分为农村私有金融机构、公有或国有金融机构、外资金融机构以及介于三者之间的各种形态的混合所有制金融机构。依据投资主体多少还可以分为私人独资农村金融机构、国有独资农村金融机构、外商独资农村金融机构以及各种混合的股份制农村金融机构。这些形式相互交叉,构成了农村金融机构体系的复杂结构。

在我国,农村金融机构主要包括正规金融机构和非正规金融机构。正规金融机构主要是指农村信用社、中国农业银行、中国农业发展银行、邮政储蓄银行、农村商业银行、农村合作银行、村镇银行、资金互助社以及小额贷款公司,在一些经济较为发达的地区,国有商业银行、股份制商业银行以及一些非银行金融机构(租赁公司、信托投资公司、保险公司等)实际上也通过其在县域的营业网点或委托代办等方式对农村经济主体提供金融服务。此外,政府控制的农村扶贫机构也可以归类在正规金融组织中。非正规农村金融机构主要包括金融服务社、私人钱庄、合会、标会和其他民间借贷组织。中国经过30多年的农村金融体制改革,迄今为止,已形成了包括商业性金融机构、政策性金融机构、合作性金融机构在内的,以农村信用社为核心,以正规金融机构为主导,以非正金融机构为补充的农村金融机构体系,具体情况如表3-1所示。

表3-1　中国农村金融市场上的农村金融机构

供给主体	主要农村金融业务	主要客户群体
中国农业发展银行	农副产品国家专储贷款、购销贷款、加工企业贷款、基建和技改贷款、老少边穷地区贷款、农业综合开发贷款、财政贴息农业贷款	粮食营销企业、政府有关部门、加工企业
中国农业银行	农村工商业贷款、财政存款	农村企业、农业产业化组织、农户
农村信用合作社 农村商业银行 农村合作银行	吸收存款、农户小额贷款、农村工商业贷款	
村镇银行	农户贷款、小型农村工商业贷款	
中国邮政储蓄银行	吸收存款、小额贷款(试点)	

续表

供给主体	主要农村金融业务	主要客户群体
信托投资公司	农村信托投资	农村企业、农业产业化组织、农户
保险公司	农村财产保险、人寿保险	
租赁公司	融资租赁	
农村扶贫社	农户小额贷款	农户
小额贷款公司	农户小额贷款	
农民互助基金会	农户储蓄和农户小额贷款	

3. 农村金融机构的主要特点

特点是事物内外的与众不同。农村金融机构的特点，必须要在其与其他金融机构的类比中得出。农村金融机构是依据二元金融理论及其在我国的实践得出的特殊类别，与其他金融机构相比，农村金融机构具有以下鲜明特点：

(1)农村金融机构并不特定指称一种或一类金融机构，而是对分布于农村地区的，为农村金融发展和农民生产生活提供资金、信用等金融服务，从事农村金融活动的银行、信用社、贷款公司、保险公司等各种金融机构的总称，这是农村金融机构区别于其他金融机构的总括性特征；

(2)农村金融机构是在国家工业化进程中，在二元经济金融结构的历史背景下，农村金融需求与城乡金融一体化需求不断发展深化的阶段性产物，这是农村金融机构区别于其他金融机构的时间特征；

(3)农村金融机构是在农村地区广泛分布的金融机构，这是农村金融机构区别于其他金融机构的地域特征；

(4)农村金融机构是旨在满足农村金融需求，为农村金融发展和农民生产生活提供资金、信用等金融服务的金融机构，这是农村金融机构区别于其他金融机构的功能特征；

(5)农村金融机构是专门从事农村金融业务活动的金融机构，这是农村金融机构的业务特征；

(6)由农村金融机构的地域特征、功能特征和业务特征所共同决定，农村金融机构具有较高的交易费用和交易风险，这是农村金融机构区别于其他金融机构的风险特征。

农村金融机构的上述总括性特征、时间特征、地域特征、功能特征、业务特征和风险特征共同决定了对农村金融机构进行法律调整的必要性，其中时间特征、地域特征、功能特征决定了农村金融机构法律调整的阶段、目标和宗旨,业务特征和风险特征决定了农村金融机构法律调整的内容和方式。

二、农村金融机构关系

所谓农村金融机构关系,是指围绕农村金融机构所产生的各种金融关系。农村金融机构关系可以分为农村金融机构内部关系和农村金融机构外部关系。农村金融机构内部关系是农村金融机构的内部组织关系和组织结构,主要回答“农村金融机构是什么”的问题;农村金融机构外部关系是农村金融机构与其他农村金融主体之间形成的相互关系,主要回答“农村金融机构做什么”和“农村金融机构怎么做”的问题。农村金融机构内部关系主要包括内部人身关系、内部财产关系和组织治理关系;农村金融机构外部关系主要包括农村金融交易关系、政策扶持关系和农村金融监管关系。其中,农村金融交易关系,主要是指农村金融机构与农村金融需求主体之间形成的相互关系;政策扶持关系,主要是指农村金融机构与国家之间形成的相互关系;农村金融监管关系,主要是指农村金融机构与农村金融监管机构之间形成的相互关系。

1. 农村金融机构内部关系

农村金融机构作为一种经济行为主体,其组织目标的实现和组织效能的提升与其内部组织结构关系密切。与一般金融机构不同的组织目标决定了农村金融机构有着不同于一般金融机构的内部组织和组织结构,与一般金融机构不同的组织特征需要农村金融机构特殊的内部组织和组织结构进行塑造表达。农村金融机构内部组织和组织结构的拟制,必须符合其特定的组织目标和组织特征要求,不能盲目照搬其他金融机构。农村金融机构的内部组织关系主要涉及农村金融机构组织内部“人与人”以及“人与物”的关系,其核心是“人的关系”;农村金融机构的内部结构关系主要涉及农村金融机构内部产权、委托代理权、剩余索取权等权利的配置关系,其核心是“产权关系”,因此,“产权人关系”是农村金融机构内部关系的核心。必须依据农村金融机构的组织目标和组织特征设计农村金融机构的“产权人关系”,回答好“哪些‘人’可以作为‘农村金融机构的产权人?’”以及“农村金融机构产权权能如何在产权人之间进行分配?”两个关键问题。

由于农村金融机构的组织目标的支农性,组织特征的时间性、地域性、风险性,农村金融机构的产权人关系设计一般采取“‘农民借款人’合作所有”的产权模式和

"'农民借款人'参与其管理和控制"的权能分配模式。[①] 由于农民借款人的孱弱和分散,农村金融机构的资本金一般先由政府贷款垫付。[②] "'农民借款人'合作所有"的产权模式和"'农民借款人'参与其管理和控制"的权能分配模式内生于农村金融,是农村金融机构内部关系的核心,仰赖合作关系发展而来的农村合作金融机构在各国的农村金融中都占有举足轻重的地位。金融业是一个信息不对称的行业。与城市不同,农村经济主体数量众多而且分散,使贷款者和借款者之间的信息存在高度的不对称。商业性金融机构难以获得农村金融主体的足够信息,加上商业金融受规模经济制约,使其在农村金融市场往往无利可图。事实上,正是因为农村金融需求的分散性、担保机制的脆弱、贷款监督的高监督成本等原因,使商业金融在农村金融市场上运作困难。

如表3-2所示,现代合作金融关系依然具有明显区别于商业性金融关系和政策性金融的特征:第一,它主要是一种人的结合,而非资本的结合;第二,它不以营利为目的,是社员的互助金融;第三,合作金融组织以业务交易量作为社员权责利的标准;第四,它独立于政府组织。这使它不同于体现和执行政府政策目标的政策性金融。

表3-2　合作金融和商业金融比较

分类	合作金融	商业金融
经营目标	不以营利为目的	以营利为目的
企业组织形式	合伙企业或社团法人组织	股份有限公司
利率决定	获得社会上的平均利润为基础	在市场利率的基础上上下浮动
服务范围	对非成员服务多有限制	服务范围无限制
组织机制	一般是自下而上的利益共同体	商业金融组织之间彼此分离
分配方式	在有限制的分红基础上,按参与合作者与合作金融组织间的交易量返还利润	按出资比例分配

2. 农村金融机构外部关系

(1)农村金融交易关系

从广义上来讲,农村金融交易关系,是指农村金融主体围绕农村金融产品进行

---

① 具体论述参见第八章"农村金融机构法律制度的国际概况"中关于美、法、加、日、韩等发达国家和孟加拉国小额信贷公司的产权人关系的法律制度设计。

② 例如:美国农业信贷银行的资本金在创立初期完全由联邦政府提供,1968年,农业信贷系统中各个机构的政府出资均获清偿。

买卖活动而形成的相互关系。本书所指的农村金融交易关系主要是指农村金融机构与农村金融需求主体之间围绕农村金融产品进行买卖活动而形成的相互关系。不同产权的农村金融主体是农村金融交易关系存在的必要条件。所有权的分散性与生产集中性的矛盾,风险能力和经营能力分布的不对称性是农村金融交易关系存在的充分条件。农村金融交易关系是农村经济活动的函数,具有规模经济效应。"规模经济"的存在和产权主体对"规模收益"的追求是农村金融存在和展开的内在动力。决定农村金融交易成本的主要因素不是交易规模,而是交易次数以及交易双方的信息对称性程度。在制度约束下,以信息为前提,建立在心理上的信任和安全感基础上的信用交易是农村金融的本质特征。交易双方的信息能力、风险能力、谈判能力等资源禀赋状况、最优化目标以及所受约束的有效性和外部不确定因素的冲击,直接决定了交易关系的缔约过程和结果。

农村金融机构是农村金融交易关系中的供给主体。从交易成本的理论来讲,各类农村金融机构的交易关系是否发生依赖交易成本的大小。所以为实现交易成本最小化,不同的金融机构应有自己不同的市场定位,民间金融和合作机构应着力于分散性、小额性的资金需求,而对于集中性、大额性和共性化的市场需求,安排商业性的金融机构能使交易成本最低。

(2)政策扶持关系

农业在国民经济中的基础地位,农业生产安全的重要性以及金融服务的"门槛效应"①(Threshold Effect),使世界各国都强调政策性金融对农业发展的扶持功能。政策扶持关系反映了国家设立政策性农村金融机构以满足农业、农村经济主体现实需要。农村政策性金融机构,是指以政府发起、组织为前提,以国家信用为基础,不以营利为主要目标,为配合、执行政府产业政策和区域政策,支持、保护农业生产,促

① 格林伍德和约万诺维克(1990年)通过引入固定进入费用和固定的交易成本,借以说明金融组织机构和金融市场是如何随着人均财富增加而发展的。罗丝·莱文(1992年)以及格林伍德和史密斯(1997年)在金融发展模型中进一步指出,这种较高的固定成本导致金融发展与经济增长之间的"门槛效应",即只有当经济发展到一定阶段之后,金融市场(金融机构)才得以形成。他们认为,在经济发展的早期,人均收入和人均财富很低,人们无力支付固定的进入费或者即使有能力支付也因为交易量太小,交易所负担的单位成本过高而没有激励去利用金融中介和金融市场。由于缺乏对金融服务需求,金融服务的供给无从产生,金融组织机构和金融市场也就没有存在的基础。当经济发展到一定阶段后,一部分先富起来的人由于其收入和财富达到临界值,他们就有激励支付固定的进入费用去利用金融中介机构和金融市场。这样,各种类型的金融组织得以建立起来。同时,他们还指出金融体系在经济发展的不同发展阶段与发展水平上的作用是不同的。在经济发展初期,人均收入和人均财富较低,人们只有能力构建金融中介机构来降低信息和交易成本,对其他金融组织、金融服务与金融工具的需求较少。只有经济发展和人均财富达到一定程度之后,人们才有能力和动力去积极参与金融市场的活动。

进国民经济协调发展和农民收入稳定增加,在农业及相关领域从事资金融通、提供金融服务的一种特殊的金融机构。与财政相比,政策性金融具备金融性的特征。财政是国家财政的简称,国家是财政行为的唯一主体,其职能主要体现在两个方面:一是提供纯粹的公益;二是对不能产生合理收益的群体提供福利性资金支持。而政策性金融介于国家财政和商业性金融机构之间,主要提供准公共品。与商业性金融相比,政策性金融又具有政策性。政策性金融不以追求盈利最大化为主要目标,它以国家信用为基础,资金由政府提供。资金运用往往具有特定而有限的业务领域和对象;另外,政策性金融也不同于开发性金融。前者是根据信贷资金来源和投向作出分类,后者是根据信贷资金功能作出的分类,二者的依据和标准不同,不应将此特殊分类同政策性金融与商业性金融两大族类的分类相混淆或等同。

(3)农村金融机构监管关系

农村金融机构的可持续发展离不开监管主体的有效监管。顾名思义,农村金融机构监管关系主要体现为农村金融监管机构对农村金融机构监管所形成的相互关系。农村金融机构监管从其广度来看,应是包括政府监管、行业自律、金融机构内部控制、社会监管等不同层次的监管体系;从其深度来看,应是涉及风险防范、效益获取、法律规范、操作简捷高效等不同侧面的系统工程。农村金融机构监管首先是国家及其授权的金融监管机关对农村金融机构、农村金融机构业务及农村金融市场实施监管而产生的监管与被监管关系。与监管层对其他金融机构一般采取行业监管不通,监管层对农村金融机构的监管是全面的复合的。主要包括:①对农村金融机构主体资格的监管,主要是指国家金融主管机关对银行与非银行农村金融机构的设立、变更、接管与终止进行全程审批所形成的关系。②对农村金融机构业务行为的监管,主要是指国家金融主管机关对各类农村金融机构的业务活动制定基本规则并监督实施中形成的关系。包括存款贷款监管、支付结算监管、信托、委托监管、保险监管、证券发行、证券交易及服务监管等关系。③对农村金融市场的监管,主要是指监管机关对农村货币市场、资本市场、保险市场的设立、变更、终止、农村金融品种及其交易双方行为的监管所形成的关系,同时,还应包括金融监管机关对擅自设立农村金融机构、擅自发行证券、非法从事存款、贷款、保险、典当、租赁业务等非法金融活动进行查处中形成的关系。农村金融监管关系产生在金融主管机关运用金融法律、法规和行政措施,直接规范各经济活动主体的过程中,金融主管机关采取命令、禁止、准许、倡导、协调、奖励或制裁等监管手段进行监管。

3. 农村金融机构关系的特点

综上所述，与一般金融机构的内部关系和外部关系不同，农村金融机构内部关系中的合作性，外部关系中的政策性，农村金融机构交易关系的风险性和监管关系的复合性不仅决定了法律对农村金融机构进行专门调整的必要性，也从根本上决定了法律调整农村金融机构的内容、式样和风格。

第二节　农村金融机构法律制度的概念特点

正如拉德布鲁赫所说，“法律就好像是一面镜子，不过是将社会经济中的关系翻译成了法律语言而已”。农村金融机构法律制度的独立性根源于其所调整的农村金融机构及其内外关系的特殊性，表现为其内容和形式的相对独立。尽管各国都有关于农村金融机构的相关立法和实践经验，但系统的理论整合尚未形成，农村金融机构法律制度的概念框架亟待建立。本节将在农村金融机构法律制度调整对象的基础上，分析抽象农村金融机构法律制度的概念，总结归纳农村金融法律制度的特点。

一、农村金融机构法律制度的概念

所谓农村金融机构法律制度，是指调整农村金融机构及其内外关系的法律规范的总称。农村金融机构的功能特征、业务特征和风险特征以及农村金融机构内外关系的特殊性使农村金融机构无法通过市场“自生自发”形成，必须通过强制性政府干预实现。强制性政府干预的主要手段包括政策、计划指导、行政命令和法律制度。与政策、计划指导、行政命令相比，法律制度更具有科学性、远视性、效率性、统筹性和强制力。只有通过法律制度的科学性，才能准确把握农村金融机构的本质特征，明确农村金融机构发展的根本问题；只有通过法律的远视性，才能克服农村金融机构的自利倾向和政府部门短期利益选择；只有通过法律的效率性，才能培育符合需求的农村金融市场主体、降低交易成本、有效配置资源；只有通过法律的统筹性，才能整合相关资源、协调部门政策、推进有效监管；只有通过法律的强制力，才能配置权利义务、严格市场准入、明晰政府边界。只有法律制度才能系统有效地回答好“农村金融机构是什么？”“农村金融机构做什么？”和“农村金融机构怎么做？”的问题，农村金融机构本质上就是法律拟制。由于农村金融机构是农村金融市场的供给主体，各国农村金融法律制度的演进过程实质上就是不断立法拟制完善农村金融机构的过程，农村金融机构法律制度是农村金融法律制度的主要内容。

二、农村金融机构法律制度的特点

“法的关系正像国家形式一样,既不能从它们本身来理解,也不能从所谓人类精神的一般发展来理解,相反,它们根源于物质的生活关系。”①农村金融机构法律制度的特点不是高高在上、自在自为的。它由农村金融机构的调整对象决定,体现调整对象的本质,反映调整对象的特征。农村金融机构法律制度的特点包括以下几点。

1. 阶段性。农村金融机构法律制度的阶段性是农村金融机构阶段性在其法律制度中的反映。农村金融机构法律制度的阶段性是指,农村金融机构法律制度只存在农村金融机构的存续阶段即工业化进程阶段。在这一阶段中,农村金融机构法律制度致力于合理配置权利义务、拟制完善机构主体、培育农村金融市场、推进城乡统筹。当国家实现工业化,城乡差别逐步消除之后,农村金融机构法律制度的历史使命也告完结,归位于农业金融机构法律制度。

2. 支农性。支农性既是法律拟制农村金融机构的根本宗旨,也是农村金融机构区别于其他金融机构的本质特征。实现“金融支农”既是国家农业发展、农民富裕、农村繁荣的战略需要,也是立法创设农村金融机构的根本目标。然而,“金融”与“支农”存在内在的本质矛盾,“三农”天然需要金融支持,但金融天然不支持“三农”:金融的“安全性”与农业的“风险性”,金融的“赢利性”与农民的“(相对)贫困性”,金融的“规模性”与农村的“分散性”难以调和,农业的自然禀赋、农民的稀缺财产、农村的信息障碍是威胁金融安全、金融营利和金融规模的“三座大山”。“金融支农”因此被称为“世界难题”。实现“金融支农”和“机构支农”的关键在于通过法律的强制拟制,以特殊的金融机构内部关系设计和外部关系安排,特殊的权利义务配置,引导、激励和培育农村金融机构和农村金融市场,从而实现“金融支农”国家战略。

3. 政策性。由于农村金融机构功能特征、业务特征与风险特征不匹配,因此,需要通过法律制度强制的“政策性”矫正,使农村金融机构和农村金融市场得以存续和发展。政策性是农村金融机构法律制度拟制的重要内容。农村金融机构法律制度的政策性是农村金融机构法律制度本身所具有的,基于农业、农村经济的“弱势性”的客观要求,不以营利为主要目标,为了配合、执行政府的农村经济政策,支持、保护农业生产,诱导和激励农村金融机构和农村金融市场形成与完善,以法律的形式要

---

① 马克思:《政治经济学批判》“导言”,载《马克思恩格斯全集》(第2卷),人民出版社1972年版,第82页。

求政府在一定期限内以优惠条件让渡资金使用权的特有属性。农村金融机构法律制度的政策性涵盖3个相互关联又缺一不可的要素,即金融性(区别于财政)、政策性(区别于商业性金融)和法律性(区别于惠农政策与行政命令)。农村金融机构法律制度的政策性根源于其调整对象的"弱势性",表现为其制度设计的金融性、优惠性和法律性。只有通过金融性,农村金融机构和农村金融市场才有可能获得自身难以积累的原始资本,才能迈过金融发展的"门槛效应";只有通过优惠性,农村金融机构和农村金融市场才有可能逐步形成与完善,才能逐步形成其自身发展的可持续性;只有通过法律性,农村金融机构和农村金融市场所获得的"分配正义"才有可能稳定和规范,农村金融应当发挥的基本功能才能得到有效的制度保障。

4. 合作性。农村金融机构法律制度的合作性是指,农村金融机构法律制度在制度设计上应当注重导引合作机制,激励并促进农村合作金融机构的有效发展,合作性农村金融立法应当成为整个农村金融法律制度的重点和核心。与城市不同,农村经济主体数量众多而且分散,使贷款者和借款者之间的信息存在高度的不对称。商业性金融机构难以获得农村金融主体的足够信息,加上商业金融的规模经济问题的制约,使得其在农村金融市场往往无利可图。事实上,正是因为农村金融需求的分散性、担保机制的脆弱、贷款监督的高监督成本,使得商业金融在农村金融市场上无可作为。因此,在农村金融机构内部"产权人"关系的设计上,发达国家农村金融机构法律制度一般采取"'农民借款人'共同所有"的产权模式和"'农民借款人'参与其管理和控制"的权能分配模式,突出农村金融机构的合作性。

5. 复杂性。农村金融机构法律制度的复杂性在根本上是由其调整对象农村金融机构的总括性和复杂性决定的。另外,农村金融法律制度阶段性、政策性和合作性也决定了农村金融法律制度在制度设计时既不能忽视商业性金融主体的营利需求,又要体现对农村金融法律制度的政策性优惠,还要引导农村金融向合作金融发展;在调整方法上,农村金融法律制度既包括平等主体之间的民事调整方法,也包含不平等主体之间的行政,甚至刑事调节手段;在具体法律规范上,不仅包括授权性规范,也包括强制性和禁止性法律规范。

第三节　农村金融机构法律制度的类别

依据不同标准,可以将农村金融法律制度分为不同的类别。依据调整对象的不同性质,可以将农村金融机构法律制度分为农村政策性金融机构法律制度、农村商业性金融机构法律制度、农村合作性金融机构法律制度和农村民间金融机构法律制度(主要是民间金融习惯法);依据农村金融机构所从事的不同业务类型,可以将农村金融机构法律制度分为农村信贷机构法律制度、农村证券机构法律制度、农村保险机构法律制度、农村期货机构法律制度;依据农村金融市场的不同阶段,可以分为农村金融机构市场准入法律制度、农村金融机构市场交易法律制度、农村金融机构市场退出法律制度;依据农村金融机构法律制度的不同功能,可以将农村金融法律制度分为农村金融机构组织法律制度、农村金融机构经营法律制度、农村金融机构风险防范法律制度等;依据农村金融机构出现的时间和内涵差异,可以将农村金融机构法律制度分为传统农村金融机构法律制度和新型农村金融机构法律制度。其中,参照各国的既有立法例和中国农村金融法治的实际情况,本书只论述农村政策性金融机构法律制度、农村合作性金融机构法律制度、农村商业性金融机构法律制度、民间金融机构法律制度和新型农村金融机构法律制度。

一、农村政策性金融机构法律制度

所谓农村政策性金融机构法律制度,是指调整以政府发起、组织为前提,以国家信用为基础,不以营利为主要目标,为配合、执行政府产业政策和区域政策,支持、保护农业生产,促进国民经济协调发展和农民收入稳定增加,在农业及相关领域从事资金融通、提供金融服务的一种特殊的金融活动的法律规范的总称。从广义上讲,金融法包括金融组织法、信贷法、保险法、担保法等各个部门法。农村政策性金融法应该是包括农村政策性金融组织法、农村政策性信贷法、农村政策性保险法、农村政策性担保法等农村政策性金融机构法和农村政策性金融活动法的总称。

农村政策性金融法律制度的产生和发展是农业保护主义兴起与发展的结果。最早出现的现代农村政策性金融法是1920年法国所颁布的《国家农业信贷法》,依据该法,法国国家农业信贷局成立并在1926年改组为世界第一家农业政策性银行——法国农业信贷银行,这所银行从建立之初就参与制定国家农业信贷政策,大力为农业提供信贷支持。20世纪二三十年代以后,“国家干预”的凯恩斯主义的兴起为农村政策性金融法律制度的发展提供了强有力的理论依据。比较典型的是建立了系统政府农业信贷机构的1923年美国《农业信贷法》。

二、农村合作性金融法律制度

在广义上,农村合作金融法律制度是指调整农村地区以社员为主要服务对象的、总体上不以营利为经营目标的互助的金融活动以及按照合作制原则建立起来的非营利性的互助性金融组织的法律规范的总称。各国关于合作金融的立法主要有4种形式：一是制定专门的合作金融组织法，如日本的《信用金库法》，美国的《联邦信用社法》(Federal Credit Union Act)；二是制定适用于包括合作金融组织在内的各种类型合作社的合作社法，如《加拿大合作社法》(Canada Cooperatives Act)，以及一些非洲国家和亚洲国家的合作社立法；三是在企业法规中制定关于包括合作金融组织在内的合作社的专门章节和条款，作为企业的特殊形式，合作社享受国家立法上的一些特殊规定，如意大利、瑞士、荷兰在民法中有关合作社的相关规定；四是合作社适用于一般的贸易、公司法等，没有建立独立的合作社法律体系。在有些实行联邦制的国家，如印度、美国等，除全国性的合作社法外，还有各州制定的地方性法规。有无专门的立法是一个国家合作制农村金融组织是否走向规范发展道路的重要标志。大多数国家的农村合作金融能够蓬勃发展，关键的原因在于其建立了比较完善的农村合作金融法，以保障农村合作金融机构改革发展的法制化和规范化。美国、日本、德国等发达国家都有比较完善的关于合作金融的法律体系。德国早在1889年就颁布了第一部《合作社法》，美国在1916年就通过了《联邦农业贷款法》。不论是哪一种模式的立法，其首要的目标是要确认合作金融组织的合法地位，这是确保合作金融组织能与其他经济实体一样获得平等待遇的前提，也是合作金融组织得以自主经营、自我管理的法律依据。相应地，为了使法律的概括性规定得以实施，需要通过一定的法律程序确认合作金融组织的合法性。因此，许多国家和地区都在立法中专门规定了合作社的注册，并配备专职的政府官员作为合作社注册官。

三、农村商业性金融机构法律制度

农村商业性金融法律制度，是指调整农村地区商业性金融组织和商业性金融活动的法律规范的总和。与政策性金融和合作性金融相比，农村商业性金融具有明显的营利性；与城市金融相比，农村商业性金融又具有明显的支农性。如前所述，农村金融所固有的“资金供求的季节性和需求的时效性，高风险性，低效性和存在失灵的可能性”①使营利与支农难于两全。因此，如何对农村商业性金融形成有效的支农与营利激励是法律制度设计的重点和难点。从各国的实践来看，在制度设计上必须注重以下几点：第一，注重通过立法保障政策性金融与商业性金融之间在农村金融

---

① 参见本章第一节“农村金融的特点”。

领域的互补性。一方面,强调政策性金融在农村商业性金融设立初期的奠基和指导作用;另一方面,政策性金融通过项目实施为商业性金融的开展提供条件。政策性银行对期限长、资金量大的业务存在优势,而商业性银行在期限短、资金量小的业务上存在优势。两者之间可以实现优势互补、相互协作。第二,注重通过立法对农村商业性金融进行市场准入、利率、担保、市场退出、风险防范等制度倾斜,保障其在支农同时能够有效实现商业营利的可持续发展。

我国农村商业性金融的发展有着悠久的历史。近年来,为适应农村经济发展的需要,根据《公司法》和《商业银行法》,通过改组、改造和新设等多种方式,我国农村商业性金融发展迅速,已陆续成立了农村商业银行、农村合作银行、村镇银行、邮政储蓄银行、贷款公司等农村商业性金融机构。

四、农村民间金融机构法律制度

所谓农村民间金融机构法律制度是调整农村地区民间金融活动及其组织的法律规范的总和。农村民间金融一般可以划分为3个层次:一是农户和农村企业之间发生的互助性的无息借贷;二是农户和农村企业之间发生的有息甚至高息融资活动;三是以农村民间金融组织为中介的融资活动。与官方正规金融相比较,农村民间金融具有区域性、灵活性和层次性等特征。区域性,是指农村民间金融是依赖于地缘、业缘和血缘关系建立起来的,在一定范围内开展业务的金融形式。农村民间金融的灵活性主要表现为经营时间灵活、资金使用期限灵活和资金定价灵活。层次性,是指经济落后的中西部地区的民间金融一般以民间借贷为主,借贷利率较高、借贷手续简单、契约要件不健全,尚处于发展的初步阶段。经济较为发达的东南沿海地区则出现了比较规范的民间金融组织,借贷利率趋于理性、借贷手续较为健全。农村民间金融与农村经济的发展状况相互呼应,具有明显的层次性。

农村民间金融法律制度的渊源为非正式的民事习惯或商事习惯,具有以下几方面的主要特征:第一,历史性;第二,地域性;第三,多样性。农村民间金融组织对组织内部成员的违约处罚和激励也有自身独特的解决方案,提高了农村民间金融组织的有效性。以法律形式将民间金融纳入监管范围引导其健康发展,或与正规金融融合成长,是世界各国和地区对待民间金融的基本经验。

五、新型农村金融机构法律制度

新型农村金融机构,是指与传统农村金融机构相对的一种金融机构。在中国持续30余年的农村金融体制改革语境下,“新型”不仅是一种时间断代,也是一种功能寄予;不仅是一种组织重建,也是一种监管尝新;不仅意味着对过去的反思,也意味着对未来的探索。新型农村金融机构改革的实质是我国在30多年农村金融体制改革尚未破题的背景下的一次法律制度改革创新。依据中国人民银行、原银监会“为全面落实科学发展观,有效配置金融资源,引导资金流向农村和欠发达地区,改善农村地区金融服务,促进农业、农民和农村经济发展,支持社会主义新农村建设”等相关文件精神,新型农村金融机构是相对传统农村金融机构而言的,包括原银监会2006年后批准试点成立的村镇银行、贷款公司、农村资金互助社三类机构,以及在人民银行的主导下、试点后由原银监会认可的小额贷款公司。截至2016年3月,我国共设立村镇银行1360家、小额贷款公司8867家、贷款公司14家、农村资金互助组46家。新型农村金融机构法律制度,按照狭义的理解,就是拟制上述新型农村金融机构(村镇银行、贷款公司、小额贷款公司、农村资金互助社)的法律规范的总称;按照广义的理解,新型农村金融机构法律制度应包括调整所有符合“时间断代、功能寄予、组织重建和监管尝新”内涵要求的农村金融机构的法律规范的总称,它又包括新型农村政策性金融机构法律制度、新型农村商业性金融机构法律制度、新型农村合作性金融机构法律制度以及新型农村民间金融机构法律制度。

综上所述,在中国农村金融市场中,农村政策性金融机构、农村商业性金融机构、农村合作性金融机构、农村民间金融机构、新型农村金融机构是一个互相配合、互相联系的统一整体。正是它们的互相依赖、互相调节、分工协作,才能形成功能优势互补的金融生态系统。在这一系统内,各金融机构与其生态环境之间及金融内部组织之间在长期的密切联系和相互作用过程中,通过分工、合作形成了具有一定结构特征并执行一定功能作用的动态平衡系统。农村金融机构法律制度的功效就是创建一个农村金融机构的法制生态环境,对各农村金融机构进行法律定位,界定其职能,划分其业务范围,对它们内部以及相互之间形成的金融法律关系进行调整,通过法律制度拟制回答好“农村金融机构是什么?”“农村金融机构做什么?”“农村金融机构怎么做?”等重要问题,保证金融机构生态的动态平衡以达到农村金融资源配置的最优化目标。

第四章　农村金融机构法律关系

法律关系(Legal Nexus)是经由法律规范拟制调整而形成的特殊权利义务关系。在法律从理念到行为的实践系统中,法律关系是联结法的意志与法的行为规范的中间环节,是法律机制设计的核心和关键。农村金融机构法律关系,通过对主体、客体和权利义务关系的系统再造,经由农村金融机构的权利能力、行为能力、农村金融产品、农村金融行为、农村金融风险等结构性要素,从法律角度深刻回答"农村金融机构是什么?""农村金融机构做什么?""农村金融机构怎么做?"等农村金融机构机制设计的根本性问题,为农村金融机构法律规范的展开提供基础和依据。由于解构农村金融机构法律关系、界分农村金融机构能力实际上就是为农村金融监管设定依据和边界,因此,本章将按照农村金融机构法律关系解构、农村金融机构的法律能力、农村金融机构的法律监管展开。

第一节　农村金融机构法律关系解构

农村金融机构法律关系是农村金融机构在农村金融活动中受法律调整保护所形成的权利义务关系。依据法律关系"主体—客体—内容"的一般逻辑要素,农村金融机构法律关系依次解构展开为"农村金融机构(主体)—农村金融产品和农村金融行为(客体)—农村金融风险(内容)"。

一、农村金融机构

在农村金融机构法律制度的逻辑构造系统中,作为法律关系主体与作为法的调整对象和法的调整目标的“农村金融机构”之间存在不同的内涵与功能。作为法的调整对象的农村金融机构,反映的是农村金融机构这一客观实在,是农村金融机构被法律调整之前、之中、之后的现实;作为法的调整目标的农村金融机构,反映的是农村金融机构这一价值追求,是农村金融法律制度的拟制目标;而作为法律关系主体的农村金融机构,则肩负着勾连主观与客观,打通理想与现实的重要使命,是农村金融机构法律制度的中枢,集中体现了立法者对农村金融、农村金融机构、农村金融市场的认识能力和改造水平。

作为法律关系主体的农村金融机构,首先要回答“什么是法律上的农村金融机构?”的问题,规定农村金融机构的法律概念和法律性质,为农村金融机构进行法律定位。一般金融机构的法律概念和性质多从实践中抽象而来,如“银行是吸收公众存款、发放贷款、办理结算等业务的公司法人”的法律概念实际上是几百年来银行活动的法律总结;在历时上,是先有现实中的银行,再有法律上的银行,“法律上的银行”是“现实中银行”的“镜像反射”。而农村金融机构的法律概念和性质则更多仰赖立法者的主观设计,现实难以自发产生出符合立法者意愿和农村金融需求的农村金融机构。农村金融机构法律概念和法律性质的得出,需要深入理解和准确把握农村金融本质特征和发展规律,这往往需要立法者进行长期的实践观察、具有高超的立法智慧并遵循严格的立法程序。

作为法律关系主体的农村金融机构,其次要回答“怎样才能成为‘法律上的农村金融机构’?”的问题。这个问题实际包含“什么样的‘人’能够发起农村金融机构?”和“如何发起设立‘法律上的农村金融机构’?”两个密切联系的问题。如前章所述,法律对“什么样的‘人’能够发起农村机构”的回答实际上是对“农村金融机构内部组织关系”即“产权人关系”的界定。与法律对一般金融机构“发起产权人”的调整多从资本能力、住所地等进行限制不同,法律对农村金融机构的“发起产权人”还应考虑其支农意愿、支农能力和对农村金融风险的承受能力。法律对“如何发起设立‘法律上的农村金融机构’?”问题的回答,主要通过为农村金融市场设定标准和门槛,拟定“市场准入”的一系列法定条件和程序来完成。只有符合这一系列法定条件和程序的农村金融机构,才能成功跨越“门槛”,进入农村金融市场,获取法律能力;才能实施农村金融行为,进行农村金融活动;才能参与农村金融机构法律关系,依法享有权利并承担义务。与一般金融机构的设立条件相比,农村金融机构的设立必须满足其特定的立法目标和农村金融需求,必须符合农村金融和农村经济发展的客观实际。

作为法律关系主体的农村金融机构,还要回答"'法律上的农村金融机构'能做什么?"的问题。如前章所述,法律对这一问题的回答实际上是对农村金融机构外部关系的范围界定。由于法律关系主体外部关系的范围界定比较抽象,不利于规范化,法律一般通过确定法律关系主体的法律能力和界分客体范围来间接规定这一问题。本书将在"农村金融客体"(包括农村金融机构产品和农村金融机构行为)和"农村金融机构法律能力"(营业能力)部分对这一问题进行重述。需要说明的是,"'法律上的农村金融机构'能做什么"取决于"'法律上的农村金融机构'是什么"和"怎样才能成为'法律上的农村金融机构'",即农村金融机构的营业能力范围、产品经营范围和行为边界取决于农村金融机构的法律性质、设立条件和设立程序,立法者必须根据农村金融机构的不同法律性质,不同的设立条件和设计程序,赋予农村金融机构不同的法律能力、行为边界和农村金融产品经营范围。

作为法律关系主体的农村金融机构,最后需要回答"'法律上的农村金融机构'需要承担什么?"的问题。法律对这一问题的回答实际上是对农村金融机构法律责任的确定。依据权利义务相一致原则,农村金融机构法律责任的承担应当符合其法律性质,与其设立条件和程序相呼应,并与其权利能力、行为能力相适应。除此之外,农村金融机构法律责任的承担还应充分考虑农村金融机构的高风险特征,明确责任主体、归责原则和责任分担形式。

综上所述,法律通过对"什么是法律上的农村金融机构?","怎样才能成为'法律上的农村金融机构'?","'法律上的农村金融机构'能做什么?"和"'法律上的农村金融机构'需要承担什么?"四个环环相扣问题中层层递进的回答,对农村金融机构的法律概念和法律性质、农村金融机构的设立条件和设立程序、农村金融机构的法律能力、农村金融机构的法律责任进行了明确系统的规定,全面刻画了作为法律关系主体的"农村金融机构"的完整形态,为农村金融机构法律制度规范的展开提纲挈领,架设联结农村金融机构现实生活与法律世界的桥梁。

二、农村金融产品和农村金融行为

农村金融机构法律关系的客体是农村金融机构法律关系的必备要素,是农村金融机构法律关系权利义务指向的对象。没有客体,权利和义务就失去了依托,就不能产生、变动和消灭。农村金融机构所提供的农村金融产品和所开展的农村金融行为是农村金融法律关系的客体。前者是农村金融法律关系的具体客体,后者是农村金融法律关系的抽象客体。

1. 农村金融产品

农村金融产品是农村金融市场的交易对象,是农村金融机构法律关系的具体客体。农村金融机构通过农村金融产品的发行和销售,满足农村金融需求主体的需求,产生农村金融权利义务关系,形成农村金融市场。依据不同标准,农村金融产品可以进行不同的分类:如以产品性质划分,可分为信贷类产品和非信贷类产品;以产品期限划分,可分为长期产品和短期产品;以产品价格划分,可分为高利产品和低利产品;以产品来源划分,可分为基础产品(股票、债券等)和衍生(高级)产品(期货、期权等);以交易市场性质划分,可分为货币(市场)产品和资本(市场)产品等;以所有权属性划分,可分为产权产品(股票、期权、认股证等)和债权产品(农业信贷产品等);以预期收益划分,可分为非固定收益产品(股票、期权、基金等)和固定(也叫结构型)收益产品(各种债券和农业信贷产品)等。不同性质和法律能力的农村金融机构销售发行不同的金融产品,例如,农村银行类金融机构可以销售发行存款类金融产品、农村保险类金融机构可以销售发行农业保险类金融产品。农村金融产品的丰富发达程度是农村金融机构与农村金融市场完善和发达程度的外在表现和评判指标。

与一般金融产品相同,价格(利率或收益率)是农村金融产品的核心要素;与一般金融产品不同,农村金融产品的价格形成机制具有政策性和法律性。从供给方来说,由于农村资金供求的季节性、需求的时效性,农村人口居住的相对分散性,交通信息设施的落后性,农业生产复杂的技术性和生产的长期性,市场价格的不确定性和收入的波动性,农村金融产品价格成本高昂;由于农村金融产品价格还要受制于不可预测的自然风险,农村金融产品风险溢价高昂。如果纯粹按市场机制确定农村金融产品价格,其高昂的价格势必无法为农民、农户和农业企业等需求主体所接受。农村金融产品定价必须通过法律强制由政府进行价格干预,给予优惠补贴。

2. 农村金融行为

作为农村金融法律关系的客体,农村金融行为是农村金融机构所实施的设立、变更、终止农村金融权利义务关系的合法行为。农村金融行为具有以下特征:首先,农村金融行为的主体是农村金融机构,其他组织或个人实施的行为不是农村金融行为;其次,农村金融行为是农村金融设立、变更或终止农村金融权利义务关系,旨在"支农"的意思行为,设立、变更或终止农村金融关系、实现有效"支农"是农村金融机构的意思和目的，农村金融机构所进行的其他行为不是农村金融行为；最后，农村金融行为是农村金融机构进行的合法行为，农村金融机构所进行的非法行为不是农村金融行为。依据不同的标准，农村金融行为可以进行不同的划分：依据行为所变更的权利义务关系的性质，可分为政策性农村金融行为、合作性农村金融行为和商业性农村金融行为；依据行为本身的属性，可分为信贷行为、证券行为、保险行为、信托行为等。不同法律性质的农村金融机构实施不同的农村金融行为：农村商业性金融机构实施商业性农村金融行为；农村政策性金融机构实施政策性农村金融行为；农村合作性金融机构实施合作性农村金融行为。

与一般商业金融行为相比，商业性农村金融行为具有以下特点：一是行为高度集中，商业性农村金融行为的高度集中是由商业性农村金融机构的高度集中决定的，农村金融市场的微利性和高风险性，决定了农村商业金融的业务收缩和机构撤并；二是行为程序烦琐，商业性农村金融行为常常表现为一整套烦琐的"官僚程序"(Bureaucratic Procedure)(乔森·柔特里夫，1999年)，这是农村商业性金融需要减少贷款风险、优化信贷资产增量结构的利益考量的结果，一般还需要贷款者提供土地等农业资产进行担保；三是行为面临"逆向选择"与"道德风险"，信贷配给问题严重。① 由于农户和农村小企业不能提供完善可靠的信息(何广文等，2005年)，严重的信息不对称问题导致农贷的申请、获得和使用的道德风险和逆向选择情况严重。按照风险补偿原则，农村商业性金融机构应该将利率提高，直至达到该风险所处的均衡利率。但是政府对利率的管制，导致资本市场信号功能被人为扭曲，信贷配给行为严重。

与一般农村金融行为相比，政策性农村金融行为的特征主要表现在：首先，政策性农村金融行为以实现政府赋予的政策性支农任务，而不以追求利润最大化为目标。其次，政策性农村金融行为所需资金具有政策性：在没有外力作用下，以追求利润最大化为目标的正规营利性金融机构没有投资此类项目的动力。农村政策性金融在前瞻性地构造了经济基础的同时，也不可避免地要带来资金占用的长期性。一般而言，政策性金融支持的基础产业、基础设施和支柱产业的项目建设周期都在3年以上，其还款周期更长。最后，政策性农村金融行为具有保本要求。农村政策性

① 阿克罗夫(Akerlof)运用其"柠檬市场"理论分析发现，发展中国家由于位于大城市的大银行无法充分了解当地借款者的信息，也同样面临"逆向选择"与"道德风险"问题，即容易吸引一些违约可能性更大的借款者。斯蒂格利茨和维斯(Stiglitz & Weiss，1981年)进一步证明了"逆向选择"和"道德风险"导致正规的借贷市场存在信贷配给的问题。

金融主体毕竟是银行，而不是财政，同样要讲求经济核算和效益，必须遵守金融运行规律，虽不以营利为目的，但其贷款同样要还本付息，并受到风险约束机制的制约，“保本”是政策性农村金融行为的最低标准。此外，政策性金融主体行为内在地存在“预算软约束”、“道德风险”以及“委托—代理”成本偏高的特性。

与一般农村金融行为相比，合作性农村金融行为的特征主要表现在：一是合作性农村金融行为具有信息优势。合作性农村金融的借贷双方往往在地缘或血缘上较为接近，并且在日常生活中保持相对频繁的接触，从而降低了信息不对称问题。二是有效的偿付促进机制。合作性农村金融行为在功能与制度供给上表现出良好的适应性和灵活性，能够有效地实施声誉机制和集体惩罚机制。三是合作性农村金融价格通常由合伙人共同决定，一般较为灵活，且调整空间较大。四是合作性农村金融行为手续简便，效率较高。

三、农村金融机构风险

作为农村金融机构法律关系的内容，农村金融机构权利义务关系主要表现为农村金融的损益关系，而农村金融机构发生损失的可能性就是农村金融机构风险。只要有金融机构从事农业、农村贷款业务或为其提供金融服务，农村金融机构就会存在风险。农村金融机构风险的防范和控制，是农村金融机构法律制度的重要内容。

与一般金融机构所面临的风险相比，农村金融机构风险有以下特征：一是农村金融机构的有限理性。由于农村金融市场信息的非对称性和主体对客观认识的有限性，农村金融机构所作出的决策往往是不全面、不及时和不可靠的，有时甚至是错误的，从而在客观上导致农村金融风险产生。二是农村借款人的机会主义倾向。相关研究表明，人类天生就有一种道德上的冒险精神和趋利避害动机。因而，部分农村借款人可能采用不正当的手段，诸如欺骗、违背承诺以及尽可能钻制度、政策的空子以拖欠借款。三是农村经济的弱质性。农村经济受经济政策环境、自然条件、气候等多种因素影响，生产过程中不确定性较多。一旦发生天灾，经营收益全无，经营成本难以收回。在这种情况下，即使借款人有还款意愿，仍然无力支付贷款本息。四是政府的行政干预。农村金融属于政府主导型，机构改革、借贷行为在一定程度上受各级政府偏好影响。未按市场化原则进行经营的农村金融机构，容易造成风险累积，一旦政府无法帮助其消化，隐蔽性的机构风险将爆发成为农村金融体系风险。

农村金融机构风险控制是农村金融法律关系设计的重要内容。法律控制农村金融机构风险的总目标是防范和处置风险,使农村金融风险保持在合理的水平,并尽量防止和减少损失,以保障农村资金筹集和经营活动的顺利进行,促进农村金融市场的健康发展,满足农村经济发展的金融需求。具体来说,法律控制农村金融风险的目标有三个:一是适应性。农村金融服务对象是农村经济,促进农业、农村经济的发展和农民收入的增长是农村金融的主要使命,这也决定了农村金融的风险控制不能脱离农村经济发展的实际情况,它必须适应农村经济持续发展的需要。片面强调农村金融风险的控制,而置农村经济的发展于不顾,其结果反而会造成农村经济、金融发展的非协调性,加剧农村金融风险的积累和扩散。因此,只有适应经济发展需要的农村金融风险控制模式才具有生命力。二是安全性。就金融系统而言,其业务活动是建立在负债经营基础之上的,只有保证资金的安全性,在资金安全的条件下,通过经营、运作,才能实现收益,才能实现金融业的生存和发展,农村金融产业也不例外。就整个经济系统而言,金融是现代经济的核心,金融业不仅影响一个国家的经济发展,更为重要的是,它将涉及社会生活的方方面面,进而影响国计民生、政局稳定和国家安全。金融业的健康发展能够促进经济稳定发展、社会安定以及人民安居乐业;而一旦金融形势恶化将导致金融危机、经济崩溃、社会动荡不安,进而影响整个国家安全。1929 年的世界金融危机、1994 年墨西哥金融危机、1997 年亚洲金融风暴、2000 年拉美金融危机、2008 年美国次级债引发的金融危机都为我们提供了雄辩的事实佐证。同样,农村金融作为农村经济的核心,其体系的健全性及运行的有效性对农村经济和整个国民经济也是至关重要的,我们必须要保证其安全性。三是营利性。农村的金融机构作为一个企业,追求利润最大化是它的天然属性;而整个农村金融业作为相对独立的产业,也必然会以追求利润为目标,否则农村金融自身的发展就会成为空谈,难以维系。因此,为了维护我国经济金融运行体系的有效运转,促进金融业健康持续发展和社会稳定,营利性目标必然是金融风险控制(包括农村金融风险控制)的基本目标。农村金融风险控制的三个目标之间相互联系、相互作用。适应性、安全性必须服从并服务于营利性这个目标,营利性目标是适应性、安全性目标的归宿,若没有营利,适应性、安全性目标也就失去了意义;适应性、安全性目标又是营利性目标的前提,没有适应性、安全性,营利性便无从谈起。法律往往通过为农村金融风险控制的营利性、适应性和安全性设定具体的监管指标来控制农村金融机构风险。

第二节 农村金融机构的法律能力

农村金融机构的法律能力包括农村金融机构权利能力和行为能力。农村金融机构的权利能力是农村金融机构享有农村金融权利、承担农村金融义务的资格，只有满足市场准入条件、符合市场准入程序的农村金融机构才能取得权利能力，农村金融机构的权利能力与其法律性质相适应；农村金融机构的行为能力是其能够以自己的行为依法行使权利和承担义务，从而使法律关系发生、变更或消灭的资格。一般而言，农村金融机构的行为能力与农村金融机构的信用等级密切正相关，信用等级越高的农村金融机构，行为能力越强。另外，农村金融机构的行为能力还与其行为是否符合监管要求相关，在监管期间符合监管要求的农村金融机构会享有更多的行为自由，取得更大的行为能力。

一、农村金融机构的市场准入

农村金融机构的市场准入是农村金融机构取得法律能力的标准和门槛。只有满足市场准入条件、符合市场准入程序的农村金融机构，才能成为“法律上的农村金融机构”，才有资格享有权利能力和行为能力。

1.农村金融机构市场准入的条件

一方面，农村金融机构的一般目标在于金融稳定。无论是农村金融机构还是其他金融机构，法律设置准入条件都在于维护现有金融秩序的稳定，防止金融业的过度竞争，合理分配金融资源。另一方面，农村金融机构准入条件的设置有着自身特殊的目标。农村金融机构准入限制的特殊目标，在于通过政策倾斜扶持农村金融机构的发展，通过农村金融机构的可持续发展，满足农村生活发展中的金融需求，促进农村金融市场的适度竞争。具体而言，法律设置农村金融机构的准入条件包括发起产权人资格、注册资本、公司治理结构以及内部控制制度四个方面。

(1)农村金融机构的发起产权人

农村金融机构发起产权人的投资动机、资金实力以及管理能力在不同程度上影响着农村金融机构的运行与可持续发展。出于稳定性目标，法律往往会对发起产权人的投资动机进行限制与矫正，利用主体资信审查、关联贷款控制等风险防范机制防止损害储户利益的大规模事件的发生。出于特殊性目标，法律往往会对发起产权人的支农意愿、支农能力和对农村金融风险的承受能力进行限制、引导和激励，以确保农村金融机构的运行效率和支农性目标的实现。具体而言,法律为了实现特殊性目标,对于农村金融机构发起产权人资格的限制主要是确保国家和农民借款人对农村金融机构的控制,限制非国有资本在农村金融机构的持股比例。① 由于民间金融资本的投资动机难以把握,在设立之初,农村金融机构一般由国家控股,并将其股权赋予农民,以确保支农意愿、支农能力和支农效果的匹配。

(2)农村金融机构的注册资本

不同于公司法对于公司注册资本的规定,农村金融机构的注册资本是指农村金融机构依法在管理部门登记的实缴资本。对于农村金融机构注册资本限制源于两个方面的考虑:一是有效地保护债权人。注册资本制的出现是为了应对有限责任公司对于债权人的保护不足。有限责任公司制度通过有限责任的设立,缓解了投资者的风险,激发了资本市场对于公司支持的活力,但是如果公司出现营运危机则不利于债权人的利益保护,这就意味着对于投资者的有限保护造成了债权人损失的潜在风险。对于农村金融机构来说,吸收存款的金融机构的债权人包括了农户和农村企业,这些主体原本抵抗风险能力低,如无对于投资安全性的保证将很难发动民间金融资本,实现农村金融机构的政策性与合作性功能。二是维持适度的规模效应。对于金融业来说,规模效应是一把"双刃剑"。金融机构规模的持续扩大在带来可观效益的同时也蕴藏着系统性风险。农村金融机构的发展追求特定农村区域内金融服务的覆盖,在政策性功能实现的基础上,不排除商业性功能的实现,如营运规模的扩展。但是,任何企业的规模扩张都应当以适度为原则,这一点对于农村金融机构显得尤为重要。注册资本与金融机构的经营规模挂钩,促使农村金融机构理性发展,进而帮助政府有效调控市场竞争程度。

(3)农村金融机构的公司治理与内部控制

公司治理与内部控制是农村金融机构正常运转的必要保证。完善农村金融机构的法人治理结构是股东、企业和社会三方面利益协调的结果。这种制衡机制的形成取决于农村金融机构章程中有关农村金融机构董事会、监事会以及高级管理人员的权利与义务等农村金融机构内部关系的明确。值得一提的是,农村金融机构可以根据企业规模、决策管理的复杂程度和服务特点设置简洁、灵活的治理机构。内部控制涉及农村金融机构经营行为的规范,它在保证商业可持续的基础上,确保金融机构支农性政策目标的实现。农村金融机构的内部控制包括内部控制机构的设立、

① 参见后文关于美国1916年《联邦农业信贷法》的条文引证。

内部制约机制、人员管理与奖惩机制的设立以及外部审计机制的完善。

2. 农村金融机构市场准入的程序

农村金融机构的市场准入，除满足上述的实质性条件以外，还需要符合农村金融机构市场准入的法定程序。依据出现的先后顺序和简易繁难程度，人们把市场准入分为自由设立、特许设立、核准设立和准则设立。① 与公司等一般市场主体的市场准入采用准则主义设立程序不同，农村金融机构的市场准入采取的是核准主义设立程序，即农村金融机构设立时不仅需要满足法律规定的条件，还要经过监管机关的批准和登记。在我国，农村金融机构的市场准入主要涉及农村金融牌照的发放和农村金融机构的工商登记两个程序。例如，村镇银行的筹建由银监分局或所在城市银监局受理，银监局审查并决定；村镇银行达到开业条件的，其开业申请由银监分局或所在城市银监局受理、审查并决定；经核准开业的村镇银行及其分支机构，由决定机关颁发金融许可证，并凭金融许可证向工商行政管理部门办理登记，领取营业执照。

3. 农村金融机构的市场退出

农村金融机构退出市场后，农村金融法律关系主体资格消灭，不再具有农村金融机构的法律能力，不能享受权利也无法承担义务。优胜劣汰是市场经济的规则，农村金融机构市场退出机制的建立是对于农村金融市场竞争规律的尊重。农村金融机构发展的本身就是对于农村金融市场发展的一种探索。农村金融市场的开发不是一劳永逸的，势必要经过一个繁杂、反复，不断创新、不断试错的过程。评判农村金融机构是否适应农村金融发展需求，能否可持续发展的关键环节源于市场的反馈。因此，有必要通过合理的市场评估，退出不具备可持续发展能力的农村金融

---

① 自由设立主义，又称放任设立主义，国家和法律对法人的设立没有任何形式要件的限制，完全听凭当事人的决定，显示了立法者的鼓励抑或漠视态度。这种设立原则导致了法人设立过于随便，难以适应规范法人行为和维护社会经济秩序的要求，因而当代各国很少采用。特许主义设立原则，所谓特许设立主义，是指法人的设立需要有专门的法令或国家的特殊许可，这种法人往往是行政与经济的联合体，体现了法人对政府的依附和政府对法人的掌控和利用。特许设立主义原则虽然克服了自由设立主义原则过于放任的缺陷，但由于设立一个法人须经过国家元首颁布命令，或者须由立法机关制定特别法律，手续烦琐，效率低下。因而世界各国除对某些特殊法人仍采取特许主义外，对其他法人不再采用。核准主义设立原则，核准设立主义也称许可设立主义，法人设立时除了要符合法律规定的条件外，还要经过行政主管机关的批准，这意味着法人设立是不自由的或者受限制的。核准设立主义虽然是以法律设定法人设立的条件，避免了自由设立的弊端，但有较严格的限制，法人设立难度较大。准则主义设立原则，在核准设立主义原则下，法人设立比特许设立原则容易得多，但法人设立必须经行政主管机关的批准，难以适应社会发展的需要，于是准则设立主义应运而生。准则主义，是指法人设立时如果符合法律规定的条件，无须经过主管部门的批准，就可直接向登记机关申请登记。由于准则主义以法律形式为法人设立设置了准入条件，故准则主义与自由主义相比，它避免了法人的滥设；与核准设立主义相比，又简化了设立程序。

机构。

农村金融机构市场退出的原因包括破产、解散和被撤销等,农村金融机构市场退出的标志是注销登记。农村金融机构的市场退出意味着市场主体资格的丧失,随之而来的是对于利益相关者的利益损失。金融机构的公共性使利益相关者的范围难以预估,农村金融机构特定的服务对象与服务区域又容易加剧风险的扩大,进而造成社会的不稳定。因此,农村金融市场退出过程中的利益相关者权益保护尤为重要。实践中,需要建立农村金融市场最后贷款人制度和存款保险制度以降低农村金融机构市场退出的负外部性。

二、农村金融机构的权利能力

满足市场准入条件、符合市场准入程序的农村金融机构正式成为农村金融法律关系的主体,取得了农村金融机构的权利能力,具备了享有农村金融权利、承担农村金融义务的资格。与一般金融机构享有的金融权利不同,农村金融机构还享有专门的政策性优惠的金融权利;与一般金融机构承担的金融义务不同,农村金融机构还承担着专门的支农性金融义务。专门的政策性优惠的金融权利和专门的支农性限制的金融义务的享有和承担,是权利义务相一致原则在农村金融机构法律关系内容中的体现,是农村金融机构法律制度的设计支点,是农村金融机构可持续发展的制度保障。

1. 政策性优惠的金融权利

农村金融机构所享有的政策性优惠的金融权利主要包括:第一,政策性资金优惠权利,主要包括财政借款权和财政贴息贷款权,其中,享有财政借款权是农村金融机构区别于商业金融机构的最大特点,这一权利构成了农村政策性金融主体具有长期稳定的低成本资金来源。① 而财政贴息则主要是政府从每年预算中划拨贴息资金,对农村金融机构从事的特殊行业、特殊项目提供低利率贷款。第二,政策性税收减免权利,得益于“政策”2 字,农村金融机构长期享有特殊的税收优惠和减免权利。例如,根据美国《农业信贷法》第 1.15 条和第 2.16 条规定“农业信贷银行、联邦土地银行协会及其资本,储备金和盈余以及由此产生的收益所得,应免除联邦、州、市和当地的税收”。第三,政策性利率优惠权利。利率是资金的价格,由于农村资金供求

---

① 日本政策投资银行(Development Bank of Japan,DBJ)1998 年资金来源的 85.6%,韩国产业银行(Korea Development Bank,KDB)1999 年资金来源的 32%,均来自政府借款、中央银行借款和国外借款。

的季节性、需求的时效性，农村人口居住的相对分散性，交通信息设施的落后性，农业生产复杂的技术性和生产的长期性，市场价格的不确定性和收入的波动性，农村资金利用成本高昂。如果纯粹按市场机制确定农村金融机构利率，农村金融机构势必无法持续。为了农村金融机构和农村金融市场的可持续发展，农村金融机构享有法律规定的政策性利率优惠权利，以保障其为农民借款人提供有竞争力的资金价格。

2. 支农性限制的金融义务

为保障农村金融机构发挥“支农”功能，法律对农村金融机构进行严格的限制和约束，这些严格的限制和约束体现在以下方面：一是对农村金融服务对象的限制。农村金融机构的服务对象为“三农”。农村金融机构在缴足存款准备金后，其可用资金应全部或大部分用于当地农村经济建设。农村金融机构贷款应首先充分满足县域内农户、农业和农村经济发展的需要。确已满足当地农村资金需求的，其富余资金可投放当地其他产业、购买涉农债券或向其他金融机构融资。这一限制是为了确保以支农支小为内涵的政策性功能的实现。二是地域限制。农村金融机构往往只被允许在一定的区域内从事信贷活动，不能发放异地贷款。这一限制是通过商业性功能的限制，确保农村金融机构因地制宜地开展农村金融活动，促进农村金融机构有效支农。三是业务限制。农村金融机构的信贷限制包括贷款对象和贷款额度两方面的限制。从贷款对象来看，非合作类农村金融机构一般不得向关系人发放信用贷款，并且向关系人发放担保贷款的条件不得优于其他借款人同类贷款的条件。从贷款额度来看，农村金融机构发放贷款坚持小额、分散原则，提高贷款覆盖面，防止贷款过度集中。

三、农村金融机构的行为能力

农村金融机构的行为能力是农村金融机构能够以自己的行为依法行使权利和承担义务，从而使法律关系发生、变更或消灭的资格。农村金融机构在满足市场准入条件、符合市场准入程序，取得农村金融牌照，完成工商登记后即同时取得了权利能力和行为能力。若非特别的情形，农村金融机构的权利能力在其存续期间不会变化，而农村金融机构的行为能力则会依据其经营行为而产生变化。一般而言，农村金融机构的行为能力应当与农村金融机构的信用等级和支农性限制义务的履行程度密切正相关，信用等级越高的农村金融机构，行为能力越强；支农性限制的义务履行程度越高的农村金融机构，行为能力越强。本章将在后文“农村金融机构的法律监管”一节中结合监管信用指标和监管支农指标对这一问题进行详述。

四、农村金融机构的法律责任

农村金融机构的法律责任是农村金融机构因不当行使法律权利或违反义务所承担的不利后果。农村金融机构的法律责任制度从反面保障了农村金融机构法律关系的顺利展开,保障了农村金融机构权利的享有和义务的承担。按照不同的标准,农村金融机构的法律责任可以进行不同的分类:按责任的发生阶段,可分为取得法律能力前的法律责任和取得法律能力后的法律责任;按责任的归责原则,可分为过错责任和无过错责任;按责任的承担主体,可分为代表责任与机构责任;按责任的基本类型,可分为民事责任、刑事责任与行政责任;按责任的承担范围,可分为有限责任与连带责任。与一般金融机构的法律责任相比,农村金融机构的法律责任因其法律性质、法律能力、风险程度的特殊性,具有以下特征。

第一,由农村金融机构法律关系主体、客体和内容的支农性所决定,农村金融机构法律责任的主要功能是维护农民、农户和农业企业的法定及约定的金融权利。农村金融机构的义务就是赋予并保障农民、农户和农业企业的金融权利。责任是义务的法锁,违反法定义务的农村金融机构就应当承担相应责任。

第二,由农村金融机构法律关系主体、客体和内容的政策性所决定,农村金融机构一般由专门的监管机构监管。专门的农村金融监管机构应当根据“三农”的金融需求和农村金融机构的经营活动设置相应的监管指标,无法达到或违反监管指标的农村金融机构应当承担相应的法律责任,这种责任一般是行政责任。一般金融机构的法律责任类型比较广泛,包括民事责任、行政责任和刑事责任,并日益民事责任化,但农村金融机构的法律责任产生的原因主要在于农村金融机构违反监管当局的行政性监管义务,因此主要承担行政责任。

第三,由农村金融机构法律关系主体、客体和内容的合作性和高风险性所决定,连带责任是农村金融机构的法律责任承担的重要方式。一般金融机构主要承担有限责任,而合作性农村金融机构则主要承担连带责任;另外,由于农村金融的高风险特征,非合作性农村金融机构中也往往采取连带责任的承担方式,例如,原中国银行业监督管理委员会在《关于小额贷款公司试点的指导意见》中明确规定“小额贷款公司应建立发起人承诺制度,公司股东应与小额贷款公司签订承诺书,承诺自觉遵守公司章程,参与管理并承担风险”。

第三节 农村金融机构的法律监管

金融监管是指监管当局依据法律规定对金融机构进行的某种限制或规定性活动。法律是金融监管的依据，监管当局是金融监管的主体；法律为金融监管设定边界，监管当局在法律授权的范围内进行监管；法律为金融监管设定依据，监管当局依据法律规定设定监管指标。因此，金融监管本质上就是法律监管。与一般金融机构相同，农村金融机构的监管必须为维护农村金融市场稳定和防范农村金融风险设立指标；与一般金融机构不同，农村金融机构的法律性质、法律能力、风险特征与特殊的权利义务配置决定了对农村金融机构的监管指标还应有其特殊内涵，必须为其设置特殊监管指标。因此，设定农村金融机构的监管指标必须做到监管必要性和监管特殊性相结合。监管必要性指标是基于农村金融市场稳定和农村金融风险防范要求，监管特殊性指标则是基于农村金融机构的政策性和支农性要求。

一、监管必要性指标

1. 市场监管指标

"金融监管的必要性在于金融市场存在诸如垄断、外部性以及信息不对称等市场失灵现象，作为政府提供的一种纠正市场失灵的金融制度安排，金融监管的目的就是最大限度地提高金融体系的效率和稳定性。"①金融行业的外部性特征使个别金融机构的问题引起连锁反应，尤其是当前金融机构之间同业拆借、客户同源等因素更增加了金融机构间传递风险的可能性。一旦风险产生，通过各种途径在金融机构之间传递，容易引发系统性的金融风波，严重的还会产生金融危机。② 与一般金融市场相比，农村金融市场更加脆弱，农民的金融风险意识薄弱，一旦产生风险，地区稳定很难保障。监管当局主要依据法律关于农村金融机构市场准入的条件和程序设置不同性质农村金融机构的准入和退出的监管指标，保障农村金融市场的竞争性和稳定性。

(1)市场准入指标。农村金融监管机构要根据农村经济金融发展环境、农村金融服务状况和金融监管资源配置情况，严格农村金融市场准入标准，不得擅自放宽

---

① 李茂杰：《浅谈农村金融监管法律制度》，载《中国证券期货》2010 年第 9 期。

② 陈颖健：《金融法原理与实训》，中国法制出版社 2012 年版，第 7 页。

市场准入标准,确保农村金融机构的准入质量。要坚持自愿原则,积极引导培育,防止行政不当干预,避免盲目追求机构数量。

(2)人员监管指标。农村金融监管机构要加强对农村金融机构董事和高级管理人员的任职资格监管,重点审查农村金融机构董事长、副董事长、独立董事和高级管理人员的品行、经营管理能力和工作业绩,切实把好任职资格准入关。防止委托代理问题,强化对农村金融机构董事长、副董事长和高级管理人员的行为监管,开展履职行为监管评价,根据履职评价结果,对有违法违规行为和不胜任工作的人员,予以罚金、纪律处分、解聘或罢免,或者按照有关规定取消其任职资格,严重的按照相关法律追究其刑事责任。

(3)内部治理指标。农村金融监管机构要制定农村金融机构治理指引,设置灵活有效、权责明确、科学高效的农村金融机构治理模式。借鉴商业性金融机构内部控制要求,建立与其业务性质、规模及复杂程度相适应的内部控制制度。

2. 风险监管指标

随着20世纪七八十年代以来出现的金融自由化、全球化和金融创新的发展,金融机构所面临的风险环境也日益复杂化,尤其是20世纪90年代以后一系列风险事件的发生,极大地促进了现代金融金融机构风险管理的发展。2010年11月《巴塞尔协议Ⅲ》获得正式批准,意味着第一套完整的、国际通用的、以加权方式衡量金融机构表内与表外风险的资本充足率指标的诞生。

(1)资本充足率指标。资本充足率指标是农村金融机构风险监管的重要指标,农村金融监管机构要加强对农村金融机构资本及其充足率监管,督促其建立资本约束、评估和补充机制,并根据资产变化和业务发展规律等情况制定资本充足率规划,使风险资产规模的扩张能够控制在资本承受的范围之内,确保资本充足率在任何时点都不低于农村金融监管机构设定的最低限度。鼓励农村金融机构持有高于最低资本充足率要求的资本。

(2)股权监管指标。农村金融监管机构要加强对农村金融机构的股权监管,对股东资格和股权结构进行审查,特别要加强对关联股东的资格审查,防止被企业法人及其关联股东控股和操纵。对存在隐瞒关联关系并超过规定持股比例的股东,农村金融监管机构应督促股东限期3个月之内转让其超持的股份,并终止其超持股份的表决权。建立有效的农村金融机构股权或股份转让机制,促进农村金融机构股权或股份的有序转让和股权结构的不断优化。

(3)其他信用风险和流动性风险监管指标。除资本充足率指标之外,农村金融机构的其他信用风险和流动性风险监管指标还主要包括贷存款比例指标,即金融机构发放贷款与吸收存款之比。中国人民银行规定,农村金融机构的贷存比不得超过75%。在核定的比例内,愈趋近比例值,说明资金利用率愈高,资金运用水平愈好;超过核定比例则认为超负荷经营,超出得越多,存在的金融风险就越大。不良贷款占比指标,不良贷款占比指标是反映农村金融机构金融风险程度的核心指标,不良贷款占比指标越高,农村金融机构金融风险越高,安全性越低。此外,盈利能力越强,说明金融机构的自身发展能力就越强,金融机构的长期金融风险就越小。农村金融机构的风险监管还将资产受益率、权益报酬率和税后利润等指标列入监管范围。

二、监管特殊性指标

1. 支农性监管指标

依据农村金融机构法律性质、法律能力以及权利义务的支农性,农村金融监管机构必须为农村金融机构设置专门的支农性监管指标,支农性监管指标是农村金融机构监管的特有指标,是农村金融机构承担"专门的支农性限制的金融义务"在金融监管指标上的反映。首先,是农村金融机构覆盖指标,即要从多方面采取举措引导农村金融机构设立在农村地区,实现对农村农户、中小企业的金融广覆盖。① 其次,监管部门须明确界定支农性监管的业务指标。目前我国确定的支农性监管的业务指标是"支农贷款指标"②(支农贷款指金融机构发放给注册地位于农村区域的企业和各类组织用于支持农业产前、产中、产后的各环节和支持农村基础设施建设的各类特定用途的贷款,主要包括农用物资和农副产品流通贷款、农村基础设施建设贷款、农产品加工贷款、农业生产资料制造贷款、农业科技贷款、农田基本建设贷款等)。最后,还应将贷款发放对象、支农贷款覆盖面、支农资金额度、三农客户贷款满意度等纳入监管考核指标,重点考察农村金融机构金融产品投放中涉及农户、农村中小企业的额度。除此之外,监管机构还应对农村金融机构支农性指标展开实时监控并定期评估,即时将相关监管指标录入系统,如新数据的加入使支农占比降低,及时预警。加强支农监管透明度建设,实行信息公示公开制度,并将支农指标与农村

---

① 中国人民银行、财政部、银监会、证监会、保监会、扶贫办、共青团中央《关于全面做好扶贫开发金融服务工作的指导意见》指出:应当"加大贫困地区新型农村金融机构组建工作力度,严格执行新型农村金融机构东西挂钩、城乡挂钩、发达地区和欠发达地区挂钩的政策要求,鼓励延伸服务网络"。

② 中国人民银行调查统计司:《"三农"贷款与县域金融统计》,中国金融出版社2013年版,第7页。

金融机构行为能力挂钩，赋予支农指标完成较好的农村金融机构设立分支机构、享受优惠政策的更大自由。

2. 政策性监管指标

依据农村金融机构法律性质、法律能力以及权利义务的政策性，农村金融监管机构必须为农村金融机构设置专门的政策性监管指标，政策性监管指标是农村金融机构监管的特有指标，是农村金融机构享有的“专门的政策性优惠的金融权利”在金融监管指标上的反映。与前述限制性和约束性监管指标不同，政策性监管指标属于激励性指标，与支农性监管指标存在正相关关系。一般而言，政策性监管指标包括：一是政策性资金优惠指标，主要是放宽资金风险指标的限制，如降低存贷比指标等；二是建设农村金融机构信用信息指标，建设农村信用征信中心，为农村金融机构提供信用评级等优惠；三是依据支农性监管指标完成和信用评级情况，为农村金融机构提供利率、税收、存款准备金、涉农贷款补贴等政策性优惠，并将其纳入监管考评体系。

第五章　新型农村金融机构法律制度的演进逻辑

依据中国人民银行、原银监会“为全面落实科学发展观，有效配置金融资源，引导资金流向农村和欠发达地区，改善农村地区金融服务，促进农业、农民和农村经济发展，支持社会主义新农村建设”等相关文件精神，新型农村金融机构是相对传统农村金融机构而言的，包括原银监会2006年后批准试点成立的村镇银行、贷款公司、农村资金互助社三类机构，以及在人民银行的主导下、试点后由原银监会认可的小额贷款公司。截至2019年6月末，我国共设立村镇银行1605家、小额贷款公司7797家、贷款公司14家、农村资金互助组46家。新型农村金融机构，顾名思义，是与传统农村金融机构相对的一种金融机构。在中国持续30余年的农村金融体制改革语境下，“新型”不仅是一种时间断代，也是一种功能寄予；不仅是一种组织重建，也是一种监管尝新；不仅意味着对过去的反思，也意味着对未来的探索。研究新型农村金融机构法律制度，不仅需要洞悉其本质的制度逻辑，也需要把握其内在的历史逻辑。本章将在前两章廓清农村金融机构制度逻辑的基础上，回溯梳理新型农村金融机构的发展历程，追问分析新型农村金融机构的历史逻辑。

第一节　新型农村金融机构法律制度的发展历程

任何法律都不是自在自为。所有法律总是处在一定的历史背景之中,是特定时空政治、经济、社会诸现象互动的结果。新中国成立以来特有的历史语境和发展方式铸就了新型农村金融机构法律制度的供给语境,是我们回顾新型农村金融机构法律制度发展历程的起点。

一、新型农村金融机构法律制度的供给语境

虽然中国的国情从根本上决定了农业和农村经济增长理应成为经济发展的重要标志和重要目标,但新中国所面临的环境并不具备使之成为可能的初始条件。新中国成立后,在很长时间内面临一个关键性的外生变量,即国际政治、军事竞争和严酷的外部经济环境共同形成的压力。在这一约束条件下,选择经济上的计划控制、产权上的国家垄断、战略上的重工业化,是巩固和发展新兴社会主义政权的“理性”选择。这种选择不是随机的,而是内外环境约束下的必然结果。这是中国经济体制,也自然是农村金融法律制度变迁不可忽视的初始条件。这种选择在金融制度上的反映就是其完全成为国家动员经济资源和经济剩余投入重工业,尽快建立比较完备的工业体系,以独立对付外来竞争威胁的工具。从功能上讲,当时的金融体系实际上成了政府财政的一部分(林毅夫、蔡昉、李周,1994 年;林毅夫,2003 年),内生于经济发展战略。然而,在一个落后的小农国家发展重工业必然遇到资金短缺的制约。出现资金短缺,利率偏高;外汇短缺,汇率偏高。这些与重工业倾斜战略背道而驰的现实条件,决定了无法借助市场机制来实现发展重工业的目标。因此,通过国家行政权力介入,压低重工业发展的成本,即压低资金、外汇、能源、原料、农产品和劳动力的价格,降低重工业资本形成的门槛,形成一系列以全面扭曲产品和要素价格为主的宏观政策①是十分自然的选择。而这些政策的实施平台自然只能是计划经济。在农村金融法律制度上的必然反映,就是强制性地使农村金融体系服从于国家发展战略选择,成为国家控制下向工业和城市输送农村经济资源与剩余的管道。

---

① 这些政策包括 1950 年起控制低利率和汇率,管制外汇,统一低工资水准,实行农产品和其他生活必需品及服务的低价与配给等。

1. 计划时期的农村金融机构法律制度

(1)新中国成立初期农村金融机构法律制度的形成

新中国成立初期是国民经济恢复时期。因此,当时农村经济体制安排的主要目的是促进农业生产的复苏,为整个国民经济的恢复和重工业倾斜发展战略的实施开辟道路。其主要路径与基本内容为:一是改革土地制度,实行耕者有其田。① 到1952年年底,全国范围内的土地改革基本完成,改变了土地占有极不合理的状况,实现了耕者有其田,使劳动者与土地很好地结合起来,大大解放了农业生产力。二是促进农村合作经济及其产权制度的完善。② 1953年,中共中央发布《关于发展农业生产合作社的决议》,农业的社会主义改造由此全面展开。到20世纪50年代中期以前,我国农村形成了农户个体经营、互助组、初级社、高级社、国营农场多种经济成分、多种经营形式及购销、资金等专业合作共同发展的格局。自1955年夏季起,农村合作经济的初步成功孕育了合作化升级的冲动,农业合作化进入快速推进阶段,各地农村大力兴办高级社。到1956年12月末,全国农村基本实现了高级形式的合作化。1957年,高级社的发展进入扫尾阶段,少数没有实现高级合作化的地区继续发展高级社。

与此相应,这一时期农村金融机构法律制度逐步建立。1949~1952年是农村金融制度体系初步创立阶段。为适应和促进国民经济的重建,1950年3月和12月中国人民银行分别召开第一、第二届全国金融工作会议,着手重建中国金融机构体系,③并根据土地改革后农村经济的中心任务是帮助农民和手工业者组织起来发展生产的要求,讨论通过《筹设农业合作银行的提案》,明确提出农村信用社是组织农民自助的基层信用组织。1951年5月,中国人民银行召开第一届全国农村金融工作会议,明确提出"深入农村,帮助农民,解决困难,发展生产"的农村金融发展方针和在全国范围内普遍试办各种信用合作组织的具体要求,并于1951年下发《农村信用合作社章程准则(草案)》和《农村信用互助小组公约(草案)》,对农村信用合作社的

---

① 借鉴老解放区的土地改革经验,中央人民政府于1950年6月30日颁发了《中华人民共和国土地改革法》,有计划、有步骤、有秩序地开展了土地改革工作,废除地主土地所有制,实行农民土地所有制,解放农村生产力,发展农业生产,为新中国的工业化开辟道路。

② 为克服土地改革后,土地占有小规模化,不少农民缺乏生产资料等在分散经营中遇到的困难,在革命老根据地互助合作经验的基础上,1951年12月中共中央下发《关于农业生产互助合作的决议(草案)》并试行,1953年2月15日公布《关于农业生产互助合作的决议》,引导农民成立互助组走合作之路。

③ 第一届全国金融工作会议确立了"集中统一、城乡兼顾、减少层次、提高效率、力求精简"的基本方针。

性质作了明确规定。[①] 1951 年 8 月，中国人民银行总行、中华全国合作社联合总社《关于农村信用合作社工作注意要点的联合指示》规定信用合作社由人民银行负责组织和领导。[②] 此外，根据国家农村金融组织体系框架，人民银行规定其农村营业所是国家银行的农村基层机构，[③]也是农村金融工作的具体执行者。

1952～1958 年是农村金融制度体系初步发展阶段。1955 年，为了贯彻国家关于增加对农业合作化信贷支援的要求，根据当时农业生产发展情况和参照苏联做法，国务院批准中国人民银行成立中国农业银行，[④]作为中国人民银行总行的一个直辖行。[⑤] 与此同时，1956 年最高国务会议通过的《1956 年到 1957 年全国农业发展纲要（草案）》，该草案第 36 条对农村信用合作社的性质、任务、社员条件、组织机构、业务范围、财务管理和盈利处理以及成立、合并、解散等均作了规定。1956 年 4 月，又因农业银行不符合精简节约原则和不利于统一安排农村信贷，国务院决定将其与中国人民银行合并，在人民银行内部增设农村信贷工作部。至此，金融开始在支持农业生产中发挥作用。农业贷款由 1952 年的 4.2 亿元上升到 1957 年的 27.7 亿元，占金融机构总贷款的比重也相应地由 1952 年的 3.9% 上升到 1957 年的 10%。

（2）人民公社时期的农村金融机构法律制度

在农村金融机构法律制度方面，1958 年按"两放、三统、一包"[⑥]下放人民公社，与农村信用合作社合并组建人民公社信用部。但很快就因人民公社随意支配其流动资金和信贷资金，以及分散主义、本位主义等问题，于 1959 年 4 月按中共中央《关于加强农村人民公社信贷管理工作的决定》，对人民公社信用部实行以上级人民银行管理为主，人民银行和公社管理委员会双重领导。1962 年，人民银行总行为贯彻

---

① 农民自己的资金互助组织，按一人一股或一户一股的合作原则组建，资本金由农民入股，干部由社员选举，通过信贷活动为社员的生产生活服务，不以营利为目的，贷款应先贷给社员、组员；实行民主管理，社员代表大会是最高权力机构；盈利优先提取公积金、公益金和教育基金，社员股金以不分红为原则，以积累资金扩大业务，如分红，则不得超过 20% 或不超过 1 年存款利息所得为限；银行以低息贷款扶持信用社发展。

② 人民银行不仅统一领导农村金融，而且直接经营国家农村金融业务，构建了由中国人民银行县及县以下分支机构为主体的国家农村金融和农村信用社共同构成的农村金融组织体系基本框架。

③ 营业所以下业务可以根据各地情况，通过金融委员会、金融小组、服务站、流动工作组、信用互助组、信用部、信用合作社等组织进行。

④ 1955 年 3 月 25 日正式成立，随后省地县及县以下机构成立。

⑤ 其业务除吸收储蓄和存款外，主要是办理财政支农拨款和农业长期贷款与短期贷款，并监督使用。贷款对象主要限于生产合作组织和个体农民，贷款用途限于农业生产，其他农村金融业务仍由人民银行办理。

⑥ 即下放人员、下放资产；统一政策、统一计划、统一流动资金管理，包财政任务。

中共中央、国务院发出的对银行实行高度集中统一管理《银“六条”》①，制定了《信贷员条例》等一系列加强农业信贷资金管理的制度，并于1963年7月经国务院批准成立了农业资金小组，②多次联合召开解决农村资金问题的协调会。1963年10月，中共中央、国务院在《关于建立中国农业银行统一管理国家支援农业资金的决定》中明确提出："要从上而下地建立中国农业银行的各级机构，把过去由财政部门直接拨付的各项支援农业资金和由人民银行办理的各项农业贷款，统一管理起来，并统一领导农村信用合作工作。"11月，中共中央、国务院颁布了《银行工作条例（草案）》，并根据信用分部归生产大队后，不利于组织和调剂农村资金的情况，③批转了人民银行《关于农村信用合作社若干问题的规定》。④ 但由于中国农业银行体制和人民银行体制在农村基层的矛盾，1965年中国农业银行第三次被撤销，又恢复了人民银行对包括农村金融业务在内的所有金融业务"一统天下"的格局。

此间，我国金融机构不仅和政府其他行政机构等同起来，而且整个金融体系完全委身于计划和财政。1969年7月到1977年12月，我国银行系统是财政部领导下的业务部门，银行业务中的年度信贷计划、现金计划、货币发行等一律要经财政部讨论，并报国务院决定。农村信用社发展上主要是推行"阎庄经验"⑤。部分地区也出现了公社设立银行服务所，信用社下放到大队或几个大队联办的情况。信用社管理开始出现混乱，加上长期执行与国家银行一致的低利率政策，政策性经营亏损不断增加。到1971年国家不得不对信用社的亏损采取"包下来"的办法，⑥1974年第四季度，人民银行对1970年以前的亏损给予了2552.5万元（宋宏谋，2003年）。改革开放初期，人民银行草拟了《信用合作社工作条例》，强调信用社是社会主义集体所有制金融组织，是国家银行在农村的基层机构。1977年11月，国务院《关于整顿和

---

① 《银“六条”》为《严格控制货币发行的决定》的简称。

② 1963年7月，财政部、农业部、中国人民银行向国务院上报了《关于建立各级农业资金小组，加强农业资金管理的报告》，根据该报告中央一级成立了以国务院农林办公室为主，有国务院财贸办、国家计划委员会、农业部、水利电力部、中国人民银行、全国供销合作总社等部门参加。省、地、县也设立相应机构。任务是领导各有关部门管好、用好国家直接支援农业集体经济的资金。但实施效果并不理想。

③ 到1962年社员储蓄由1952年的21亿元下降到9.7亿元。

④ 明确指出：我国农村金融有全民所有制的国家银行和集体所有制的信用合作社两种所有制，信用社是农村人民的资金互助组织，是国家银行的助手，是我国社会主义金融体系的重要组成部分，信用社实行资金独立，自负盈亏，社员股金、积累及其他财产，归信用社社员集体所有，但其业务受中国人民银行领导和监督，信贷计划要经过人民银行审查，人民银行协助其加强内部管理。

⑤ 实行贫下中农管理，公社设信用社，大队设信用站，公社信用社统一核算。

⑥ 1973年人民银行发出《关于信用社1970年以前历年亏损补贴意见的通知》，1974年又发出了《关于信用社盈亏处理问题意见的通知》。

加强银行的几项规定》对此进一步作出明确规定。1978 年,人民银行在《农村金融机构的几点意见》中,提出按人民公社设立信用社或营业所与信用社合一的原则设立农村金融机构,指出营业所和信用社同样都是国家银行在农村基层的金融机构,执行统一的金融政策,统一的计划管理,统一的规章制度,信用社继续实行独立核算,[①]在按国家规定留足存款支付准备金的前提下,可以充分利用存款、盈余和股金发放贷款,多余资金存入人民银行,周转困难由人民银行给予贷款支持,盈余部分转入公积金,充实自有资金,不再提取公益金。至此,信用社从"民办"异化为"官办"。这一阶段,农村金融机构制度建设的混乱,使其支农功能非常有限,20 世纪 60 年代末开始,农业贷款占全国金融机构总贷款的比重一直在 8% 以下,70 年代中期则进一步下滑到 5% 左右,与当时农业在国民经济的地位严重不符(1969 年农业产值占国民生产总值的比重为 37.99%,70 年代中期这一比重也保持 30% 以上)。

2. 改革中的农村金融机构法律制度

(1)改革前期的农村金融机构法律制度

党的十一届三中全会以后,我国开始建立和普遍实行农业家庭承包责任制,最终废除了人民公社体制,同时农村经济体制也逐步完善,主要表现为:一是改革了农业经营制度。1978 年,党的十一届三中全会通过了《中共中央关于加快农业发展若干问题的决定(草案)》和《农村人民公社工作条例(试行草案)》两个重要文件,拉开了中国农村改革的序幕,各种形式的生产责任制随之在农村迅速推开。1980 年 9 月,中共中央发出《进一步加强和完善农业生产责任制的几个问题》的通知,对群众的改革实践给予了充分的肯定和鼓励。[②] 随着包产到户的兴起和发展,人民公社体制已不适应农村经济改革的要求,1983 年 10 月 12 日,中共中央和国务院正式发布了《关于实行政社分开,建立乡政府的通知》。到 1985 年年初,政社分开和乡政权建立,宣告人民公社体制的正式终结。二是变革了农村土地制度。1982 ~ 1986 年,中共中央接连发出 5 个"一号文件",反复强调要长期稳定农村土地承包关系,提出了一系列政策措施,逐步按农民意愿和实践创造,完善政策,从而使以家庭联产承包为

---

① 信用社各项费用开支标准、职工待遇等与人民银行一样。

② 1982 年,中共中央批转《全国农村工作会议纪要》,提出了健全与完善农业生产责任制的各类指导性意见和具体措施。1982 年 9 月,党的十二大对以包干到户为主要形式的农业生产责任制给予充分肯定。1983 年 1 月 2 日,中共中央印发《关于当前农村经济政策的若干问题》的文件,进一步肯定了家庭联产承包责任制,提出这种分散经营和统一经营相结合的经营方式具有广泛的适用性,要求全面推行家庭联产承包责任制。

主的责任制和统分结合的双层经营体制得以不断稳定并逐步完善。[①] 三是革新了农产品购销与价格形成制度。1984 年,恢复开放城乡农产品贸易市场,缩小农产品统派统购的范围,扩大市场调节范围,允许多渠道经营。1985 年,国家决定取消农产品统派统购制度,对粮油大宗产品实施合同定购与市场收购的双轨制,而对其他农产品则完全放开,实行市场调节,从而逐步建立起政府调控下的农产品市场流通体制。1985 年 1 月,中共中央、国务院《关于进一步活跃农村经济的十项政策》是真正意义上的中国第一次粮食流通体制改革,实行了 31 年的农产品统派统购制度被打破。[②] 1990 年,粮食生产大丰收,"卖粮难"问题再次出现,第二次粮食流通体制改革启动。与农产品的购销制度改革相适应,农产品价格制度也进行了全面改革。1985 ~ 1992 年,随着农产品统派统购制度的废除,农产品价格形成机制由计划定价向市场转轨的速度大大加快。

随着市场化改革的逐步推进,我国农村金融机构法律制度变迁也经历了重构与调整期、形成期和深化与发展期三个阶段。1978 年,党的十一届三中全会通过的《中共中央关于加快农业发展若干问题的决定(草案)》中明确提出"恢复中国农业银行,大力发展农村信贷事业"。党的十一届三中全会以后,根据修改后的《农村人民公社工作条例(试行草案)》第 5 条关于"农村信用合作社是集体金融组织,又是农业银行的基层机构,办理农村金融各项业务,执行国家金融部门的职能任务"的规定,农村信用合作社的政策规定、规章制度、经费开支、人员管理、职工福利待遇等同于银行执行,任何单位不得挪用和平调信用社资金,农村信用社走上"官办"道路。1979 年,国务院批准了中国人民银行《关于恢复中国农业银行,统一管理国家支农资金的报告》,发出了《关于恢复中国农业银行的通知》,决定正式恢复中国农业银行,并对农业银行的性质、任务、业务范围、资金来源、机构设置、经营方式和管理体

---

① 尤其是 1984 年 1 号文件中关于土地承包 15 年的政策,调动起农民对土地投入的积极性,不少地方在家庭承包经营基础上,实现了土地的适度规模经营;出现了承包土地的转包、转让;许多地方结合实际,积极探索解决土地承包经营中出现的各种人地矛盾的有效办法,较好地保持了土地承包关系的相对稳定。

② 然而,1986 年至 1988 年出现了国家"收粮难"的现象。于是,政府采取强硬措施,将定购合同改为指令性计划,明文规定合同定购部分作为农民向国家的交售任务,要保证完成。1989 年,又将合同定购改为国家定购,并规定为农民应尽的义务。

制等作了明确规定。[①] 这次中国农业银行的恢复,改变了传统的运作目标,明确提出了"因地制宜地支持商品生产,讲求经济效益,活跃农村经济"的农村金融方针。[②] 为适应家庭承包经营带来的农村经济快速发展,1979 年 11 月,农业银行出台了《办好信用站的若干规定》,推出了按生产队设立,主要办理社员存放款业务,帮助社员解决生产、生活困难和承担其他力所能及金融服务的农村"信用服务站"。这一阶段,尽管信用社得到了快速发展,但存在的问题仍然明显。一是在认识上忽视了信用社和银行是两种相互补充,长期并存的制度形式,把信用社看成了国家银行的附属,急于实现所有制的过渡,信用合作社的民间性、合作性没有充分体现;二是对信用社的管理,以及对信用社和国家银行关系的处理没有按经济规律办事,采取的是行政手段和计划经济的方法;三是照搬了农业银行的金融政策和业务管理办法,不仅管得死,而且不切合信用社业务的实际,加上经营成果和信用社职工利益不挂钩,亏损由银行补贴,致使信用社存贷款利率倒挂,预算软约束,"大锅饭"盛行。1980 年 8 月和 10 月召开的中央财经领导小组和农业银行全国信用合作处长座谈会,发现并明确指出了信用社的体制问题。进而促使农业银行于 1981 年 3 月出台了《关于改革农村信用合作社体制,搞活信用合作工作的意见》,在基本体制不变的前提下,推行了以试行营业所与信用社合署办公,所、社联营;根据农村经济发展需要,扩大信用社贷款范围,搞活经营业务;增设信用社网点,服务到户,办理多种形式存款、代收代付和资金信托等业务,积极筹措资金;调整信用社和银行的利率,增加灵活性,解决利率倒挂和亏损问题;试办信用社县联社;强化民主管理等为内容的信用社改革,促进了信用社的发展。[③] 信用社体制的变化促进了农村经济发展,方便了农民生产和生活,但没有从根本上解决信用社存在的体制性问题。

农村信用合作社体制也开始出现调整。主要是开始重新恢复名义上的合作

---

① 中国农业银行作为国务院的直属机构,是由中国人民银行代为监管,实行独立核算,企业化经营的国家专业银行。其主要任务是,统一管理支农资金,集中办理农村信贷,领导农村信用合作社,发展农村金融事业。业务范围是:国家的农业拨款、商业部门的预购定金、金融部门的各项贷款、业务主管部门自筹支农资金,由农业银行和信用社审查、核实、拨付、发放、监督使用;农村人民公社、生产大队、生产队、社队企业、国有农业企事业单位、农工商联合企业、供销社等单位的存款和贷款由农业银行和信用社办理;农村人民公社基本核算单位、社队企业和社员个人存款、贷款由信用社统一办理;国家设在农村的机关、团体、学校、企事业单位的存款、贷款,以及城乡结算、现金管理等由农业银行办理。资金来源包括:财政拨付的农贷基金、人民银行拨付的自有资金、各项存款、盈余、国家批准用于农业发展外汇贷款。

② 业务范围由农业扩大到整个农村经济,积极支持了农村家庭承包经营责任制的推广,贯彻了"决不放松粮食生产,积极开展多种经营"的方针,支持了农村产业结构调整和乡镇企业起步与发展。

③ 1982 年全国共有信用社和信用站 337,955 个,其中信用社 30,767 个,信用站 303,182 个,储蓄所 4006 个。

金融组织地位。1983年，农业银行总行下发《关于改革信用社管理体制试点的通知》，规定信用社性质为集体所有制经济金融组织，提出恢复和加强信用社组织上的群众性，管理上的民主性和业务经营上的灵活性，使其成为相对独立的合作金融企业。1984年，国务院批转农业银行《关于改革信用社管理体制的报告》，从此开始了恢复农村信用社合作金融性质的改革。① 1986年，国务院发布《银行管理条例》，规定人民银行统一管理银行业和非银行金融机构，包括农村信用社。人民银行委托农业银行代管信用社，对信用社视同专业银行。1987年，农业银行提出把信用社办成由农户和合作经济组织自愿入股的信用合作机构，主要为社员服务，实行民主管理，是自主经营、独立核算、自负盈亏、自担风险的集体所有制的合作金融组织。1990年，农业银行按区别对待，分类指导的原则，将农村信用社分为"老少边穷地区""以农业为主地区""沿海经济发达地区""大中城市郊区"四种类型进行改革。10月，人民银行发布《农村信用社管理暂行规定》，进一步规范了农村信用社管理。② 农村合作基金会也得到了快速发展，③对农村经济的融资需求提供了极大的支持，一项全国性的调查表明农村合作基金会45%的贷款提供给了农户，24%的贷款提供给了乡镇企业（熊德平，2005年）。这不仅大大超过了同期农业银行的相应贷款比例，而且超过了农村信用社投入农村经济的相应贷款比例。

与此同时，由于"先东部，后西部"经济发展战略的实施，地区经济差距的逐步扩大，农村金融制度在全国也开始出现差异。东部地区经济的快速发展，老百姓收入的增长，使民间资金积累水平提升，东部地区逐步放开了对民间信用的管制，允许民间自由借贷，允许成立民间金融组织，允许包括贷款、债券、股票、基金、票据贴现、信托、租赁等信用手段的融资方式并存，农村各类投融资形式异常活跃。例如，由于获得正规金融资金支持的困难，经济较为发达的沿海地区，浙江、福建、广东、江苏等

① 根据国务院的要求，在农业银行的领导下，对农村信用合作社在一定范围内进行改革，下放了部分经营权。

② 这段时期尽管农村信用社在机构和业务上都有较快发展，体现合作原则的"三性"得到一定程度的恢复，但产权性质仍然是集体所有或准国家所有，管理体制并没有发生实质性的变化。

③ 农村合作基金会源于20世纪80年代中期兴起的准正规金融组织，20世纪80年代末首先在四川省成立，其经营资本主要依赖农户的资金注入，其经营活动归农业部而不是中国人民银行管辖。到1996年农村合作基金会的存款规模为农村信用合作社的1/9。

地,合会开始重新流行,并成为农村民间金融的一种重要途径。① 民间集资也如雨后春笋般飞快地发展起来,②通过聚散为整,很快在东部兴办了一大批企业,尤其以乡镇企业的发展为快。当时乡镇企业的资金来源中有近 1/4 ~ 1/3 来自民间集资,在企业负债中占有很高的比例(温涛,2005 年)。随着农村商品经济的发展,越来越多的东部农民要求以集镇为基地,开店办厂,这在客观上推动了东部地区城镇化的进程。据何荣飞(1989 年)的研究表明,1983 年温州市农村只有 23 个建制镇,1986 年发展到 87 个,1987 年发展到 90 个;1979 年至 1985 年,全市集镇共建设住房 1029 万平方米,建设道路 416 万平方米,自来水厂 84 个,中小学 154 所,影剧院 82 座,文化馆 92 个,医院 76 座,还建有码头、变电所、电视差转台等;总投资 14.9 亿元,其中农民群众集资 11.84 亿元,占 79.46%。

此外,私人钱庄等民间金融形式也为东部农村发展提供了资金的支持。在当时,浙江省的乐清县乐成镇和苍南县钱库镇,每年资金融通量在 300 万元以上的"银背"各约有十多家。③ 这些"银背"往往发展成为私人钱庄。1984 年,浙江温州地区和福建福清地区出现了一些私人钱庄,如苍南县钱库镇的"钱库钱庄"、乐清县乐成镇的"乐成钱庄"、苍南县的"金乡钱庄"和"肥腊信用钱庄"曾得到当地有关部门的批准,公开营业。④ 另外,还有许多未公开的所谓"地下钱庄"。上述正式公开挂牌经营的钱庄的存款资金来源主要有如下几个方面:钱庄所在集镇的个体商业户的营业收入款、城镇居民储蓄、附近农民的存款、集体商业的临时存款、个别的信托存款。其贷款对象一般是个体商业户和农业大户。此外,对集体合作企业也有临时贷款和少量的流动资金贷款。另外有一些隐蔽的贷款,如对走私市场的放款。钱庄的利率水平总体上介于民间借贷与银行信用合作社之间,比银行、信用社高,比民间借贷利率低。存款利率一般为月息一分到二分,贷款利率一般为二分以上,实际贷款利率

---

① 现代的合会具有以下几个特点:(1)方式多样,会款、会期、排序方式灵活,能够适应不同的需要。从短期性到长期性,从小额到大额的融资规模皆有,比较符合农村资金需求的特点。(2)会员之间一般较为熟悉,以避免风险。合会中个人信用和个人之间的相互信任起着至关重要的作用,它是以个人所掌握的信息量为基础,因此合会这种民间信用的存在是有一定范围的。(3)高息、大规模会款的合会具有较高的风险性。

② 当时,由于国有银行的资金主要用来支持国有经济,而靠个人积累完成投资周期又很长,于是国家鼓励民间集资兴办实业,促进农村经济发展,改善农村生活环境。1984 年,中央 1 号文件明确指出:"鼓励农民向各种企业投资入股,鼓励集体和个人本着自愿互利的原则,将资金集中起来,联合兴办各种企业。"

③ 姜旭朝:《中国民间金融研究》,山东人民出版社 1996 年版,第 58 页。

④ 姜旭朝:《中国民间金融研究》,山东人民出版社 1996 年版,第 69 页。

往往还要高些。钱庄的经营非常灵活，一般要经营到晚上七八点钟。也正是其灵活的经营方式，才赢得了地方种养大户、私营工商户和企业的信赖，为地方经济发展提供了资金融通的便利。首先，钱庄对当地闲置资金进行余缺调节，促进当地经济的发展；其次，私人钱庄的服务与国有银行和信用社相比有自身的优势，无论是服务质量、方便程度还是营业时间都比国有银行灵活；再次，钱庄的存在与发展在一定程度上对正规金融体制是一个有力的挑战，促进国有金融机构的改革；最后，钱庄作为民间金融的一部分，因其规模优势，对民间高利贷起到一定的抑制作用。①

反观西部地区，这一阶段虽然同东部地区一样，农村集体和农户私人投入开始成为农业、农村资本积累的重要渠道，尤其是农户个人固定资产投资保持了非常快的增长速度，但在民间资金介入农业生产和乡镇企业发展，以及城镇化建设等方面的深度与力度远远落后于东部地区。西部地区政府对待农村民间金融发展的态度，也相当谨慎。农村民间金融机构不仅没有像东部地区那样获得有关部门的批准进行公开营业，反而一直处于西部地区各级政府的严密监控和围追堵截之下。民间金融只能以借贷为主，满足西部地区农村居民的生活资金余缺调剂。因此，在农民收入、农村经济发展水平，以及政府财政和地区金融实力存在差距的条件下，西部地区农村金融的资源配置能力明显落后于东部地区，其促进农村经济增长的功效也必然难以与东部地区相提并论。以乡镇企业发展为例，同样起步于20世纪70年代末期，但由于投资不足，进入20世纪90年代后，差距不断拉大。到1996年，西部地区乡镇企业增加值仅为1460.21亿元，在全国占比为8.27%；而东部地区高达10,458.63亿元，在全国占比为59.22%。这又成为东西部地区农村经济差距与农村金融运作能力差距进一步扩大的重要因素。

(2)市场化改革深化时期农村金融机构法律制度的发展

党的十四大的召开，明确提出建立社会主义市场经济体制的目标之后，农业和农村沿市场经济方向深化的速度加快。这一阶段，农村经济体制改革的主要内容包括以下几个方面。第一，构建了农地制度的基本框架。在稳定土地承包经营权的基础上，提出了土地制度发展的基本架构，确立了农村基本经营制度的法律地位，完善了农地使用制度。1999年，第九届全国人民代表大会第二次会议通过的《宪法修正案》载明："农村集体经济组织实行家庭承包经营为基础、统分结合的双层经营体

① 当然，私人钱庄在对经济发展和人们生活带来方便的同时，也带来一定的负面影响。因为大多数私人钱庄没有得到政府的认可，其活动是隐蔽的和地下的，因此其经营缺乏规范性，容易被利用，成为金融欺诈活动。

制。"至此,我国农村基本经营制度的法律地位正式确立。2004 年中央 1 号文件正式提出要"加快土地征用制度改革"①。2005～2010 年的中央 1 号文件进一步提出了深化农村土地制度改革的意见和措施。第二,促进了农村经济组织制度创新。突破单一的集体经济所有制结构,大力发展个体、私营、合资、联营等多种经济成分的农村微观经济组织,是这一时期农村经济体制改革的重要内容。② 特别是对乡镇集体企业进行产权实现形式的改革,使农村经济活动方式出现了家庭承包经营、租赁经营、股份制、股份合作制、合营、联营及中外合资、合作经营等多种经营方式并举,资源配置开始由封闭的社区内向社区外拓展。市场主导型的农民专业合作经济组织也逐渐兴起。③ 2004～2010 年的中央 1 号文件均提出大力发展各类农民专业合作组织的具体政策,以推动我国农民合作经济组织的发展进入一个新的阶段。第三,推动了粮食流通体制改革和完善。1993 年,国务院下发《关于加快粮食流通体制改革的通知》,全国的粮食销售价格也基本全部放开,实行了 40 年的城镇居民粮食供应制度(统销制度)被取消。2001 年,国务院召开全国粮食工作会议,正式出台了《关于进一步深化粮食流通体制改革的意见》,第三次粮食购销改革由此启动。2003 年,以安徽省在全省扩大直补试点的改革方案为标志,粮食购销全面市场化改革终于走出了最艰难的一步,实现了"粮改"的一个飞跃。④ 2004 年、2005 年中央 1 号文件则进一步提出了深化粮食流通体制的具体内容。⑤ 第四,实施了农村税费制度改革。基层自发的农村税费改革的推行,引起了党中央、国务院的高度重视。2004 年

---

① 2004 年 11 月 3 日,为贯彻《国务院关于深化改革严格土地管理的决定》(国发〔2004〕28 号文件)精神,国土资源部研究制定了《关于完善征地补偿安置制度的指导意见》,就征地补偿标准、被征地农民安置、征地程序和征地监管等征地补偿安置制度进行完善。

② 近年来,为适应社会主义市场经济的发展,传统的政府主导型社区性合作经济组织的组织形态、资产规模、经营制度、资源配置方式以及为农户服务的意识和功能均发生了较大改进,已成为所有权主体日趋多元化、多层次开放经营的经营实体。村级社区合作经济组织基本上充当着农村土地所有者的身份,替代政府行使社会职能和经济职能。

③ 市场主导型的农民专业合作经济组织是农民为了应对市场的竞争、实现自我保护而组建起来的新型市场主体,是市场化取向改革和农业弱质性特点的必然结果,代表了市场经济条件下新型农民经济组织的发展方向。市场主导型的农民专业合作经济组织的类型包括在农村中出现的各种形式的专业合作社、股份合作社和专业协会。

④ 2003 年 10 月召开的全国农业和粮食工作会议上,国务院决定继续推进粮食流通体制改革,重点放在保护粮食主产区和农民种粮积极性上,把通过流通环节的间接补贴改为对农民的直接补贴。至此,粮食"直补"改革推向全国。

⑤ 2004 年 5 月 24 日,国务院发布《关于进一步深化粮食流通体制改革的意见》,进一步明确了深化粮食流通体制改革的总体目标和实施步骤,提出"放开购销市场,直接补贴粮农,转换企业机制,维护市场秩序,加强宏观调控"的深化粮食流通体制改革基本思路。

中央1号文件提出:逐步降低农业税税率;取消除烟叶外的农业特产税;有条件的地方,可以进一步降低农业税税率或免征农业税。到2006年,大部分省市区相继宣布全面取消农业税。第五,不断进行农业和农村现代化途径的探索。进入20世纪90年代,围绕农村经济体制和农业增长方式的两个根本性转变,我国积极探索农业和农村现代化的途径。① 2001年以后,尤其是党的十六大以后,再次把增加农民收入放在首位,提出增加农民收入要采取综合性措施,根本途径是要对农业和农村经济结构进行战略性调整。2007年中央1号文件,进一步明确提出发展现代农业推进新农村建设。2008~2010年的中央1号文件均明确提出加快农业发展方式的转变。

与此同时,农村政策性、商业性和合作性金融"三足鼎立"的格局也逐步形成。1993年11月,党的十四届三中全会的《中共中央关于建立社会主义市场经济体制若干问题的决定》,确定了我国金融体制改革的总体目标。② 根据这一要求,1993年12月,国务院发布《关于金融体制改革的决定》③,要求通过改革逐步建立在中国人民银行统一监督和管理下,中国农业发展银行、中国农业银行和农村合作金融组织密切配合、协调发展的农村金融体系。并要求根据农村商品经济发展的需要,在农村信用合作联社的基础上,先将农村信用合作联社从中国农业银行中独立出来,办成基层信用社联合组织,有步骤地组建农村合作银行。1996年年底,农村信用社与农业银行实现资产划转,④行政隶属关系正式脱钩。农村信用社的业务管理,改由县联社负责;对农村信用社的金融监督管理,由中国人民银行直接承担。至此,农业银行、农业发展银行和农村信用社脱钩,由中央银行领导的,以合作金融(农村信用社)为基础,商业性金融(农业银行)、政策性金融(农业发展银行)分工协作的农村金融组织体系开始形成。到1997年,农业银行基本完成了作为国家专业银行"一身三

① 1995年,《关于加速科技进步的决定》要求,提出大力推进农业和农村科技进步,推动传统农业向高产、优质、高效的现代农业转变,促进农村经济全面发展。1999年,中央提出要着重抓好调整和优化农业结构,发展高产优质高效农业。2000年,中央又提出农业和农村经济发展新阶段的中心任务是大力推进农业和农村经济结构战略性调整,全面提高农业和农村经济的素质和效益,增加农民收入。

② 中国人民银行作为中央银行,在国务院领导下独立执行货币政策,从主要依靠信贷规模管理,转变为运用存款准备金、中央银行贷款利率和公开市场业务等手段,调控货币供应量,保持币值稳定;建立政策性银行,实行政策性业务与商业性业务分离;发展商业银行,现有的专业银行要逐步转变为商业银行,并根据需要组建农村合作银行和城市合作银行,商业银行要实行资产负债比例管理和风险管理。

③ 决定建立在国务院领导下,独立执行货币政策的中央银行宏观调控体系;建立政策金融与商业金融相分离,以国有商业金融为主体,多种金融机构并存的金融组织体系;建立统一开放、竞争有序、严格管理的金融市场体系。

④ 信用社缴存农业银行的990亿元存款准备金和888亿元转存农业银行款项,分别缴存和转存人民银行。

任”的历史使命，开始进入了真正向国有商业银行转化的新的历史时期。此间，孟加拉 GB 小额信贷模式也于 1994 年被引进我国开始试点。

在经历了亚洲金融危机，1997 年开始的通货紧缩以及 2001 年加入世界贸易组织（World Trade Organization，WTO）金融不断开放后，我国政府对金融的监管更加严格，农村金融体制改革客观上强化了农村信用合作社对农村金融市场的垄断。主要体现在：一是开始在国有专业银行中推行贷款责任制，收缩国有专业银行战线。1997 年，中央金融工作会议确定了“各国有商业银行收缩县（及以下）机构，发展中小金融机构，支持地方经济发展”的基本策略，包括农业银行在内的国有商业银行收缩了县及县以下机构。二是调整农业政策性金融的业务范围。① 1998 年，为适应以“三项政策，一项改革”为主要内容的新一轮粮食流通体制改革，国务院决定将农业发展银行承担的农业综合开发、扶贫等专项贷款业务，以及粮食企业加工和附营业务贷款划转有关国有商业银行，使农业发展银行实质上成为“粮食收购银行”。三是打击各种非正规金融活动，对民间金融行为进行压制。1999 年，在全国范围内撤销农村合作基金会，并对其进行清算。除部分小额信贷、不计息的亲友借款和企业团体间借款之外，根据国务院 1998 年颁布的《非法金融机构和非法金融业务活动取缔办法》，其他金融组织或者活动均属于非法。四是将农村金融体制改革的重点确定为农村信用合作社改革。1999 年，中国人民银行批准了组建农村信用社联合社的试点。② 2001 年，中国人民银行决定选择 8 个单位③进行农村信用合作社浮动利率试点，推动农村利率市场化。2003 年，国务院批准在全国 8 个省（市）进行农村信用社改革试点。因第一批改革试点取得成效，2004 年《国务院办公厅关于进一步深化农村信用社改革试点的意见》（“66 号文件”）同意再增设 21 个省（区、市）作为第二批

---

① 1997～1998 年，为确保和农业银行脱钩后的信用社健康发展，中国人民银行从总行到县支行都建立了农村合作金融管理机构，研究和制定防范与化解农村信用社风险的政策措施，并对高风险信用社进行重点监控。先后颁布了《农村信用合作管理规定》《农村信用合作社县级联社管理规定》，进一步明确了农村信用社和县联社的运行规范。

② 1999 年，首先在浙江绍兴、江西赣州、广东茂名、湖南怀化等 4 家地（市）级的农村信用合作社开展。2000 年，在江苏省开展了“以完善体制、转换机制、消化包袱、加强管理和改善服务”为主要内容的农村信用合作社管理体制改革试点。2001 年又在江苏省农村信用合作社系统开展了全面的清产核资工作，并将农村信用合作社以县（市）为单位合并为一个法人，将全省 1658 个基层信用合作社和 81 个联合社合并为 82 个法人，正式成立了江苏省农村信用合作社联社。

③ 2002 年上半年，福建的连江和泉州泉港、浙江的瑞安和仓南、黑龙江的甘南、内蒙古的扎兰与吉林的通榆、洮南等县（市）共 8 家农村信用（联）社，成为我国农村信用合作社利率改革的首批试点单位。根据利率改革总体方案，这 8 家农村信用联社的各项存款，可以在法定基准利率基础上，上浮 20%～50%；贷款利率实行差别浮动，最大不超过 100%。

改革试点单位。[①] 此后,农村信用合作社改革试点全面铺开。另外,农村股份制、合作制商业银行试点也取得明显进展。[②] 同时,以农村信用合作社为主体的正规金融开始试行并推广小额信贷,[③]小额信贷的财务管理开始逐步规范。[④] 为了增强金融对农业、农村的支持作用,2007 年中央 1 号文件明确指出要进一步深化农村金融改革。此后,全国金融工作会议提出,要健全农村金融组织体系,充分发挥商业性金融、政策性金融、合作性金融和其他金融组织的作用,适度调整和放宽农村地区金融机构准入政策,降低准入门槛,鼓励和支持发展适合农村需求特点的多种所有制金融组织,积极培育多种形式的小额信贷组织。我国农村金融业已形成商业性金融、合作性金融、政策性金融相结合的,各种金融机构同时并存的格局。

3. 新型农村金融机构法律制度的基本语境和历史起点

通过对新中国成立以来我国农村金融机构法律制度进行系统梳理可以发现:尽管新中国成立后即开始建立农村金融机构体系,农村金融机构法律制度渊源已久,并且改革开放后,农村金融机构以及相应的法律制度建设取得了较大的进展。1953 年以来,主管金融机构、国务院、人民银行通过和颁布了为数不少的与农村金融机构相关的规定、办法和文件,但这些规定、办法和文件大多是应急性的、暂时性的,其内容要么是对农村金融机构功能性质业务范围的不断反复调整;要么是对某一农村金融组织的断然取缔。迄今为止,中国还没有一部由全国人大(常委会)通过的正式农村金融立法,没有解决农村金融问题的系统立法规划。工业化、城市化、国有企业改革、国有金融改革、加入 WTO、化解金融风险、防范金融危机等一系列重要战略的实施,无一不直接或间接地牵引和左右着农村金融机构调整的方向。农村金融机构的制度供给及其调整变化充分体现了其在政府心目中"附属"和"基层"的定位,而政府也开始为农村金融机构的制度失败支付巨额的改革成本。

---

① 第一批是浙江、山东、江西、贵州、吉林、重庆、陕西、江苏。第二批是北京、广东、天津、河北、湖北、云南、甘肃、山西、宁夏、青海、内蒙古、辽宁、黑龙江、安徽、福建、上海、河南、湖南、广西、四川和新疆。

② 2001 年,中国人民银行将江苏省的张家港、常熟和江阴三市的农村信用合作社,确定为首批组建股份制的农村商业银行的试点单位。2003 年 4 月,经中国人民银行批准,浙江宁波鄞州市的信用合作社联社又按照股份合作制方式,改造成为全国首家农村合作银行。同时,重庆市政府也决定在合川等 4 区县进行类似改革。

③ 根据农业银行 2002 年的统计,到 2001 年年底,农业银行累计发放扶贫到户贷款 250 亿元,余额 240 亿元,扶贫贫困农户 175 万户。2002 年,全国有 30,710 个信用社开办了小额信贷业务,占 92.6%,辖区内 25% 的农户获得了贷款支持,当年发放农户小额信用贷款 967 亿元,年底余额 754.7 亿元,发放农户联保贷款 475.1 亿元,年底余额 253.3 亿元。农村信用社成为农村小额信贷的主体。

④ 中国社会科学院"扶贫社"项目通过国外小额信贷财务专家培训,已建立相应的会计和管理制度,并按国际机构"小企业教育促进项目"(SEEP)财务比率分析框架,进行财务分析。

二、新型农村金融机构法律制度的形成

农村金融机构改革面对的现实问题既意味着农村金融机构持续改革的必然性,也意味着农村金融机构持续改革的艰巨性。中国农村金融机构改革如何持续?如何深入?如何"破题"?——中国农村金融机构改革的新方向、新思路、新方法在哪里?中央1号文件给出了最权威的指引和解答。

1. 新型农村金融机构法律制度的政策起因

中央一直高度关注农村金融问题。自1982年以来的总共19份中央1号文件中,18份中央1号文件用专条、专项甚至专章规定(见表5-1)强调了农村金融问题的现实性、重要性和紧迫性;强调了农村金融机构服务"三农"的基本方向;同时为不同时期农村金融机构服务三农的具体组织形式作出了方向性指引。

2004年中央1号文件开始号召"探索兴办直接为'三农'服务的多种所有制的金融组织",2006年中央1号文件鼓励"在县域内设立多种所有制的社区金融机构,允许私有资本、外资等参股。大力培育由自然人、企业法人或社团法人发起的小额贷款组织"。2007年中央1号文件专条规定"出台改革方案,形成完善、互补、多元的农村金融体系;增加对农业、农村发展的资金支持和信贷投放;明确规定县域金融组织新增信贷资金用于支持当地'三农'发展的比例;引导信贷资源回流农村地区;发展支持'三农'的小额信贷;试点培育多种所有制的农村金融组织"。2008年中央1号文件要求"调整放宽农村地区银行业金融机构准入政策试点工作;培育小额信贷组织"。2009年中央1号文件明确提出"培育新型农村金融机构,发展以服务、支持'三农'为主要功能地位的银行机构;支持小贷业务的开展,拓宽微型、小型金融组织的融资渠道;制定出台面向农村、农业贷款的税收、补贴等优惠政策"。2010年中央1号文件"鼓励支持社会资本参与设立服务'三农'的金融机构"。2012年中央1号文件"鼓励社会资本流向农村金融市场,支持设立村镇银行"。2013年中央1号文件"支持社会资本参与设立新型农村金融机构"。2014年中央1号文件要求"村镇银行全面覆盖全国所有县市;鼓励、支持兴办服务于农村、农业发展的县域银行和金融租赁公司;充分发挥小贷公司'支农'作用;发展农村合作金融;充分发挥政策性金融对'三农'的支持作用"。2015年中央1号文件指出"积极推动农村金融立法,强化农村普惠金融,明确政策性和商业性金融'支农'责任"。2016年中央1号文件要求"创新村镇银行设立模式,扩大覆盖面;引导互联网金融、移动金融在农村规范发展;加快构建多层次、广覆盖、可持续的农村金融服务体系,发展农村普惠金融,降

低融资成本,全面激活农村金融服务链条”。中央1号文件持续深入为农村金融改革指明了宏观方向,并明确提出了以“新型农村金融机构”为代表的新一轮农村金融改革的新理念、新方向、新类型和新结构。新型农村金融机构的落地生长迫切需要具体法律制度的全面支持。

表5-1 1982~2016年中央1号文件农村金融机构政策

序号	颁布时间	文件名	主要内容概述	预设目标分析
1	1982年1月1日	《全国农村工作会议纪要》	文件规定:“必须实行积极扶持‘三农’的政策,在资金方面给以帮助”	1982年第1个1号文件蕴含着政策制定者积极扶持“三农”,予以资金帮助和指导的预期目标,虽然未明确提出农村金融“支农”以及农村金融改革,但为之后的农村金融政策的出台奠定了基础
2	1983年1月2日	《当前农村经济政策的若干问题》	文件首次提出允许资金等要素在农村一定程度的流动和多种方式的结合,明确规定:“各级农业银行以及农村信用合作社应在办理信贷方面发挥应有的作用。信用社应坚持合作金融组织的性质”	1983年的1号文件明确提出了包括农业银行和信用社在内的农村金融机构支持“三农”发展以及发展农村合作金融的预期目标,首次提出农村金融服务“三农”的概念
3	1984年1月1日	《中共中央关于1984年农村工作的通知》	文件提出,“农村信用合作社要办成合作金融组织”、“农村存款优先服务于农村”、“农村贷款优先保证农业贷款需要”以及“农业银行要切实做好农村信贷服务工作”等政策规定	1984年的中央1号文件体现了政策决策层对信用社以及农业银行优先支持农业发展的期望,明确确定了金融要支持农业、农村发展的原则

续表

序号	颁布时间	文件名	主要内容概述	预设目标分析
4	1985 年 1 月 1 日	《中共中央、国务院关于进一步活跃农村经济的十项政策》	文件专项针对农村金融政策作出规定，提出："放活农村金融政策，提高资金的融通效益。"文件作出规定："农村信用社必须在保证满足社员农业贷款之后，才可以以余款经营农村工商信贷"	1985 年的中央 1 号文件体现了政策制定者对信用社发挥良好的"支农"功能饱含期盼
5	1986 年 1 月 1 日	《中共中央、国务院关于 1986 年农村工作的部署》	文件规定："中国人民银行、中国农业银行要制定出台支持农业发展的信贷政策。不得向信用社下达指令性转存款指标，保证信用社多存多贷"，特别值得关注的是，文件两次提到"农村金融政策的落实"	1986 年的中央 1 号文件体现了中央扶持农业、农村发展，保证农业健康发展的信贷需求得以满足的预期目标，同时也体现了中央强烈要求切实落实农村金融政策的决心
6	2003 年 12 月 31 日	《中共中央、国务院关于促进农民增加收入若干政策的意见》	文件规定："建立健全金融机构服务于农村的体制机制，明确县域金融组织为'三农'发展提供服务的义务"，"鼓励、支持社会资本和外资开办直接为'三农'提供服务的金融机构"	2004 年中央 1 号文件多处论及农村金融，政策初衷在于拓宽信贷资金支农渠道，增加农户和农村企业贷款资源，切实提高农村金融服务水平，缓解农村资金外流，其根本目的是促进"三农"稳定健康发展
7	2004 年 12 月 31 日	《中共中央、国务院关于进一步加强农村工作提高农业综合生产能力若干政策的意见》	文件规定："针对农村龙头企业，各级农业银行以及其他国有商业银行要切实改善信贷服务，缓解其'贷款难'问题"，"针对以粮食、棉花、食用油为主要业务的农村龙头企业，各级农业发展银行可以提供贷款支持"等	2005 年中央 1 号文件明确了农业银行等国有商业银行服务三农的信贷责任，鼓励农村发展银行发挥"支农"功能，体现了农村金融政策的"支农"目的

续表

序号	颁布时间	文件名	主要内容概述	预设目标分析
8	2006 年 2 月 21 日	《中共中央、国务院关于推进社会主义新农村建设的若干意见》	文件规定："加快立法进程，建立农民合作经济组织信贷制度"，明确"县域金融组织的'支农'义务"以及规定"县域金融组织信贷资金用于支持'三农'发展的比例"，"引导邮政储蓄资金回流农村""农业银行要继续发挥支持农业、服务农村的作用""探索建立小额信贷组织"等	2006 年中央 1 号文件明确金融机构支持"三农"的义务和信贷比例，提出鼓励支持小额贷款组织机构的设立，加快发展小额信贷业务，政策的根本目的在于发挥金融服务于"三农"的作用，加强农村金融的支持力度
9	2007 年 1 月 29 日	《中共中央、国务院关于积极发展现代农业扎实推进社会主义新农村建设的若干意见》	文件规定："出台改革方案，形成完善、互补、多元的农村金融体系"；"增加对农业、农村发展的资金支持和信贷投放"；"明确规定县域金融组织新增信贷资金用于支持当地'三农'发展的比例"；"引导信贷资源回流农村地区"；"发展支持'三农'的小额信贷"；"试点培育多种所有制的农村金融组织"	2007 年中央 1 号文件明确农村金融改革的总体目标，即形成完善、系统、多元的农村金融体系，继续加大农村金融"支农"力度，增加农村信贷资金资源，可见中央预期从农村金融体系层面推进金融服务"三农"
10	2007 年 12 月 31 日	《中共中央、国务院关于切实加强农业基础建设进一步促进农业发展农民增收的若干意见》	文件专条规定："试点允许银行等金融组织进入农村地区金融市场"；"增强中国农业发展银行、农村信用合作社'支农'力度"；"邮政储蓄银行要增加涉及农业、农村发展的业务"；"鼓励支持培育小贷公司和信用贷款和联保贷款的发展"；"建立健全农村信贷担保机制"；"引导各类金融机构到农村开展业务"	2008 年中央 1 号文件放宽农村金融机构准入门槛，培育多元农村金融机构，农村金融"支农"目的性更强

续表

序号	颁布时间	文件名	主要内容概述	预设目标分析
11	2009 年 2 月 1 日	《中共中央、国务院关于 2009 年促进农业稳定发展农民持续增收的若干意见》	文件专项规定，"培育新型农村金融机构，发展以服务、支持'三农'为主要功能定位的银行机构"；"支持小贷业务的开展，拓宽微型、小型金融组织的融资渠道"；"制定出台面向农村、农业贷款的税收、补贴等优惠政策"；"充分发挥政策性金融对'三农'的支持作用"；"试点农村专业合作社信用合作"；"放宽涉农贷款呆账核销条件"	2009 年中央 1 号文件要求发展多种形式新型农村金融组织，拓宽农村微小型金融组织融资渠道，出台涉农贷款税费优惠办法，加大发挥多元化金融机构"支农"作用鼓励力度
12	2009 年 12 月 31 日	《中共中央、国务院关于加大统筹城乡发展力度　进一步夯实农业农村发展基础的若干意见》	文件专项规定，"增加流向农业、农村的资金量，有效缓解贷款难"；"切实执行涉农贷款税收、补贴、奖励等扶持政策"；"农业银行、农村信用社、邮政储蓄银行要切实发挥金融'支农'作用"；"鼓励支持社会资本参与设立服务'三农'的金融机构"；"农村金融服务全覆盖乡镇"	2010 年中央 1 号文件要求银行业金融机构增加涉农信贷投放，发展服务农村的新型金融机构，旨在引导资金流向"三农"，解决农村融资难题
13	2010 年 12 月 31 日	《中共中央、国务院关于加快水利改革发展的决定》	文件以"水利"为主题，未涉及农村金融方面的内容	2011 年中央 1 号文件以"水利"为主题，未涉及农村金融方面的内容

续表

序号	颁布时间	文件名	主要内容概述	预设目标分析
14	2012 年 2 月 1 日	《中共中央、国务院关于加快推进农业科技创新持续增强农产品供给保障能力的若干意见》	文件规定:“加大农村金融政策支持力度,加大农村贷款资金投入,金融组织涉农贷款业务增长速度高于全部贷款业务平均增长速度”;“涉农贷款实行税收优惠政策等激励机制,提高县域金融组织农村信贷服务水平”;“鼓励社会资本流向农村金融市场,支持设立村镇银行”;“鼓励、支持发展农村专业合作社”;“降低农村金融市场准入门槛,存贷比弹性化”;“加大对农民专业合作社等的信贷投放力度”	2012 年中央 1 号文件要求涉农贷款增速高于平均增速,鼓励民间资本进入农村金融服务领域,提高涉农贷款风险容忍度,延续 2006 年以来中央 1 号文件重点强调金融支持农村、农业发展的一贯风格,继续强调发挥金融服务“三农”功能
15	2012 年 12 月 31 日	《中共中央、国务院关于加快发展现代农业进一步增强农村发展活力的若干意见》	文件规定:“充分发挥商业银行、政策性银行以及合作性金融组织支持‘三农’作用,提高涉农贷款比例”;“创新金融产品和服务,优先满足农户信贷需求”;“针对县级及以下金融组织涉农贷款增量实施奖励政策、针对农村金融组织实行补贴政策、针对农户贷款实行税收优惠政策、针对小额信贷实行贴息政策”;“创新农业银行支持‘三农’发展模式,发挥中国农业发展银行‘支农’功能,支持国家开发银行服务‘三农’”;“支持社会资本参与设立新型农村金融机构”	2013 年中央 1 号文件首次明确优先满足农户信贷需求,支持社会资本充分流向农村金融领域,明确农村金融的首要职能是服务、支持“三农”发展,优先满足“三农”资金需求

续表

序号	颁布时间	文件名	主要内容概述	预设目标分析
16	2014 年 1 月 20 日	《中共中央、国务院关于全面深化农村改革加快推进农业现代化的若干意见》	文件规定:“切实履行农村金融组织‘支农’义务职责”;“商业银行建立适应‘三农’需要的专门机构和独立运营机制”;“强化商业金融对‘三农’的服务能力,提高涉农贷款比例,纳入考核评价体系”;“鼓励支持各级邮政储蓄银行发挥‘支农’职能,增加业务面”;“村镇银行全面覆盖全国所有县市”;“鼓励、支持兴办服务于农村、农业发展的县域银行和金融租赁公司”;“充分发挥小贷公司‘支农’作用”;“发展农村合作金融”;“制定农村合作金融发展管理办法”	2014 年中央 1 号文件首次专章对农村金融作出详尽规定,要求创新农村金融制度,充分发挥金融组织“支农”功能,制定农村合作金融发展管理办法,分别对各类金融机构提出服务“三农”的要求,强调切实发挥金融“支农”功能
17	2015 年 2 月 1 日	《中共中央、国务院关于加大改革创新力度加快农业现代化建设的若干意见》	文件规定:“继续加大金融信贷资金流向农村领域力度,确保涉农贷款总量以及占比不下降”;“加大支持农业再贷款利息率优惠力度”;“农业银行三农事业部向县域支行全覆盖”;“充分发挥农业发展银行服务‘三农’功能”;“国家开发银行持续增加面向农村的信贷资源投入”;“各级农村信用合作社确保支持村农业发展的功能定位”;“持续增加农村地区村镇银行总量”;“试点农民合作社内部资金互助”;“鼓励开展‘三农’融资担保业务”;“强化农村普惠金融。”特别值得关注的是,2015 年中央 1 号文件首次明确:“推动农村金融立法,明确政策性和商业性金融‘支农’责任”	2015 年中央 1 号文件最大亮点在于提出推动农村金融立法,尝试通过建立健全法律制度发挥农村金融服务“三农”的功能,强化农村普惠金融,确保金融资源继续向“三农”倾斜

续表

序号	颁布时间	文件名	主要内容概述	预设目标分析
18	2016 年 1 月 27 日	《中共中央、国务院关于落实发展新理念加快农业现代化实现全面小康目标的若干意见》	文件规定:“创新村镇银行设立模式,扩大覆盖面”;“引导互联网金融、移动金融在农村规范发展”;“扩大在农民合作社内部开展信用合作试点的范围”;“健全风险防范化解机制,落实地方政府监管责任”;“发展农村金融租赁业务”;“在风险可控前提下,稳妥有序推进农村承包土地的经营权和农民住房财产权抵押贷款试点”;“积极发展林权抵押贷款”	2016 年中央 1 号文件要求推动金融资源更多向农村倾斜

资料来源:新华社权威发布的历年中央 1 号文件。

2. 新型农村金融机构法律制度的形成

(1)新型农村金融机构的法律渊源

首先,为了贯彻《中共中央国务院关于推进社会主义新农村建设的若干意见》等中央 1 号文件精神,《关于调整放宽农村地区银行业金融机构准入政策　更好地支持社会主义新农村建设的意见》[银监发(2006)90 号]、《村镇银行管理暂行规定》[银监发(2007)5 号]、《贷款公司管理暂行规定》[银监发(2007)6 号]以及《农村资金互助社管理暂行规定》[银监发(2007)7 号]文件陆续颁布,明确了三类新型农村金融机构的设立条件、内部治理、组织结构、经营管理以及监管责任。此外,原银监会同日发布《村镇银行组建审批工作指引》[银监发(2007)8 号]、《贷款公司组建审批工作指引》[银监发(2007)9 号]以及《农村资金互助社组建审批工作指引》[银监发(2007)10 号]推进三类新型农村金融机构的试点工作。除去原银监会主导建设的三类新型农村金融机构外,2005 年中国人民银行在部分地区开展贷款公司试点工作,2008 年 5 月,银监会和央行联合发布《关于小额贷款公司试点的指导意见》,明确了小额贷款公司的法律地位,与此同时,小额贷款公司作为新型农村金融机构的类型之一,在全国各地推广建设。上述监管当局发布的规范性法律文件构成了拟制新型农村金融机构的主要法律渊源,其中,《村镇银行管理暂行规定》[银监发

(2007)5 号]、《村镇银行组建审批工作指引》[银监发(2007)8 号]、《关于加强村镇银行监管的意见》[银监发(2007)46 号]是村镇银行拟制的主要法律渊源;《贷款公司管理暂行规定》[银监发(2007)6 号]、《贷款公司组建审批工作指引》[银监发(2007)9 号]是贷款公司拟制的主要法律渊源;《农村资金互助社管理暂行规定》[银监发(2007)7 号]、《农村资金互助社组建审批工作指引》[银监发(2007)10 号]是农村资金互助社拟制的主要法律渊源;《关于小额贷款公司试点的指导意见》、《小额贷款公司改制设立村镇银行的暂行规定》[银监发(2009)48 号]是小额贷款公司拟制的主要法律渊源。

其次,为了配合新型农村金融机构的制度投放,监管当局又陆续出台了一系列调整新型农村金融机构存贷利率、支付清算、金融统计监管、征信、现金风险监管和补贴优惠的规章性法律文件,主要包括人民银行和原银监会于 2008 年共同发布的《关于村镇银行、贷款公司、农村资金互助社、小额贷款公司有关政策的通知》,财政部于 2009 年发布的《关于开展县域金融机构涉农贷款增量奖励试点工作的通知》以及《中央财政新型农村金融机构定向费用补贴资金管理暂行办法》。另外,各省、市、区根据《关于小额贷款公司试点的指导意见》并结合当地实际颁布了一系列地方性小贷公司专门规章,具有代表性的包括《浙江省小额贷款公司试点暂行管理办法》《内蒙古自治区小额贷款公司试点管理实施细则》《温州市人民政府办公室关于促进温州小额贷款公司稳健发展的实施意见》等。

最后,村镇银行作为商业银行法人,在上述专门规章性法律文件没有规定时,还受到《公司法》、《商业银行法》、原《物权法》、原《担保法》以及原银监会发布的《农村信用社农户联保贷款指引》等的调整;贷款公司和小额贷款公司作为公司法人,在上述专门性规章法律文件没有规定时,还应受《公司法》、原《担保法》、原《物权法》、原《合同法》等的调整;农村资金互助组作为社区互助性银行业金融机构,在上述专门规章性法律文件没有规定时,还应受《银行业监督管理法》、原《担保法》、原《物权法》、原《合同法》等的调整。

在监管当局的强力制度投放之下,村镇银行、农村资金互助组、贷款公司、小额贷款公司 4 类法定新型农村金融机构在各地迅速生根发芽,落地开花。

(2)新型农村金融机构的法定类型与法律性质

①村镇银行

从性质上看,一方面,村镇银行是享有股东投资形成的全部法人财产权,依法享有民事权利,并以全部法人财产独立承担民事责任的独立的企业法人;另一方面,村镇银行的经营原则为安全性、流动性和效益性，这也就意味着村镇银行是独立的商业性银行业金融机构，具有了商业银行的性质。从特征上看，首先，村镇银行有较严格的股权设置，主发起人必须是银行业金融机构，村镇银行其他股东持股比例以及股份转让受到法律的严格限制；其次，村镇银行业务经营范围广阔，是开展综合性经营业务的新型农村金融机构；最后，村镇银行活动受到法律的严格限制，如村镇银行不得异地发放贷款等。

②农村资金互助社

从性质上看，一方面，农村资金互助社是一种新型的农村合作金融组织，实行社员民主管理，以服务社员为宗旨，谋求社员共同利益；另一方面，农村资金互助社是独立的企业法人，对由社员股金、积累及合法取得的其他资产所形成的法人财产，享有占有、使用、收益和处分的权利，并以上述财产对债务承担责任。从特征上看，与村镇银行不同，农村资金互助社无论是资金来源还是资金运用都局限于社员，并且不得从事非社员吸储以及非法放贷活动。

③贷款公司

从性质上看，一方面，贷款公司是由境内商业银行或农村合作银行全额出资的有限责任公司，属于一人公司的范畴；另一方面，贷款公司是独立的企业法人，享有由投资形成的全部法人财产权，依法享有民事权利，并以全部法人财产独立承担民事责任。

④小额贷款公司

从性质上看，一方面，小额贷款公司是企业法人，有独立的法人财产，享有法人财产权，以全部财产对其债务承担民事责任；另一方面，小额贷款公司应执行国家金融方针和政策，在法律、法规规定的范围内开展业务，自主经营，自负盈亏，自我约束，自担风险，其合法的经营活动受法律保护，不受任何单位和个人的干涉。从特征上看，小额贷款公司与村镇银行的最大区别在于不能吸收公众存款，只能发放贷款。除此之外，小额贷款公司的法律性质较为尴尬，因其未能取得原银监会颁发的正式金融牌照，故使其金融机构的身份大打折扣。4 类新型农村金融机构比较如表 5－2 所示。

表 5－2　4 类新型农村金融机构比较

机构名称	出资主体	法律性质	所有者	监管
村镇银行	境内外金融机构、境内非金融机构	银行业金融机构、企业法人	清晰	银监会与银监局审慎监管
农村资金互助社	乡(镇)、行政村农民、农村企业	社区互助性银行业金融机构、企业法人	清晰	银监会与银监局审慎监管
贷款公司	境内商业银行、境内农村合作银行、外资金融机构	非银行金融机构、企业法人	清晰	银监会与银监局审慎监管
小额贷款公司	自然人、企业法人与其他社会组织	有限责任公司、股份有限公司	清晰	省级政府主管部门

资料来源：根据相关监管法律文件整理。

3. 新型农村金融机构法律制度的发展

截至 2020 年 12 月，我国共组建村镇银行 1637 家(开业 1630 家)、小额贷款公司 7118 家、贷款公司 14 家、农村资金互助社 46 家。作为农村金融改革增量改革的关键环节，新型农村金融机构的设立缓解了农村金融供需矛盾，扩大了农村金融的服务范围，有效改善了农村金融的生态环境。但是，作为法律制度拟制产品的新型农村金融机构在实践中也面临很多现实困境与问题，监管当局不断“摸着石头过河”地对不同类型不同性质的新型农村金融机构进行了不同层次、不同程度的制度调试，新型农村金融机构法律制度获得了进一步发展(见表 5－3 至表 5－8)。

表 5－3　新型农村金融机构的通用性法律渊源

年份	名称	法律性质/备注
2005	《中共中央、国务院关于推进社会主义新农村建设的若干意见》	中央政策(1 号文件)
2006	《中国银监会关于调整放宽农村地区银行业金融机构准入政策更好支持社会主义新农村建设的若干意见》	行政规范性文件/推出放宽农村银行业金融机构准入新政策
2007	《中国银监会关于扩大调整放宽农村地区银行业金融机构准入政策试点工作的通知》	行政规范性文件

续表

年份	名称	法律性质/备注
2007	《中国银监会关于银行业金融机构大力发展农村小额贷款业务的指导意见》	行政规范性文件
2008	《中国人民银行中国银行业监督管理委员会关于村镇银行、贷款公司、农村资金互助社、小额贷款公司有关政策的通知》	行政规范性文件
2008	《中国银行业监督管理委员会农村中小金融机构行政许可事项实施办法》	行政规范性文件/被《中国银监会农村中小金融机构行政许可事项实施办法》废止
2009	《中国银监会办公厅关于做好当前农村中小金融机构监管工作的通知》	行政规范性文件/被《中国银监会关于规范性文件清理结果的公告》废止
2009	《中国银监会关于做好〈新型农村金融机构2009年~2011年总体工作安排〉有关事项的通知》	行政规范性文件/被《中国银监会关于规范性文件清理结果的公告》废止
2010	《中国银监会关于加快发展新型农村金融机构有关事宜的通知》	行政规范性文件
2012	《银监会关于鼓励和引导民间资本进入银行业的实施意见》	行政规范性文件
2014	《中国银监会农村中小金融机构行政许可事项实施办法》	部门规章/对村镇银行、贷款公司、农村资金互助社的设立、变更、撤销等作了新的规定
2015	《中国银监会农村中小金融机构行政许可事项实施办法》	部门规章/对村镇银行、贷款公司、农村资金互助社的设立、变更、撤销等作了新的规定

表 5－4　村镇银行法律渊源

年份	名称	法律性质/备注
2007	《中国银监会关于印发〈村镇银行管理暂行规定〉的通知》	规范性法律文件/被《中国银监会关于规范性文件清理结果的公告》废止
2007	《中国银监会关于印发〈村镇银行组建审批工作指引〉的通知》	规范性法律文件
2007	《中国银监会关于加强村镇银行监管的意见》	行政规范性文件/被《中国银监会关于规范性文件清理结果的公告》废止
2009	《中国银监会关于印发〈小额贷款公司改制设立村镇银行暂行规定〉的通知》	行政规范性文件/主要涉及小额贷款公司改制设立村镇银行的准入条件、程序要求及监管管理
2011	《中国银监会办公厅关于进一步加强村镇银行监管的通知》	行政规范性文件
2011	《中国银监会关于调整村镇银行组建核准有关事项的通知》	行政规范性文件
2012	《中国银监会关于印发〈村镇银行监管评级内部指引〉的通知》	行政规范性文件
2012	《中国银监会办公厅关于银行业金融机构发起设立村镇银行有关事项的通知》	行政规范性文件
2014	《中国银监会关于进一步促进村镇银行健康发展的指导意见》	行政规范性文件

表 5－5　农村资金互助社法律渊源

年份	名称	法律性质/备注
2007	《中国银监会关于印发〈农村资金互助社管理暂行规定〉的通知》	行政规范性文件
2007	《中国银监会会关于印发〈农村资金互助社组建审批工作指引〉的通知》	行政规范性文件
2007	《中国银监会办公厅关于印发〈农村资金互助社示范章程〉的通知》	行政规范性文件
2007	《中国银监会关于农村资金互助社监督管理的意见》	行政规范性文件

表 5－6　贷款公司法律渊源

年份	名称	法律性质/备注
2007	《中国银监会关于印发〈贷款公司管理暂行规定〉的通知》	行政规范性文件/被《银监会关于发布银行业规章和规范性文件清理结果的公告》废止
2007	《中国银监会关于印发〈贷款公司组建审批工作指引〉的通知》	行政规范性文件
2009	《中国银监会关于印发〈贷款公司管理暂行规定〉的通知》	行政规范性文件

表 5－7　小额贷款公司法律渊源

年份	名称	法律性质/备注
2007	《关于小额贷款公司试点的指导意见》	行政规范性文件/被《银监会关于发布银行业规章和规范性文件清理结果的公告》废止
2009	《银监会办公厅关于做好小额贷款公司试点工作有关事项的通知》 《小额贷款公司改制设立村镇银行的暂行规定》	行政规范性文件

表 5－8　其他专门性法律渊源

年份	名称	法律性质/备注
2009	《财政部关于开展县域金融机构涉农贷款增量奖励试点工作的通知》	行政规范性文件
2009	《财政部关于进一步做好县域金融机构涉农贷款增量奖励试点工作的通知》	行政规范性文件
2009	《财政部关于印发〈中央财政新型农村金融机构定向费用补贴资金管理暂行办法〉的通知》	行政规范性文件

续表

年份	名称	法律性质/备注
2010	《财政部关于印发〈中央财政农村金融机构定向费用补贴资金管理暂行办法〉的通知》	行政规范性文件/被《农村金融机构定向费用补贴资金管理办法》废止
2010	《财政部国家税务总局关于农村金融有关税收政策的通知》	行政规范性文件
2011	《财政部国家税务总局关于延长农村金融机构营业税政策执行期限的通知》	行政规范性文件
2014	《财政部关于印发〈农村金融机构定向费用补贴资金管理办法〉的通知》	行政规范性文件
2014	《财政部国家税务总局关于延续并完善支持农村金融发展有关税收政策的通知》 《财政部关于进一步扩大财政县域金融机构涉农贷款增量奖励试点范围通知》	行政规范性文件

(1)村镇银行法律制度的发展

2009年7月,银监会出台《新型农村金融机构2009年~2011年总体工作安排》,做好3年计划实施,明确3年总体工作目标,在"低准入,严监管"的原则下,试点建设村镇银行1027家,并实施村镇银行设立的"准入挂钩"制度。2010年4月,银监会发布《关于加快发展新型农村金融机构有关事宜的通知》,强调继续实施"东西挂钩、城乡挂钩、发达与欠发达挂钩"制度,允许资产管理公司发起设立村镇银行。将村镇银行对同一借款人的贷款余额由不得超过资本净额的5%调整为10%,对单一集团企业客户的授信余额由不得超过资本净额的10%调整为15%。2012年7月,银监会下发《关于银行业金融机构发起设立村镇银行有关事项的通知》,明确提出设立村镇银行的"区域挂钩"原则,并将村镇银行主发起行的最低持股比例由20%降低为15%。2014年12月,银监会发布《关于进一步促进村镇银行健康发展的指导意见》,确定了村镇银行规模化组建、集约化管理和专业化服务的总体原则和本地化、多元化和民营化的股权原则,明确了村镇银行主发起行的大股东职责并强化村镇银行属地监管责任。

(2)小额贷款公司法律制度的发展

根据原银监会《关于小额贷款公司试点的指导意见》中"凡是省级政府能明

确一个主管部门(金融办或相关机构)负责对小额贷款公司的监督管理,并愿意承担小额贷款公司风险处置责任的,方可在本省(区、市)的县域范围内开展组建小额贷款公司试点”的规定的授权,小额贷款公司的设立运营监管实质上由省级地方性规章调整,而各省级政府又很好地贯彻了“摸着石头过河”的立法理念,各省级小贷公司的地方性规章频繁修改。根据笔者不完全统计:浙江省一级政府部门自小贷公司试点以来共发布了36部规制文件,①辽宁省发布了25部,②江苏省出台

① 根据本书统计,浙江省关于小额贷款公司的文件主要有《浙江省人民政府办公厅关于开展小额贷款公司试点工作的实施意见》《浙江省人民政府办公厅关于切实抓好小额贷款公司试点工作的通知》《关于印发〈浙江省小额贷款公司试点暂行管理办法〉的通知》《关于建立浙江省小额贷款公司试点联席会议工作制度的通知》《浙江省人民政府办公厅关于促进小额贷款公司健康发展的若干意见》《浙江省人民政府办公厅关于深入推进小额贷款公司改革发展的若干意见》《关于印发浙江省小额贷款公司发展布局实施办法的通知》《关于发布实施〈浙江股权交易中心小额贷款公司定向债业务规则(试行)〉的通知》《关于试行小额贷款公司风险共担机制的通知》《关于印发〈县(市、区)小额贷款公司试点申报材料(参考文本)〉的通知》《关于浙江省小额贷款公司增资扩股的操作细则》《关于做好小额贷款公司高管人员任职资格核准工作的通知》《关于做好小额贷款公司少数资金链紧张的股东股权提前转让工作的通知》《关于小额贷款公司股权转让操作细则的通知》《关于印发浙江省小额贷款公司同业调剂拆借资金操作细则的通知》《关于印发浙江省小额贷款公司设立异地分支机构操作细则的通知》《关于要求严格把握新增小额贷款公司质量的通知》《关于进一步规范小额贷款公司审核事项的通知》《浙江省人民政府办公厅关于印发〈浙江省小额贷款公司监督管理暂行办法〉的通知》《关于要求严格把握新增小额贷款公司质量的通知》《省金融办关于印发〈浙江省小额贷款公司非现场监管与现场检查工作指引(试行)〉的通知》《省金融办关于印发〈浙江省小额贷款公司风险监管处置细则(试行)〉的通知》《关于进一步落实小额贷款公司日常监管职责的通知》《省金融办关于开展小额贷款公司风险防控专项检查的通知》《关于印发〈浙江省小额贷款公司年度考核评价管理办法〉的通知》《关于开展浙江省小额贷款公司信用评级试点工作的通知》《关于印发浙江省小额贷款公司信息动态监测数据暂行管理办法的通知》《关于全省小额贷款公司内部软件开发商和信息动态监测系统建设事项的通知》《关于全省小额贷款公司信息动态监测系统正式运行有关事宜的通知》《省金融办关于做好浙江省小额贷款公司公共信息服务系统推广应用工作的通知》《关于增补省工行为全省小额贷款公司内部综合业务软件开发商的批复》《省处置非法集资联席会议关于印发〈浙江省处置非法集资活动联席会议制度〉和〈浙江省处置非法集资活动联席会议工作机制〉的通知》《关于印发浙江省小额贷款公司发展布局实施办法的通知》《关于印发小额贷款公司试点工作专题会议纪要的通知》《浙江省小额贷款公司试点联席会议专题会议纪要》《省金融办关于建立小额贷款公司平稳有序退出机制的通知》等文件。

② 根据本书统计,辽宁省的文件主要有《辽宁省人民政府关于开展小额贷款公司试点工作的指导意见》《辽宁省小额贷款公司试点暂行管理办法》《关于规范小额贷款公司筹建和开业申请要件有关问题的补充通知》《关于调整小额贷款公司发起人资格等有关问题的通知》《关于印发〈辽宁省小额贷款公司监督管理办法(暂行)〉的通知》《关于调整小额贷款公司主发起人及其关联方持股比例等有关问题的补充通知》《关于做好促进小额贷款公司发展工作的意见》《关于调整小额贷款公司注册资本有关问题的通知》《关于开展小额贷款公司增资扩股工作的通知》《关于明确小额贷款公司试点工作职责的通知》《全省小额贷款公司现场检查处理意见》《关于印发〈辽宁省小额贷款公司分支机构设立试点暂行管理办法〉的通知》《关于进一步明确小额贷款公司筹建、开业、股权变更等有关事项的补充通知》《关于印发〈辽宁省小额贷款公司评级暂行办法〉的通知》《关于进一步调整小额贷款公司注册资本有关问题的通知》《关于印发〈辽宁省科技小额贷款公司暂行管理办法〉的通知》《关于调整小贷公司相关试点政策的通知》《关于

了20部,[①]内蒙古自治区17部。[②]

(3)贷款公司法律制度的发展

2009年7月,银监会出台《新型农村金融机构2009年~2011年总体工作安排》,要求2011年年底成立贷款公司106家。2009年8月,银监会发布《贷款公司管理规定》,废止了《贷款公司管理暂行规定》,在内容条文上《贷款公司管理规定》与《贷款公司管理暂行规定》完全一致。但是,直至2016年3月,我国共成立贷款公司14家,贷款公司数量远未达到监管当局要求,贷款公司法律拟制实践检验出贷款公司法律拟制存在较大问题。

(4)农村资金互助社法律制度的发展

2007年2月,银监会《关于印发〈农村资金互助社示范章程〉的通知》依总则、业

调整小额贷款公司审批方式等事项的通知》《关于允许小额贷款公司分期缴足注册资本金的通知》《关于放宽小额贷款公司主发起人变更条件的通知》《关于沈阳经济区内小额贷款公司业务同城化的通知》《关于防范小额贷款公司出现非法集资和经营风险的通知》《辽宁省小额贷款公司评级办法(试行)》《关于进一步加强小额贷款公司分类监管工作的通知》《关于小额贷款公司股权变更等有关事项的补充通知》。

① 根据本书统计,江苏的主要文件有《江苏省促进金融业创新发展若干意见》《省政府办公厅关于开展农村小额贷款组织试点工作的意见(试行)》《省政府办公厅关于推进农村小额贷款公司又好又快发展的意见》《关于进一步明确农村小额贷款公司税收政策的通知》《关于印发〈江苏省农村小额贷款公司监督管理办法〉的通知》《关于进一步规范农村小额贷款公司审批管理工作的通知》《省政府办公厅关于深入推进农村小额贷款公司改革发展的意见》《关于进一步加强农村小额贷款公司监管工作的通知》《省金融办关于印发〈江苏省小额贷款公司监管评级办法(暂行)〉的通知》《省金融办关于印发〈江苏省农村小额贷款公司监管评级指标体系(暂行)〉的通知》《省金融办关于印发〈江苏省农村小额贷款公司监管处罚细则(暂行)〉的通知》《省金融办关于印发〈江苏省小额贷款公司非现场检查实施细则(暂行)〉的通知》《关于加强小额贷款公司市场准入和日常监管工作的通知》《江苏省金融办关于调整完善农村小额贷款公司部分监管政策的通知》《江苏省金融办关于农村小额贷款公司扶优限劣工作意见(暂行)》《关于建立江苏省小额贷款公司市场退出机制的通知》《省金融办关于印发〈江苏省小额贷款公司上市管理工作指引(暂行)〉的通知》《江苏省财政厅关于印发〈江苏省农村小额贷款公司财务制度(试行)〉和〈江苏省农村小额贷款公司会计核算办法(试行)〉的通知》《江苏省财政厅关于促进金融业创新发展的若干意见》等文件。

② 根据本书统计,内蒙古出台的文件有《内蒙古自治区人民政府办公厅关于开展小额贷款公司试点工作的通知》《关于规范我区小额贷款公司名称的通知》《关于统一小额贷款公司会计凭证和合同文本的通知》《关于加强小额贷款公司监管的通知》《内蒙古自治区财政厅　国税局　地税局关于新设金融法人机构企业所得税优惠政策的通知》《关于统一安装小额贷款公司业务管理系统的通知》《关于加强内蒙古自治区小额贷款公司外源融资管理的通知》《关于小额贷款公司安装综合业务管理系统有关事项的通知》《关于印发〈内蒙古自治区小额贷款公司年度考核评价办法(试行)〉的通知》《内蒙古自治区人民政府办公厅关于印发〈内蒙古自治区小额贷款公司试点管理暂行办法〉的通知》《关于印发〈内蒙古自治区小额贷款公司试点管理实施细则(修订)〉的通知》《关于印发〈内蒙古自治区小额贷款公司董事、监事、高级管理人员任职资格管理暂行办法〉的通知》《关于建立全区小额贷款公司统计报告制度的通知》《关于印发〈内蒙古自治区小额贷款公司从业人员资格管理暂行办法〉的通知》《关于修改小额贷款公司月报表及年度财务决算表的通知》《关于修订〈内蒙古自治区小额贷款公司年度考核评价办法(试行)〉的通知》等文件。

务范围、社员、股权管理、组织机构、业务财务管理、合并分立解散清算、附则等8个部分为农村资金互助社进行了章程示范。2007年12月,银监会发布《关于农村资金互助社监督管理的意见》,要求建立以农村资金互助社自律管理、银行业监管机构监管、地方政府风险处置和社会监督服务相结合的监督管理体系,严格实施市场准入,坚持互助合作原则。2009年7月,银监会出台《新型农村金融机构2009年~2011年总体工作安排》,要求截至2011年年底,试点建设农村资金互助社106家。但是,直至2016年3月,我国共成立农村资金互助社46家,农村资金互助社数量远未达到监管当局要求,农村资金互助社法律拟制实践检验出农村资金互助社法律拟制存在一些问题。

三、新型农村金融机构法律制度的特征

综上所述,新型农村金融机构法律制度是在中央1号文件指引下,监管当局和相关部门对于农村金融机构创新的较为集中的制度供给,在制度供给的主体、内容、形式上具有较为明显的特征:

(一)新型农村金融机构法律制度供给的主体特征

新型农村金融法律制度的供给主体是中央和国务院命令授权下的中央监管当局和地方监管部门。其中,原银监会和各地银监分局负责村镇银行、贷款公司、农村资金互助社的法律制度供给;原银监会和各省级政府小额贷款公司监管机构(主要是金融办)负责小额贷款公司的法律制度供给。相较其他法律制度供给主体的独立性和权威性,新型农村金融机构法律制度供给主体的监管对象复杂广泛,各级监管部门集立法权、监管权、行政权于一身,新型农村金融机构法律制度主要满足供给主体的监管需要和监管便捷,容易形成行政化监管。

(二)新型农村金融机构法律制度供给的内容特征

一方面,新型农村金融机构法律制度的立法目标极为明确。新型农村金融机构法律制度的目标与以往《商业银行法》《银行业监督管理法》等金融法律法规有所不同。农村地区银行业金融机构网点覆盖率低、金融供给不足、竞争不充分是新型农村金融机构法律规则所要直面的问题。促进农村地区形成投资多元、种类多样、覆盖全面、治理灵活、服务高效的金融体系是新型农村金融机构法律制度建设的立法追求。改进和加强农村金融服务,支持社会主义新农村建设是新型农村金融机构的最高目标。另一方面,新型农村金融机构法律制度在制度内容供给上,坚持了"低准入,严监管"的"新"原则,"低准入"是指针对农村地区,通过放开准入资本范围、调

低注册资本、取消营运资金限制、调整投资人资格、放宽境内投资人持股比例、放宽业务准入条件与范围、调整董事和高级管理人员准入资格、调整新设法人机构或分支机构的审批权限以及实行简洁灵活的公司治理,放宽新型金融机构的准入政策。"严监管",是指强化对农村地区新设法人机构资本充足率、资产损失准备充足率、不良资产率及单一集团客户授信集中度的持续、动态监管。这一原则的实施旨在增加新型农村金融机构的数量,控制新型农村金融机构风险,推进新型农村金融机构的"市场化",并没有完全贯彻制度供给的立法目标。

(三)新型农村金融机构法律制度供给的形式特征

首先,就新型农村金融机构法律制度的"静态"形式而言,新型农村金融机构法律制度主要以中央政策、"暂行规定"、"工作指引"、"监管通知"、"指导意见"、"地方政府暂行管理办法"和"实施细则"等"红头文件"为主,从法的渊源属性来看,大部分属于行政规范性文件,立法位阶和法律效力位阶较低;其次,就新型农村金融机构法律制度的"动态"形式而言,新型农村金融机构法律制度没有经过严格的立法程序,"摸着石头过河",不断颁新,频繁废止,缺乏稳定性。

(四)新型农村金融机构法律制度供给的效果特征

成功拟制新型农村金融机构是新型农村金融机构法律制度的直接目的,新型农村金融机构的设立数量是新型农村金融机构制度效果的直观反映。从截至 2016 年 3 月底的各类法定新型农村金融机构的设立数量观察,村镇银行和小额贷款公司法律制度的效果较好,可以持续推进完善;贷款公司和农村资金互助社法律制度的效果较差。

第二节　新型农村金融机构法律制度发展的历史逻辑

新型农村金融机构法律制度供给是在"农村资金依然短缺,农户融资依然困难,农村金融问题依然严峻——中国农村金融机构改革尚未破题"的历史语境下,监管当局根据中央 1 号文件精神对于农村金融机构制度创新的一次集中探索。自 2004 年中央 1 号文件开始号召"探索兴办直接为'三农'服务的多种所有制的金融组织"以来,新型农村金融机构法律制度发展已逾 10 年。10 余年的制度探索是否取得了预期的成效？是否形成了较为成熟完整的制度经验？是否实现了为农村金融机构"破旧立新"的历史使命？回答上述问题,需要在系统梳理新型农村金融机构法律制度发展历程的基础上,结合法经济学的相关理论,深入探寻新型农村金融机构法律制度发展的历史逻辑。

根据赫维茨贝叶斯博弈框架,新型农村金融机构法律制度的发展过程可以被简化为三个阶段:第一阶段,委托人发现一种新的机制;第二阶段,代理人行动,决定接受这种机制并设计出机制实施方案[法律规则(契约、利益分配方案)];第三阶段,代理人及其代理人在机制约束下选择自己的行为。其中,代表全国人民的党中央是委托人,最高监管当局(原银监会,现银保监会)是代理人,银保监会的授权分支机构是代理人的代理人。在这三个阶段中,由于委托人与代理人之间属于弱委托代理关系,委托人对代理人并没有法定或约定的强制约束力;而代理人的代理人作为代理人的下属分支授权机构,只有服从代理人的义务,因此,代理人(原银监会,现银保监会)是新型农村金融机构法律制度的核心决策层,代理人的偏好与利益,是影响新型农村金融机构法律制度发展的决定性因素。这些因素与来自委托人以及代理人的代理人的因素相互作用,就构成了全面影响新型农村金融机构法律制度发展的历史逻辑。

一、强制性逻辑与诱致性逻辑

在新型农村金融机构法律制度形成发展的历史进程中,首先交织着强制性与诱致性两种变迁逻辑。强制性逻辑主要体现在新型农村金融机构法律制度的制定和执行模式上。新型农村金融机构法律制度是由代理人(原银监会,现银保监会),按照自己的利益和偏好设计确定并依靠我国银监体制自上而下地执行的。这一逻辑的主要表现形式为原银监会出台的一系列有关新型农村金融机构的各种"暂行规定"、"工作指引"、"监管通知"、"指导意见"、"地方政府暂行管理办法"和"实施细则"(外在行为规则、程序性规则和具有特定目的的专门指令),诱致性变迁逻辑主要体现在新型农村金融机构法律制度对新型农村金融机构的目标设定、性质定位和股权结构上。新型农村金融机构的目标设定、性质定位和股权结构是由委托人在洞悉农村金融市场的本质需求和发展规律的基础上明确指出的(2004 年中央 1 号文件中"直接为'三农'服务的多种所有制的金融组织";2006 年中央 1 号文件中"在县域内设立的多种所有制的社区金融机构,由自然人、企业法人或社团法人发起的小额贷款组织";2007 年中央 1 号文件中"支持'三农'的小额信贷,多种所有制的农村金融组织")。它体现出新型农村金融机构法律制度顺应农村金融市场规律满足农村金融市场需求的自下而上的诱致性特征,同时,委托人在明确提出建立一种新型农村金融机构之前,都会进行较长时期的试点和推广阶段,并经过广泛的考察论证或直接采纳实践中已经比较成熟的组织形式(如小额贷款公司)。这也体现出新型农村金融机构法律制度演进的诱致性逻辑。

二、行政性逻辑与市场性逻辑

在新型农村金融机构法律制度形成发展的历史进程中,还存在行政性与市场性两种变迁逻辑。行政性逻辑,主要体现在新型农村金融机构的法律渊源、推进模式与变迁方式上。首先,新型农村金融机构拟制的法律渊源以原银监会颁布的行政规范性文件为主,《村镇银行管理暂行规定》《村镇银行组建审批工作指引》《关于加强村镇银行监管的意见》《小额贷款公司改制设立村镇银行暂行规定》《中国银监会办公厅关于进一步加强村镇银行监管的通知》《中国银监会关于调整村镇银行组建核准有关事项的通知》《中国银监会办公厅关于进一步加强村镇银行监管的通知》《中国银监会关于印发〈村镇银行监管评级内部指引〉的通知》《中国银监会办公厅关于银行业金融机构发起设立村镇银行有关事项的通知》《中国银监会关于进一步促进村镇银行健康发展的指导意见》《农村资金互助社管理暂行规定》《农村资金互助社组建审批工作指引》《中国银监会办公厅关于印发〈农村资金互助社示范章程〉的通知》《贷款公司管理暂行规定》《贷款公司组建审批工作指引》《中国银监会关于印发〈贷款公司管理暂行规定〉的通知》《关于小额贷款公司试点的指导意见》等"红头文件"是新型农村金融机构拟制的法律渊源,监管当局的"发号施令"是新型农村金融机构生存发展的主要依据。其次,在新型农村金融机构的推进方式上,监管当局采取"计划设立指标挂钩"的行政性手段,出台《新型农村金融机构 2009 年~2011 年总体工作安排》,明确要求在 3 年内计划实施建设村镇银行 1027 家,贷款公司 106 家,农村资金互助社 106 家,计划供给 1294 家新型农村金融机构。为了实现这一计划目标,原银监会决定实施准入挂钩措施,[①]以金融牌照配额挂钩吸引发起人设立新型农村金融机构。最后,新型农村金融机构法律渊源的"废、改、立"主要满足供给主体的监管需要和监管便捷,具有显著的行政性。以村镇银行为例,2006 年至 2015 年,监管当局颁布了 9 部专门行政规范性文件,2 部已被废止,其中包括《村镇银行管理暂行规定》这一村镇银行拟制的最主要法律渊源。在存续的 7 部行政规范性文件中,6 部主要涉及组建审批、组建核准、监管评级、设立监管、加强监管等监管当局权力调整事项。

---

① 参见 2009 年 7 月银监会发布的《新型农村金融机构 2009 年~2011 年总体工作安排》。

市场性逻辑，主要体现在新型农村金融机构设立法律制度中。依据委托人（党中央）调整放宽农村地区银行业金融机构准入政策（2008 年中央 1 号文件），鼓励支持社会资本参与设立服务“三农”的新型金融机构（2010 年中央 1 号文件、2013 年中央 1 号文件），降低农村金融市场准入门槛，存贷比弹性化（2012 年中央 1 号文件）的明确要求，新型农村金融机构的市场准入限制逐渐放宽，各类营业限制逐渐降低，体现了市场化的发展方向。以村镇银行法律制度为例，2010 年 4 月，银监会发布《关于加快发展新型农村金融机构有关事宜的通知》，允许“资产管理公司发起设立村镇银行。将村镇银行对同一借款人的贷款余额由不得超过资本净额的 5% 调整为 10%，对单一集团企业客户的授信余额由不得超过资本净额的 10% 调整为 15%”。2012 年 7 月，银监会下发《关于银行业金融机构发起设立村镇银行有关事项的通知》，“将村镇银行主发起行的最低持股比例由 20% 降低为 15%”。2014 年 12 月，银监会发布《关于进一步促进村镇银行健康发展的指导意见》，“明确提出积极支持和鼓励民间资本参与村镇银行组建，扩大民间资本进入村镇银行渠道。公开村镇银行市场准入标准和流程，强化市场行为约束，提高市场准入透明度”。

三、封闭性逻辑与开放性逻辑

在新型农村金融机构法律制度形成发展的历史进程中，最后蕴含着封闭性与开放性两种变迁逻辑。封闭性逻辑，是指监管当局（原银监会，现银保监会）对新型农村金融机构的法定类型进行了严格限制，将其局限为村镇银行、小额贷款公司、贷款公司和农村资金互助社 4 类。对于已经被实践否决的贷款公司、农村资金互助社不予置评，在法律制度上给予继续保留；对于实践中发展较好的新型农村金融机构，如农村专业合作社内部合作金融、农村普惠金融机构、农村互联网金融机构等没有进行及时的调整与回应，新型农村金融机构法律制度发展显现一定的封闭性。

而委托人所提出的新型农村金融机构却呈现明显的开放性特征，中央 1 号文件中已明确的新型农村金融机构包括（但不限于）“服务于农村、农业发展的县域银行和金融租赁公司”（2014 年中央 1 号文件）、“农民合作社内部资金互助组织”（2014 年中央 1 号文件、2016 年中央 1 号文件）；“‘三农’融资担保机构体系”（2015 年中央 1 号文件、2016 年中央 1 号文件）；“农村普惠金融机构、农村互联网金融机构、农村移动金融机构”（2016 年中央 1 号文件）。新型农村金融机构法律制度呈现内涵相对明确，外延不断拓展的开放性发展趋势。

第六章　新型农村金融机构法律制度的需求分析与供给异化

新型农村金融机构法律制度演进的强制性、行政性和封闭性决定了新型农村金融机构法律制度供给既无法实现为中国农村金融市场“破旧立新”的历史使命，也无法满足中国农村金融市场的现实需求。新型农村金融机构问题本质上是制度供给问题。本章首先以行为经济学理论框架为起点，采用法经济学的博弈分析方法，从效用函数和交易费用理论入手，对新型农村金融机构法律制度需求主体、供给主体的行为特征作出规范意义上的分析，从而发现新型农村金融机构法律制度的供给存在的不足问题，并研究当前我国新型农村金融机构法律制度供给不足的原因。

第一节　新型农村金融机构法律制度的需求主体与行为特征

法经济学认为，制度是关于交易活动的规则。制度演变的实质是利益的重新界分。新型农村金融机构法律制度旨在为农村金融市场提供增量供给，其制度需求主体与农村金融市场需求主体并无二致，主要包括：以县乡政府为代表的农村地方政府、农户、农村企业以及农业产业化组织。

一、地方政府

1. 地方政府对新型农村金融机构的需求

政府行为是政府组织及其委托代理人,根据宪法和法律,调整、管理和控制一国经济、文化和社会活动的有组织行为,该行为的展开是政府组织及其委托代理人运用和实施宪法赋予的国家权力的结果,是一定体制及其政府职能、内部结构和政治家、公务员的偏好共同作用的函数。目前,中国实行的是政府的分层委托治理。分层委托治理的存在,使政府行为不仅取决于中央政府的行为目标及其"命令—服从"和"委托—代理"的层次与效率,还取决于中央政府与各级地方政府及其内部构成和组成人员之间目标函数的一致性。新型农村金融机构的设立能够为其所在地地方政府带来新的金融资源和金融收益,推动新型农村金融机构本地设立符合地方政府的需要。

2. 地方政府金融需求行为的特点

在当前政治经济体制下,发展本地经济与维护社会稳定是地方政府被赋予的主要任务,发展本地经济带来的收益与维护社会稳定所带来的收益是地方政府的两大收益来源。据此,建立地方政府参与设立新型农村金融机构并参与融资后的收益函数,如式(6.1)所示:

$$R_t = F[G_t(I), S_t(I), O_t(I)] \tag{6.1}$$

其中,R_t 为地方政府参与融资 I 后第 t 年的收益,$G_t(I)$ 为参与融资 I 后的经济效益,$S_t(I)$ 为融资 I 后的社会收益,$O_t(I)$ 为参与融资 I 后的其他效益。设贴现率为 η(短期收益贴现率为 η_1,长期收益贴现率为 η_2,并将短期收益与长期收益分开计算),则地方政府推动设立新型农村金融机构并参与融资 I 后的净收益函数 R 可表示为:

$$R = \sum_{t=1}^{n} \frac{F[G_t(I), S_t(I), O_t(I)]}{(1+\eta_1)^t} + \sum_{t=n+1}^{\infty} \frac{F[G_t(I), S_t(I), O_t(I)]}{(1+\eta_2)^t} - I \tag{6.2}$$

当 η_2 较大时,长期收益对当前收益的贡献较小,加之中国县乡政府公务员的任期一般为 4 ~ 5 年,最短的只有 0.5 年。[①] 现有的地方政府官员考核大都以地方 GDP、地方财政收入等为指标,不少县乡官员注重任期内的政绩,所以上式中 n 大约为 3,贴现率 η_2 对大多数官员来说会很大,这就使他们只注重上式中的短期收益部

① 参见冉光和等:《地方政府负债风险的生成机理与预警研究》,载《中国软科学》2006 年第 9 期。

分。当融资额一定的情况下,在进行融资决策时他们只注重3年左右的短期收益。地方政府的金融需求行为常常具有一定的短视性,只对短期内能够迅速设立并提供金融资源和金融收益的新型农村金融机构产生行为偏好,对新型农村金融机构的类型或产品并无特殊要求。

二、各地农户

1. 农户的金融需求行为

作为我国传统农业社会最基本、最主要的微观经济组织形式,农户是整个社会的基本生产单位。农户既是自然的,又是社会的;既是历史的,又是现实的。认识理解农户行为是认识理解我国农村问题的前提和基础前提,是分析我国农村金融机构制度运行的逻辑起点。

相对其他学科对"农户"研究的密集程度,法学对"农户"的贡献在于1986年《民法通则》,它明确了"农村承包经营户"的民事主体地位。[①] 由于研究的需要,本书所指向的农户,不同于历史学意义、经济学意义和民法意义上的农户,而专指区位意义上的农户。在本书的语境中,农户即农村住户,指拥有农村户籍且居住在农村的居民户,既包括职业农户,也包括兼业农户和放弃土地但仍有农村户籍的个体工商户。依据《民法典》《农村土地承包经营法》,我国实行农村土地集体所有和承包经营的产权制度,农户只有土地使用权,而没有土地所有权。从法律角度看,我国农户是一种特殊制度安排下的租佃(承包)农户,由此造成农户在产生金融需求时却缺少可供抵押的资产的尴尬局面。

从农户收入与金融需求的关系来看,农户的收入状况对其构成了预算约束。无论是何种类型的农户,既定收入水平都决定了其金融需求水平以及金融供给水平。这主要是因为现在的借贷需要用未来的收入偿还,如果预期收入不高,就会限制其借款能力,使其即使有借款愿望也无法得到满足。改革开放以来,农户生产、投资、消费和信贷的变迁,自身医疗、子女婚嫁、教育花费等消费性支出始终是农户最大的支出(刘莉亚等,2008年)。以婚嫁为例,如果不能为下一代新建住房,或者新建住房的质量低于当地平均水平,其子女就很难找到配偶,这就意味着这个家庭的终结(黄宗智,2002年)。在这个意义上,满足消费是农户金融需求最主要的目的和特

① 参见原《民法通则》第27条。

征,也是进行较大规模生产投资的前提。① 正因如此,农户不惜通过借贷来满足消费需求。考虑农户这一行为前提,这里采用预期效用理论方法,设计一个二期消费效用最大化的函数来分析农户借贷行为。假定农户的经济行为是理性的,农户凭借初始财富禀赋和借款进行生产性投资和家庭消费,其最终目的是提高个人和家庭的效用水平;农户经过初始期(t 期)和第二期($t+1$ 期)使家庭消费效用达到最大,且总效用具有可加性:②

$$U(C)=U(C_t)+U(C_t+1) \tag{6.3}$$

$$W_t+L=I+C_t \tag{6.4}$$

其中,$U(C_t)$,$U(C_{t+1})$分别表示农户第 t 期和第 $t+1$ 期消费效用水平,是消费资金量的线性函数;W_t 为农户初始财富禀赋;L 为通过借贷可获得的资金;I 表示农户在第一期进行的跨期生产性投资(如化肥、种子、固定资产投资等)。进一步假设农户将 βL 的资金用于生产性投资,即 $I=\beta L\ (0<\beta<1)$,根据式(6.4)可得:

$$C_t = W_t + (1+\beta)L \tag{6.5}$$

通过第一期投资,农户在第二期可获得收益 y,假设 y 是 βL 的线性增函数,在第二期要对借贷资金进行还本付息,即归还本金 L 和利息 r;进一步假设在农户在生产过程中收益风险损失为零,农户第二期消费为:

$$C_{t+1} = \alpha[y(\beta L)-(1+r)L] \quad \alpha\epsilon(0,1) \tag{6.6}$$

农户从事生产最终目的为两期消费效用最大化,即

$$\max U(C) = U[W_t+(1-\beta)L] + U\{\alpha[y(\beta L)-(1+r)l]\} \tag{6.7}$$

$$\frac{\partial U(C)}{\partial L} = \alpha\beta\frac{\partial y}{\partial L}-\beta-r \tag{6.8}$$

要使借贷后的消费效用达到最大化,就需要满足:

$$\alpha\beta\frac{\partial y}{\partial L}=\beta+r \tag{6.9}$$

上式表明,农户第一期生产性投资带来的福利可以弥补因投资而减少的消费效

① 根据2007年国务院发展研究中心调查数据,在调查的1664个样本中,农户借款用于看病、孩子教育、婚丧嫁娶、建房等非生产性活动比例分别为15.4%、27.8%、6.4%和11.6%,消费性用途借款约占有效样本的60%;生产性用途主要包括发展工商业、购买农资、购买家禽以及发展种养殖业,其各自所占比重分别为11.3%、18.5%、4.5%和7.5%。

② 参见阮峰儿、罗剑朝:《农户消费、生产性投资与正规金融借贷关系与实证研究》,载《农业技术经济》2006年第5期。

用和借贷产生的利息。这也是具有经济理性的农户金融需求行为产生的均衡条件。根据式(6.9),纯粹的"道义小农"只有当借贷利率为零时,才能使消费效用达到最大化。这种农户很类似农村贫困农户,在金融需求方面属于特殊的层次,其生产和生活资金较短缺,资金融通目的主要是满足生活开支不足和小规模的种植、养殖业生产。无息或者低息的或国家救助性借贷是"道义小农"的首选。因此,政府政策性金融和扶贫资金供给是解决其困境的关键。"半无产化小农"其境况要好于贫困农户,基本解决生活温饱问题(温饱型农户),除满足小规模种、养业生产需要外,临时性生活开支(丧葬嫁娶、修缮房产、外出务工差旅费等引起的暂时性融资)也是其重要内容。当出现家庭赤字时,其解决路径是挣取非农雇工收入→谋求国家的救助性信贷→谋求以"面子"为代价的熟人"无息"借贷→高利贷。其中,非农收入倾向于增加农业的流动资金,并对农户的借贷倾向具有明显的替代效应,非农收入的增加在很大程度上增强了小农经济的持续性和稳定性(何广文,1999 年;林毅夫、芬德尔、刘遵义、罗小明,2000 年;张杰,2003 年)。这种情况下,借贷行为不是提高农户消费效用的唯一手段。如果不能获得资金平滑消费,"半无产化小农"只能求助于高利贷,这会大大降低消费效用,减少农户福利。设立以小额信贷为代表的新型农村金融机构、就业和创业的资金与扶持政策是解决此类农户资金问题的途径。"理性小农",在中国是具有市场开拓型的农民(何广文,2003 年)。市场型农户分两种类型:一类是具有专业技能,规模化、市场化从事种植、养殖业农户;另一类是以农业生产为辅,主要在农村从事工商业的农户。市场型农户是农村阶层分化和农村经济社会结构变革的重要力量,他们对贷款需求量较大,商业性信贷是其融资重要途径,为了追求利润最大化,会在上述条件下,根据最大化原则作出是否参与以及如何参与金融交易的选择,即根据生产投资产生的福利与损失来确定借贷数量和消费。所以,具有竞争力的农村商业性金融体系的信贷支持对于这类农户的发展极为重要。

2. 农户金融需求行为的特征

作为发展中国家,中国农户的金融需求行为具有自身的特点。[①]

(1)农户借贷资金的使用方向,取决于对生产利润与消费效用的相对偏好

农户是由家庭成员组成的生活资料(生活消费品)的消费团体,仍然按前述假设把农户作为一个理性消费者,则农户的消费行为是追求在一定预算约束下的消费效用最大化。假设有两种商品 X_1 和 X_2,价格分别为 P_1 和 P_2,农户的收入预算为

---

① 参见李延敏:《中国农户借贷行为研究》,西北农林科技大学 2005 年博士论文,第 70 ~121 页。

m,则:

$$MaxU(X_1, X_2)$$
$$s.t.\quad P_1X_1 + P_2X_2 = m \tag{6.10}$$

同时,农户自身又是生产者,其生产行为是为了追求生产利润最大化,进一步假设生产函数为:$y = f(Z_1, Z_2)$,产品的价格为 p,两种要素(Z_1, Z_2)的价格为 W_1 和 W_2,总成本为 C,则:

$$MaxR = pf(Z_1, Z_2) - (W_1Z_1 + W_2Z_2)$$
$$s.t.\quad W_1Z_1 + W_2Z_2 = C \tag{6.11}$$

通常农户自己既生产产品,又消费产品,这样农户的生产和消费的关系发生了变化。假设给农户一个贷款额 K,既可以用于增加消费的预算,也可以增加生产要素投入。由于贷款 K 无论用于生产还是消费,均存在一定的时滞和消长关系:如果将贷款用于生产投资,则本期的现实消费效用会减少(不会比没有贷款增加),但可能会使货币增值(但存在风险,这里假设投资成功的概率设为 π,$0 \leqslant \pi \leqslant 1$),增加将来的消费效用;如果放松消费预算约束(增加本期收入),则本期消费效用会增加。① 如果没有额外限制,农户对于借入的资金是否用于生产或消费取决于权衡这种消长关系。

(2)农户生产性信贷资金有效需求不足,②对贷款机构的选择取决于非利息成本的高低

假设农户的贷款额为 K,进行生产性投资,贷款利率为 r_L,C_L 为抵押贷款时的单位成本支出,项目成功的概率为 π_i,成功的回报率为 R_i,失败回报率为 0,可以得出农户的预期收益函数:

$$E(K) = K[\pi_iR_i + (1 - \pi_i)0] = K\pi_iR_i \tag{6.12}$$

考虑成本后,农户的预期利润函数:

$$E(\pi) = K\pi_iR_i - Kr_L\ (\text{不需要抵押时}) \tag{6.13}$$

$$E(\pi) = K\pi_iR_i - Kr_L - KC_L\ (\text{需要抵押时}) \tag{6.14}$$

可以看出,在不需要抵押时,由于正规金融机构的利率相对其他渠道的融资利

① 本部分函数设计参见周小斌:《中国农业信贷市场的运行机制与绩效》,中国农业大学 2003 年博士论文,第 26~32 页;李延敏:《中国农户借贷行为研究》,西北农林科技大学 2005 年博士学位论文,第 47~67 页。

② 本部分参考吴大庆:《中国区域经济发展与金融支撑问题研究》,中国金融出版社 2007 年版,第 146~148 页。

率来说较低，农户的预期利润高，从而使农户选择正规金融机构信贷。但如果正规金融机构需要抵押，农户为寻求抵押而付出的成本很高（C_L 太大），这就降低了其期望利润，从而使农户转向不需要抵押或担保、手续也很简单的民间融资。可见只有降低农户从正规金融机构贷款的门槛，减少农户信贷的非利息单位成本 C_L，才能提高农户的期望利润，也才能扩大农户对正规金融机构的信贷需求。[①] 农户的理性假设使其在信贷活动过程中追求利润最大化，其目标函数为：

$$MaxE(\pi) = Max\{K(\pi_i R_i - r_L - C_L)\} \tag{6.15}$$

对式(6.15)求导并令其等于0得：

$$\frac{dE(\pi)}{dK} = \pi_i R_i - (r_L + C_L) = 0 \tag{6.16}$$

即 $\pi_i R_i = r_L + C_L$ (6.17)

(6.17)式说明，当贷款投资项目的边际收益等于信贷需求的边际成本时，农户的期望利润达到最大，此时信贷需求达到均衡。在均衡利率 r_L^* 下，贷款的均衡需求量为 K^*。由于在成本既定的前提下，农村经济主体的均衡信贷需求取决于项目的回报率 R_i，而农户的农业生产项目相对城市一般工业生产项目而言收益偏低，假设城市的项目回报率为 R，即 $R > R_i$，这就表明同等条件的生产项目（资金成本相同），农户的农业生产项目对信贷资金的均衡信贷需求量小于城市一般工业生产项目的信贷需求量（假设为 K），即 $K > K^*$。

（3）农户是使用自有资金和借贷资金的综合体

农户在生产过程中，不仅使用自有资金，有时也要借入一定量资金，一般情形是两种资金混合使用。如果自有资金为 K_s，借贷资金为 K_c，其对应的成本分别为 C_s 和 C_c，则其均衡条件如下：

$$\frac{\partial C_s}{\partial K_s} = \frac{\partial C_c}{\partial K_c} \tag{6.18}$$

（4）农户满足资金需求的借贷决策权，集中于具有决策权的劳动力

农户的借贷决策是一种家庭群体的决策行为，家庭主要决策者拥有的社会资本在能否获得借贷、从何种途径获得资金、获得的资金量的大小方面具有决定作用。

综上所述，农户广泛、多层次、多元化的金融需求，需要新型农村金融机构提供品种丰富、成本低廉、抵押方式灵活的金融产品。

---

① 此部分指标设计参见谷洪波：《我国农村金融组织体系重构研究》，湘潭大学2006年硕士学位论文，第14~15页。

三、农村企业与农业产业化组织

1. 农村企业与农业产业化组织金融需求行为的产生

我国农村企业种类繁多。以法律性质为标准，可以分为法人企业，包括有限责任公司、股份有限公司（上市公司）和非法人企业（合伙企业、个人独资企业）；以是否涉农为标准，可分为农村农业企业和农村非农企业；以投资主体为标准，可分为国有农村企业、非国有农村企业和外资农村企业；以企业规模为标准，可分为农村大型企业和农村中小型企业。我国农村企业总数于 2014 年达 3204.4 万户，其中包括 14.1 万户集体企业，548.3 万户私营企业，2504.0 万户个体企业。其利润总额分别为：全国 39,539.4 亿元，集体企业 1333.0 亿元，私营企业 19,391.3 亿元，个体企业 7802.4 亿元；农村企业的平均产值为 208 万元。农村中小企业作为新农村建设的产业生长点，是农村经济社会全面进步的重要推动力量。①

从所有制形态看，农村企业包括农村地区不同经济形态的各类企业：乡镇集体企业、个人私营及家族企业，以股份制为主要形式的混合所有制企业等。就数量而言，我国的农村企业在农村微观组织中所占比重不大，但农村企业对农村经济生活的影响，特别是农业产业进程的影响不容低估。作为我国农村经济中一个非常重要的组成部分，尤其是在人民公社化以后的相当长一段时间里，农村企业作为农村金融主要需求者之一，其借款需求表现出地理分布较为分散，信息不对称程度严重等特征，同时，在其经营发展过程中都存在生产周期长、市场风险大、生产利润率低等问题。这使一些农村企业或组织难以从正规金融获得贷款，而不得不求助于非正规金融。低效益高风险是农村企业的共同特征，与农户不同的是，农村企业有少量的抵押物，贷款风险相对较小。

交易费用理论认为，企业的边界不单纯由技术因素决定，而是由技术、交易费用和组织费用等因素共同决定的。其借助于资产专用性、有限理性和机会主义等概念，认为当市场交易活动费用大于企业内部组织费用时，企业规模应当适当扩大，企业之间则应实现兼并、联合；反之，企业规模应当缩小。在市场体系下，商品和服务的交易可以通过市场来进行，同时也可以通过内部组织或者企业与企业、农户之间建立“组织”来进行，即农业产业化组织。农业产业化组织通过内部合作，可以灵活地应对契约不完全性和交易不稳定性，还有助于减少交易风险，降低信息收集成本。

① 参见《中国乡镇企业及农产品加工统计年鉴 2014 年》，中国农业出版社 2014 年版。

但是，在减少外生交易成本的同时，组织内成员间的内生交易成本会增加，如农户为争夺好处的机会主义行为等。现代企业理论和产业组织理论就认为，农村企业或农业产业组织是一系列（不完全）契约（合同）的有机组合（nexus of incomplete contracts），是一种以人与人之间的交易关系为基础的契约关系，其行为是一定约束条件下追求效用最大化的企业成员及企业与企业、企业与政府、企业与其他市场交易主体之间博弈的结果。

霍夫（Hoff）和斯蒂格利茨（1981 年）指出，发展中国家存在典型的二元信贷市场。在正式信贷市场上，金融机构收取很低的利息，在非正式市场上，存在着私人放贷行为。这里以农村企业为例，对农村企业和农业产业化组织借贷行为进行分析。假设存在一个农村企业，单位资本收益率为 R；该主体存在向正规金融贷款和非正规金融贷款两种选择，其中正规金融贷款利率为 I_f，付出单位成本 C_f（包括交易成本和隐性成本，正规金融限制条件较多，因此贷款成本高于非正规金融）；非正规金融贷款利率为 I_i，付出单位成本 C_i；经营成功的概率为 ρ，届时将还本付息，如果经营失败将只付出贷款成本，而不负责本利偿还；不存在恶意欠款行为，即不存在无论经营成功或失败，都不打算归还借款的行为。[①]

这时，该企业贷款的期望收益率为：

$$E(U_t) = \rho(R - I_t - C_t) - (1 - \rho)C_t \qquad t = i, f$$

$$s.t. \quad I_t > \frac{1}{\rho} - 1 \tag{6.19}$$

如果向正规金融贷入资金，那么必须满足：

$$E(U_f) > E(U_i)$$

$$\Rightarrow \rho(I_i - I_f) > C_f - C_i \tag{6.20}$$

这就意味着，决定农村企业贷入资金倾向的主要因素为正规金融与非正规金融贷款利率和贷款单位成本之差。由于经营成功率对于企业和贷款者来说都是未知的，借贷双方只能从既往经验作出判断，因此，贷款倾向取决于农村企业对利率和成本的衡量。

2. 农村企业与农业产业化组织金融需求行为的特点

经济主体之间资源禀赋存在差异，使不同市场经济主体面对同一市场机会估计不同，从而作出截然不同的市场选择。一般而言，农村企业中的微型、家庭经营型企

---

① 参见刘姝伶：《农村金融服务体系创新与风险控制研究》，西南大学 2010 年硕士学位论文，第 23 页。

业或小型企业由于处在发展初期,规模小,自我积累能力不足,担保能力和资金需求不对称,市场不稳定,信誉处于形成之中,面临较大的市场风险。如果从正规金融贷款,将要付出较高的交易成本和隐性成本。与此同时,企业抗风险能力较弱,取得经营成功的概率往往不高。较小的成功率和较大成本差距,导致农村企业中的小企业更倾向于向非正规金融机构贷款。当然,农村企业中也不乏一些具有一定规模的企业,其金融资金需求主要用途是面向市场的资源开发利用、产品更新、技术进步以及进一步扩大市场份额,提高市场竞争能力和占有率。这些企业经营成功率较高,可以提供部分担保物,其从正规金融获得贷款相对容易。另外,农业产业化组织的形成需要较大的启动资金,将农户、企业和市场以及生产基地有机联系起来,并按市场要求进行专业化、商品化、标准化和企业化生产。这种组织形式经营成功概率较高,具体从事领域发展较为成熟,比较容易被正规金融所接纳,在面临正规和非正规金融市场较大利率差距时,更倾向于向正规金融机构借款。在农业产业化形成后,主要是市场扩张、规模化生产、技术进步、基础设施更新改造、企业多元化发展等扩张型资金需求,此时简单的借贷服务难以满足其发展需求,需要更加高级的现代金融服务与之相适应。①

总之,农村企业与农业产业化组织对农村金融服务的需求更加多元,不仅要求农村金融机构提供价格低廉、抵押方式灵活的金融产品,而且,随着农业产业的进一步转型升级,农村企业与农业产业化组织对通过农业抵押市场、农村资本市场、农产品期货市场、农业保险市场等多层次现代金融方式有效对冲农业产业风险的需求与日俱增,对新型农村金融体系提出了更高要求。

第二节 新型农村金融机构法律制度的供给主体与行为特征

如前章所述,中央的农村金融政策、原银监会(现银保监会)的部门规章与行政规范性文件、地方政府与地方监管部门的地方政府规章与行政规范性文件共同构成了新型农村金融机构法律制度的主要渊源。中央、原银监会(现银保监会)、地方政府与地方监管部门是新型农村金融机构法律制度的供给主体,依据供给主体的不同

---

① 参见刘姝伶:《农村金融服务体系创新与风险控制研究》,西南大学2010年硕士学位论文,第23页。

性质、职能、目标、动机以及新型农村金融机构法律制度供给在其目标视域下的重要性程度，不同主体形成了不同的供给行为模式和供给行为特征。

一、党中央

党中央是中国共产党中央委员会的简称，是中国共产党全国人民代表大会产生的中共核心权力机构。作为中国最广大人民根本利益的集中代表者和中国特色社会主义事业的核心领导者，党中央通过召开会议和发布政策全面指导全党全国各项事业。自 1982 年以来，每年的中央农村工作会议是讨论和解决我国“三农”问题的最高规格会议，会后发布的中央 1 号文件是我国治理“三农”问题最具权威性的政策文件。

党中央、国务院是中央 1 号文件的联合发布者。发布中央 1 号文件是为全党全国的全年“三农”工作目标和“三农”工作重点提供战略性、全局性的总纲领和总指导。宏观性、战略性、全局性和年度指导性是中央 1 号文件的基本功能和主要特征。对于新型农村金融机构法律制度供给这一相对具体的问题，尽管中央 1 号文件非常重视并频繁提及，但不可能提出全面完备的具体方案并监督落实，新型农村金融机构法律制度的供给执行，必须通过专门委托代理机构完成。

二、银保监会（原银监会）

依据第十届全国人大第二次会议通过的《全国人民代表大会常务委员会〈关于中国银行业监督管理委员会履行原由中国人民银行履行的监督管理职责的决定〉》，原银监会（现银保监会）作为国务院银行监督管理机构正式成立。依据第十届全国人大第一次会议通过的《全国人民代表大会〈关于国务院机构改革方案的决定〉》，原银监会（现银保监会）被定位为国务院直属的正部级事业单位。由于行政权力运行的强制性——行政权力受国家强制力保护，以及行政权力运行的单向性——上级行政组织层层对下级发布命令，下级行政组织层层对上级负责，频繁地召集会议、出台文件、“发号施令”是原银监会的基本行为模式。

《银行业监督管理法》第 2 条规定，“国务院银行业监督管理机构负责对全国银行业金融机构及其业务活动监督管理的工作”，第 15 条规定，“国务院银行业监督管理机构依照法律、行政法规制定并发布对银行业金融机构及其业务活动监督管理的规章、规则”，据此，原银监会（现银保监会）是新型农村金融机构法律制度的供给机构。依据《银行业监督管理法》第 16 条的规定，“国务院银行业监督管理机构依照法律、行政法规规定的条件和程序,审查批准银行业金融机构的设立、变更、终止以及业务范围”,原银监会(现银保监会)也是新型农村金融机构设立的审批机构。一方面,原银监会(现银保监会)偏好于选择最有利于便利审批、分担监管成本和监管责任的监管制度,供给监管大型金融机构或建立中间监管层(如依托各省级银监局)成为其新型农村金融机构制度供给的理性选择。《村镇银行管理暂行办法》规定村镇银行的发起控股机构必须是银行业金融机构,审批和业务监管由各省级银监局负责,银行业金融机构和各省级银监局承担了村镇银行设立的风险成本、监管成本和责任成本。而《关于小额贷款公司试点的指导意见》将小额贷款公司定位为工商企业而非金融机构,则完全不需要原银监会及其分支机构发放金融经营许可证,履行审批监管责任。另一方面,当制度供给不利于降低监管的监管成本、风险和责任时,原银监会则会缺乏推进新型农村金融机构设立的动力。根据《贷款公司管理规定》和《关于农村资金互助社监督管理的意见》,原银监会及其分支机构将负责农村资金互助社和贷款公司的设立审批,承担农村资金互助社和贷款公司的审慎监管责任,这显然不符合新型农村金融机构制度供给的首要动机,贷款公司和农村资金互助社发展异常缓慢。①

依据《银行业监督管理法》第3条的规定,“银行业监督管理的目标是促进银行业的合法、稳健运行,维护公众对银行业的信心。银行业监督管理应当保护银行业公平竞争,提高银行业竞争能力”。原银监会的监管对象是我国银行全行业。原银监会监管对象的普遍性决定了监管模式的统一性,体现在监管制度供给上,更关注统一的合规性、稳健性和市场竞争性制度的供给,而对于新型农村金融机构是否满足“三农”需求,是否能够实现有效支农等特殊制度缺乏供给动力。

综上所述,原银监会对新型农村金融机构法律制度的供给,以便利审批,降低监管成本、风险和责任为制度供给的潜在优先目标,采取统一制度供给模式,缺乏对农村金融机构的专项制度供给。供给内容主要注重调整新型农村金融机构的合规性、稳健性(风险控制)和市场竞争性,而对于专门的政策性优惠的金融权利和专门的支农性限制的金融义务的供给并无特别偏好。

三、地方监管当局

依据原银监会《农村中小金融机构行政许可事项实施办法》(以下简称《实施办

① 截至2016年3月,贷款公司和农村资金互助社分别成立了14家和46家,数量不仅远远低于预期,也远远低于其他两类新型农村金融机构。

法》），银监局或银监分局是村镇银行、贷款公司、农村资金互助社的地方监管当局；依据原银监会《关于小额贷款公司试点的指导意见》中“凡是省级政府能明确一个主管部门（金融办或相关机构）负责对小额贷款公司的监督管理，并愿意承担小额贷款公司风险处置责任的，方可在本省（区、市）的县域范围内开展组建小额贷款公司试点”的规定，省级主管部门（下文以金融办为代表）是小额贷款公司的地方监管当局。

依据《银行业监督管理办法》第 8 条的规定，“国务院银行业监督管理机构根据履行职责的需要设立派出机构。国务院银行业监督管理机构对派出机构实行统一领导和管理。国务院银行业监督管理机构的派出机构在国务院银行业监督管理机构的授权范围内，履行监督管理职责”。原银监局作为原银监会的派出机构，是原银监会的委托代理人，代表原银监会履行监督管理职责，接受原银监会的统一领导和管理。依据原银监会《实施办法》第 30 条、第 35 条和第 41 条的规定，原银监局或银监分局有权对村镇银行、贷款公司、农村资金互助社的筹建申请和开业申请实施行政许可。依据《实施办法》第 58 条至第 61 条及第 68 条至第 70 条规定，原银监局或银监分局有权对村镇银行、贷款公司、农村资金互助社变更名称、变更住所、变更组织形式、变更股权、变更注册资本、修改章程、分立和合并等法人（分支）机构变更实施行政许可。依据《实施办法》第 72 条、第 73 条、第 75 条的规定，原银监局或银监分局有权对村镇银行、贷款公司、农村资金互助社的法人及其分支机构终止实施行政许可。原银监局的行政派出性质和监管授权决定了在新型农村金融机构法律制度的供给行为中，原银监局的工作模式以执行银监会命令，执行银监会授权的相关工作为主，对非授权性工作无暇他顾。

金融办（金融办公室）是代表地方政府负责金融监督、协调、服务的办事机构，其作为地方政府下辖的一个办公室，一般与地方政府各部门同级别。金融办是典型的地方政府金融行政部门，其行为具有典型的行政性特征。由于原银监会对于省级政府金融办监管小额贷款公司的授权没有明确界限，金融办实际上获得了小额贷款公司监管全面权力，包括立法权、监管权和行政权，其中，立法权是根本性权源权力。其一，为小额贷款公司市场准入设定行政许可，是符合金融办利益与偏好的首要事项；其二，由于行政权力向下扩张的自然倾向，省级金融办往往仿效原银监会，授权小额贷款公司所在区县金融办负责具体审批；其三，由于金融办小额贷款公司监管权力的取得是以“承担小额贷款公司风险处置责任”为条件的，风险防范和风险处置将被作为小额贷款公司法律制度供给的核心；其四，由于《关于小额贷款公司试点的指导意见》中明确了小额贷款公司自主选择贷款对象的市场化经营原则，小额贷款公司“坚持为农民、农业和农村经济发展服务”的设立目标在实践中将无法得以贯彻；其五，由于地方政府缺乏金融管理经验，“重审批（准入）、轻监管”，导致小额贷款公司准入速度过快，监管力量与机构数量出现错配。

综上所述，“守住不发生区域性、系统性金融风险的底线”，高度重视新型农村金融机构法律制度供给中的风险防范和风险处置符合地方监管当局作为原银监会（现银保监会）的委托代理人的身份和性质。供需主体及其行为特征的分析表明，新型农村金融机构法律制度供需主体在行为目标函数、行为模式特征等方面存在诸多矛盾，新型农村金融机构法律制度供给并无法满足需求主体的金融需求。

第三节　新型农村金融机构法律制度的供给问题

如前章所述，我国当前的新型农村金融机构法律制度供给是国家监管（原银监会）在《中共中央国务院关于推进社会主义新农村建设的若干意见》等中央 1 号文件的指引下，以集中增量投放村镇银行、小额贷款公司、贷款公司、农村资金互助社 4 类农村金融机构为核心内容的制度探索。新型农村金融机构法律制度供给的长期目标是“改进和加强农村金融服务，支持社会主义新农村建设”，中期目标是“引导资金流向农村和欠发达地区，改善农村地区金融服务，促进农村地区形成投资多元、种类多样、覆盖全面、治理灵活、服务高效的金融体系”，①短期目标是“在农村地区加快设立主要为当地农民、农业和农村经济发展提供金融服务的村镇银行、小额贷款公司、贷款公司和农村资金互助社”。在三重目标指引下，新型农村金融机构尽管名称不同、性质各异，但“支农”当然成为制度供给的本质公因式和核心关键词。

然而，前文的分析表明，由于新型农村金融机构法律制度供需主体目标函数的不一致，导致新型农村金融机构法律制度供给难以满足需求主体的“支农”需求。人民银行最新统计数据显示，全国 31 个省（直辖市、自治区）中仅有山东、江苏、浙江、福建、河南、内蒙古、云南、贵州等 9 个地区农村银行业金融机构的存贷比超过 50%，绝大部分在 40% 左右。② 周立、周向阳（2009 年）的调查则表明，农户贷款占农户有

---

① 原银监会《关于调整放宽农村地区银行业金融机构准入政策更好支持社会主义新农村建设的若干意见》。

② 参见姚筑：《新形势下对金融创新的几点思考》，载《成都大学学报（社会科学版）》2011 年第 4 期，第 22 页。

效需求的覆盖面，基本上不超过一半；若计入全部农户，得到贷款的比率，可能仅为30%。还有大量的农户，处于金融服务空白乡镇，简单的存款和汇兑都办理不便。1978年以来，短期贷款中的农业贷款占比，基本上在3%～8%徘徊；在1984年，曾经达到创纪录的8.18%，但之后不断下滑，至1995年，只有3.06%；2005～2009年，在支农呼声越来越响、新农村建设政策不断推出的现实背景下，占比还在减少。这一配比显示，贷款资源的配置，基本上是按照效率，而非公平的维度配置的，农村金融问题依然严峻。另外，如图6－1所示，农业贷款占全国各项贷款的比重自2007年以后不断回落，至2014年跌至3.85%。

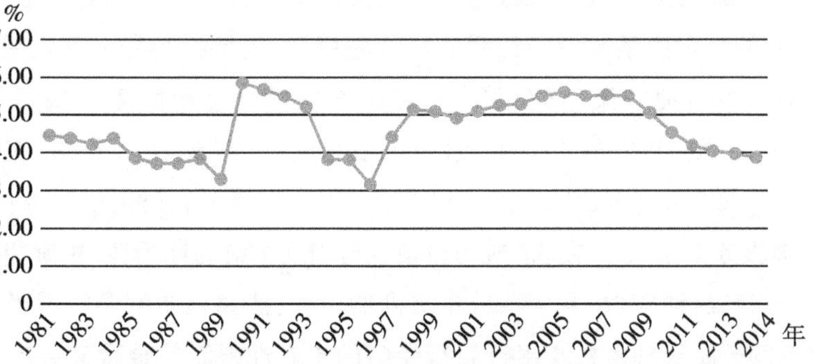

图6－1　1981～2014年农业贷款占全国各项贷款的比重变动趋势

资料来源：根据历年《中国金融年鉴》《中国农村金融服务报告》整理。

由此可见，农村地区金融资金逆向流动严重，"三农"获得金融支持的比例不升反降。这反映2007年以来，我国新型农村金融机构法律制度的执行效果并不能实现其"支农"的目标预设，新型农村金融机构法律制度供给异化严重。所谓新型农村金融机构法律制度供给异化，是指新型农村金融机构法律制度从顶层制定到具体执行的整个过程中，执行结果偏离、违背新型农村金融机构预设目标甚至转化为对立面的现象。

如前文所述，"支农"应是新型农村金融机构法律制度供给的核心关键词，这一核心关键词落实到各类新型农村金融机构法律制度的内容供给上，应表现为"支农权利—支农义务—支农责任"的辩证统一；落实到各类新型农村金融机构法律制度的形式供给上，应表现为长期的稳定的法律承诺。而当前新型农村金融机构法律制度供给的表现却截然相反：在内容上，以"标语式"支农、"表态式"支农取代"权利—义务—责任"支农；在形式上，以短暂性支农、命令性支农取代长期稳定的支农法律承诺。

一、新型农村金融机构法律制度供给的情况

1. 支农不够深入

新型农村金融机构法律制度内容供给不够深入体现在：2006 年中央 1 号文件业已明确的新型农村金融机构的“支农”目标在新型农村金融机构的各项具体法律渊源的“目标宗旨”部分中得以反复重申并与时俱进，但由于具体制度设计没有贯彻“权利—义务—责任”的范式。以村镇银行的法律制度供给为例，其制度拟制的标示目标一直坚定不移，旨为“三农”：从 2006 年的“引导资金流向农村和欠发达地区，改善农村地区金融服务”；“促进农村地区形成投资多元、种类多样、覆盖全面、治理灵活、服务高效的金融体系改进和加强农村金融服务，支持社会主义新农村建设”；①到 2007 年的“为当地农民、农业和农村经济发展提供金融服务的银行业金融机构”；②到 2008 年的“更好的支持社会主义新农村建设”；③到 2012 年的“充分考虑村镇银行支持三农的市场定位”；④到 2014 年的“进一步健全农村金融服务体系，加强‘三农’金融服务工作”，⑤“支农”成为村镇银行制度供给的标示性“主旋律”。

但是，村镇银行“支农”是一项成本极高的工作，法律强制赋予村镇银行专门的政策性优惠的金融权利是村镇银行履行专门的支农性限制的金融义务的前提和基础，否则，在“商业可持续”和“风险最小化”的“生存压力”下，村镇银行可能将“离农”“脱农”“弃农”。而当前村镇银行的具体制度设计却仅将“支农”作为一项具有相当的执行弹性的标语性义务，并逐步发生偏移。例如，《村镇银行管理暂行规定》中要求“村镇银行在缴足存款准备金后，可用资金应全部用于当地农村经济建设；村镇银行发放贷款应首先充分满足县域内农户、农业和农村经济发展的需要”；但同时又规定“确已满足当地农村资金需求的，其富余资金可投放当地其他产业、购买涉农债券或向其他金融机构融资”，在缺乏“确已满足当地农村资金需求”的具体量化标准的情况下，这实际为村镇银行“离农”“脱农”“弃农”大开方便之门。又如，原银监会在《关于加强村镇银行监管的意见(2007)》中，要求“属地监管机构积极引导村镇

---

① 参见原银监会：《关于调整放宽农村地区银行业金融机构准入政策更好支持社会主义新农村建设的若干意见》。

② 参见原银监会：《关于印发〈村镇银行管理暂行规定〉的通知》。

③ 参见中国人民银行、原银监会：《关于村镇银行、贷款公司、农村资金互助社、小额贷款公司有关政策的通知》。

④ 参见原银监会：《关于印发〈村镇银行监管评级内部指引〉的通知》。

⑤ 参见原银监会：《关于进一步促进村镇银行健康发展的指导意见》。

银行立足县域，服务‘三农’、服务社区，探索建立灵活、便利的信贷管理与服务模式，建立支农服务质量评价考核体系。构建正向激励与约束机制”；在《关于加强村镇银行监管的意见(2011)》中，要求“各银监局要督促村镇银行坚持服务‘三农’宗旨，牢牢把握支农方向，确保吸收的存款用于支持当地的农民、农业和农村经济发展需求”；而在《村镇银行监管评级内部指引(2012)》中，却将“农户和小企业贷款余额占各项贷款余额比重，农户贷款户数和100万元(含)以下小企业贷款户数之和占贷款总户数比重，农户和小企业贷款机制建设及执行情况”作为“农村金融服务状况”的评价指标，将小企业相关指标纳入“支农”评级，并在《关于进一步促进村镇银行健康发展的指导意见(2014)》中，将村镇银行的市场定位调整为“立足县域、服务社区、支农支小”。由此，村镇银行的法律制度内容供给已逐步由“支农”变为“支小”，“服务农村”变为“服务社区”，“村镇银行”逐步变为“社区银行”。

2. 支农浮于表面

新型农村金融机构法律制度内容供给的支农浮于表面体现在：中央1号文件业已明确的新型农村金融机构的“支农”目标在新型农村金融机构各项具体法律渊源中被原则化、符号化。以小额贷款公司的法律制度供给为例，《关于小额贷款公司试点的指导意见》中首先作出了“为全面落实科学发展观，有效配置金融资源，引导资金流向农村和欠发达地区，改善农村地区金融服务，促进农业、农民和农村经济发展，支持社会主义新农村建设”的支农表态，但在随后的具体制度设计中，却没有“支农”供给，如在“小额贷款公司的资金运用(规则)”部分将“坚持为农民、农业和农村经济发展服务的原则”置于“自主选择贷款对象”之前，“自主选择贷款对象”作为谓语，无疑是“小额贷款公司资金运用”的关键真实意思表示，而“坚持为农民、农业和农村经济发展服务的原则”则作为状语被符号化。由于最高监管部门对小额贷款公司“支农”只作原则性表态，小额贷款公司的地方制度供给大都延续了这一原则性符号化表态。[①] 天津、河南、广西、陕西、江西、福建、深圳等省(市)区则完全略去表态

---

① 另有少数省份对贷款支农指标和相关措施作出了直接规定，例如，《云南省小额贷款公司试点暂行管理办法》规定“小额贷款公司要坚持服务‘三农’的原则，贷款的投向主要用于支持农民、农业和农村经济发展，面向‘三农’发放的贷款不得低于贷款总额的50%”；《北京市小额贷款公司试点暂行管理办法》规定，“小额贷款公司可自主选择贷款对象，在试点阶段，每年向三农方面发放的贷款金额不得低于全年累计放贷金额70%”；《海南省小额贷款公司试点暂行管理办法》规定，“小额贷款公司在坚持为农民、农业和农村经济发展服务的原则下自主选择贷款对象。鼓励小额贷款公司面向农户、个体工商户和中小企业提供信贷服务，简化贷款和抵押物手续，着力扩大客户数量和服务覆盖面”；《青海省小额贷款公司试点暂行管理办法》规定，“真正服务小企业和‘三农’的、合规经营的小额贷款公司，设立1年后可增资扩股，增资扩股方案报省经委审核批准后方可实施”。

环节，直接表达了向市场化进发的强烈愿望，支农目标变为市场化目标。

如第四章所述，专门的政策性优惠的金融权利和专门的支农性限制的金融义务是权利义务相一致原则在农村金融机构法律关系内容中的体现，是新型农村金融机构法律制度的设计支点。通过法的规定性、逻辑性和强制性，“权利—义务—责任”支农范式彻底保障“支农”落实，应成为新型农村金融机构法律制度供给的核心关键内容。

二、新型农村金融机构法律制度供给的形式问题

1. 短暂性支农

法律的智慧在于长远，长期性是法的本质属性。“金融支农”作为“世界难题”，①其解题关键在于通过法律的矫正性、强制性和长期性，为农村金融机构主体配置专门的政策性优惠的金融权利和专门的支农性限制的金融义务（责任），培育完善的农村金融市场，满足“三农”发展的资金需求。

我国新型农村金融机构所享受的“支农”优惠主要包括财政补贴和税收优惠两项。依据财政部《关于开展县域金融机构涉农贷款增量奖励试点工作的通知》、《关于进一步做好县域金融机构涉农贷款增量奖励试点工作的通知》和《财政部关于进一步扩大财政县域金融机构涉农贷款增量奖励试点范围通知》，财政部对河北、辽宁、吉林、黑龙江、江苏、安徽、江西、山东、河南、湖北、湖南、广西、四川、云南、新疆、甘肃、山西、福建、海南、重庆、贵州、西藏、青海等省、市、自治区“县域金融机构当年涉农贷款平均余额同比增长超过15%的部分，按2%的比例给予奖励”。依据财政部关于印发《中央财政新型农村金融机构定向费用补贴资金管理暂行办法》的通知，财政部对“当年贷款平均余额同比增长的，且达到银监会监管指标要求的贷款公司和农村资金互助社，当年贷款平均余额同比增长、年末存贷比高于50%且达到银监会监管指标要求的村镇银行，按其当年贷款平均余额的2%给予补贴”。尽管经过反复延长，新型农村金融机构享有税收优惠的截止日期也仅到2016年12月31日。

新型农村金融机构法律制度“支农”供给形式的短暂性，不仅无法为支农机构提供稳定而延续的预期，为机构支农提供充分而有力的激励，而且容易影响机构支农，

① 1908年，西奥多·罗斯福总统任内的国会相关委员会研究了当时占全国大多数的农村家庭所面临的困难，认为农村金融的可得性是其中最困难（most difficult）的问题之一。2013年，农行副行长李振江在21世纪亚洲金融年会上发言，称“农村金融仍是世界性难题”。

引发支农机构的投机行为。

2. 命令式支农

法律拟制农村金融机构的最终目的，是使“支农”由农村金融机构的专门的被动性法律义务变为农村金融机构主动采取的法律行为。而从“被动义务”向“主动行为”的转化，需要立法赋予农村金融机构稳定可预期的专门的政策性优惠权利。在这样的优惠权利的激励下，大量农村金融机构纷纷主动设立。

依据原银监会《新型农村金融机构2009年~2011年总体工作安排》，明确要求在3年内计划实施建设村镇银行1027家，贷款公司106家，农村资金互助社106家，计划供给1294家新型农村金融机构。为了实现这一计划目标，原银监会决定实施准入挂钩措施。也就是说，为加快村镇银行的在中西部地区和国定贫困县的设立进程，原银监会对村镇银行市场准入采取了金融牌照“买一送一”“买一送二”“买二送一”并附带分支机构的“强制消费”方式。如果组建新型农村金融机构不符合银行的战略布局，组建的机构没有经济效益，那么这些机构的组建仅能满足原银监会完成3年工作安排任务的目的，3年之后，这些机构可能又会撤出农村；或者，这些机构由于严重亏损资不抵债，最终变成大中型商业银行的支行，成为新的资金从农村流出的通道。①

① 参见周素彦、周文平等：《新型农村金融机构发展中的激励机制分析》，载《金融理论与实践》2011年11月。

第七章　新型农村金融机构法律制度评估与问题

法律制度评估可以检验制度供给效果、发现制度问题、弥补制度缺陷,是法律制度改革与创新的前提和基础。建立全面、客观、科学、系统的法律制度评估体系是进行法律制度评估的关键。依据法律制度评估的基本框架,针对新型农村金融机构法律制度供给的现状特点,本章创造性地设计了一个包含法律制度供给内容、法律制度供给效率、法律制度供给效果的三维规制评估体系(CEE)。运用该体系对新型农村金融机构法律制度进行综合评估的过程就是全面诊断新型农村机构法律制度问题的过程。通过对以小额贷款公司法律制度为代表的新型农村金融机构法律制度的 CEE 三维评估发现,新型农村金融机构法律制度内容不合法,缺乏规范性、稳定性、可操作性和协调性;制度成本较高,收益较低,资源配置效率不高;制度目标难以实现,既难以满足农村金融需求、促进农村金融市场有效竞争,也不能实现自身可持续发展。①

---

① 考虑规制(Regulation)是一个比法律制度更小内涵和更大外延的概念,以新型农村金融机构规制来代替新型农村金融机构法律制度并无逻辑障碍;再考虑规制评估(Regulation Impact Assessment)在国际上的广泛影响与实践,如无特别说明,本章将以"规制"代替"法律制度",以"规制评估"代替"法律制度评估"。

第一节　规制评估的基本框架

一、规制评估的理论渊源与实践发展

规制评估(Regulation Impact Assessment)作为制度经济学发展的必然结果,是指运用科学方法对规制及其执行情况进行评价、检验、估量与测算,以检验现有规制供给是否科学有效,并为规制完善提供客观依据。从评估对象的范围上划分,规制评估可分为国际性规制评估、全国性规制评估和地方性规制评估;从评估对象的性质上划分,规制评估可分为非法律规制评估与法律规制评估;从评估的阶段上划分,规制评估可分为前规制评估和后规制评估。

我国关于规制评估的研究和实践刚刚起步,学者依据研究的需要,对域外规制评估制度及其实践进行不同研究,使其呈现立法评估(汪全胜,2008年、2009年、2014年;席涛,2012年;王称心,2012年)、行政立法评估(郑宁,2010年;李瑰华等,2013年;赵雷,2013年)、政府规制政策评价(蒋红珍,2011年)、规制影响评估(肖兴志等,2007年;梅黎明,2009年;张会恒,2010年;蒋海洪,2013年;陈垚等,2014年)等不同"流派"①,相关研究主要集中于制度概括、方法介绍和本土理论构建。应用性指标体系研究主要集中在立法后规制文本的内容评价方面②(俞荣根,2013年、2014年),鲜有将成本收益等经济学方法纳入规制评估体系并加以应用评估的

---

① 参见汪全胜:《立法的合法性评估》,载《法学论坛》2008年第2期;汪全胜:《立法技术评估的探讨》,载《西南民族大学学报(人文社会科学版)》2009年第5期;汪全胜:《立法的可操作性评估》,载《山西大学学报(哲学社会科学版)》2009年第4期;汪全胜:《论构建我国独立第三方的立法后评估机制》,载《西北师大学报(社会科学版)》2009年第5期;汪全胜:《我国立法成本效益分析制度构建的困境及出路》,载《安徽师范大学学报(人文社会科学版)》,2014年第4期;席涛:《立法评估:评估什么和如何评估——以中国立法评估为例》,载《政法论坛》2012年第5期、第6期,2013年第1期;王称心:《立法后评估标准的概念、维度及影响因素分析》,载《法学杂志》2012年第11期;郑宁:《我国行政立法评估制度的背景与价值探析》,载《行政法学研究》2010年第4期;李瑰华等:《行政立法评估制度论析》,载《江西社会科学》2013年第7期;赵雷:《行政立法评估之成本收益分析——美国经验与中国实践》,载《环球法律评论》2013年第6期;蒋红珍:《政府规制政策评价中的成本收益分析》,载《浙江学刊》2011年第6期;肖志兴:《英国规制影响评价体制与启示》,载《云南财经大学学报》2008年第4期;梅黎明:《西方国家的规制影响评价及其启示》,载《云南财经大学学报》2008年第4期;张会恒:《规制影响评估研究进展》,载《经济学动态》2010年第1期;蒋海洪:《政府规制影响评估制度的法经济学思考——以医疗器械规制评估为例》,载《广东商学院学报》2013年第2期;陈垚:《基于不确定性理论的食品安全规制影响模糊随机评估》,载《经济体制改革》2014年第3期。

② 参见俞荣根:《不同类型地方性法规立法后评估指标体系研究》,载《现代法学》2013年第5期;俞荣根:《地方立法后评估指标体系研究》,载《中国政法大学学报》2014年第1期。

研究。

二、规制评估的基本框架

展开一项规制评估,需要主体、对象、方法体系、指标 4 个核心要素。除此之外,依据规制评估的不同性质,还包括程序、监督机制、回应机制等内容。本章主要以主体、对象、方法体系、指标 4 个维度展开规制评估的基本框架。

1. 规制评估的主体

规制评估主体,是指组织、参与、实施评估的组织或个人,通常可以分为内部评估主体与外部评估主体。① 当然,具体实践中根据评估的对象不同,评估主体也可以分为立法机关、行政机关等多种不同的主体,从实际来看,这都属于内部评估主体;而外部评估主体主要是指第三方评估和公众评估,是一类独立于评估对象的非政府组织。②

第三方评估模式在国外比较常见,它相对内部评估主体具有更大的优势,可以提高评估结果的全面性、公正性与客观性;③所以第三方评估得到部分学者的力荐,④这样可以避免内部评估主体"即是运动员又是裁判者"的尴尬局面。一般而言,第三方评估是接受立法机关或者行政机关等权力部分委托的一类主体。

公众评估与第三方评估的区别在于没有获取相关权力部分的委托,其他方面与第三方评估并没有太大区别,一般表现为相关研究课题组和学者个人的研究评估,这类评估不受到其他第三方的影响,更为独立,所以公众评估也具有第三方评估的优势。

2. 规制评估的对象

规制评估的对象,是指评估过程中所指向的对象,一般是指向具体的法律文件或法律制度。这是否意味着所有的法律都能成为立法后评估的对象呢?为了解答这一疑惑,汪全胜教授提出了"评估对象选择的有效性、必要性、可行性"理论,⑤有效性是指评估对象具有评估的价值,必要性要求有评估的现实需要,可行性即评估

---

① 参见汪全胜:《论立法后评估主体的建构》,载《政法论坛》2010 年第 5 期。

② 参见戢浩飞:《立法第三方评估:创新与方法》,载《人民政坛》2015 年第 1 期。

③ 参见汪全胜、金玄武:《论构建我国独立第三方的立法后评估制度》,载《西北师大学报(社会科学版)》2009 年第 5 期。

④ 参见姜述弢:《地方立法后评估制度的法治化及对策》,载《学术交流》2016 年第 4 期。

⑤ 参见汪全胜:《立法后评估对象的选择》,载《现代法学》2008 年第 4 期。

的相关条件具备。

现实中，我国的法律制度体系较复杂，分为法律、行政法规、地方立法、政府规章、部门规章乃至规范性文件等多个层级的规范体系，这些是否能成为立法后评估的对象呢？从普遍意义来理解，规范性文件和规章都不是严格意义上的法律；但是学者们多认为，他们都可以成为规制评估的对象；①现实中的实际操作也将规范性文件作为规制评估的对象，早期的《国土资源部规章和规范性文件后评估办法》就是如此。

如上所述，规制评估的评估对象为具体的法律文件或法律制度，从概念来看，法律文件和法律制度两者存在较大区别，法律制度可以容纳与此相关的整个制度体系。常见的评估多数都是针对单个法律文件的评估，那么法律制度是否可以成为制度评估的对象呢？答案是肯定的，这被称为"类型化评估"。② 一个法律制度内部相互联系和配合，这种模式相对比较全面，更有助于从整体上把握法律制度，这在立法后的评估中应该更受重视。

3. 规制评估的方法体系

规制评估方法是一个现实操作的方法论问题，这对于评估的科学性、全面性有着重要影响，通常分为定性分析和定量分析两大类，法律解释方法是常见的定性分析方法，成本—效益和成本—效果分析是比较常见的定量分析方法。随着立法评估的发展，将定性分析与定量分析结合起来的"混合方法论"也被提出。③

基于定量分析的成本—效益评估是西方规制评估的核心常用方法，得到我国学者借鉴引证。④ 但由于制度实施成本与收益难以量化统计，评估实践中鲜有使用。⑤规制评估体系建立在评估方法之上，基于不同的研究方法会形成不同的评估体系，

---

① 相关观点可以参见尤乐《论地方行政立法后评估之对象》，载《贵州大学学报（社会科学版）》2007 年第 3 期；郑宁：《我国行政立法评估制度的背景与价值探析》，载《行政法学研究》2010 年第 4 期。

② 参见王称心：《立法后评估标准的概念、维度及影响因素分析》，载《法学杂志》2012 年第 11 期。

③ 张乐：《法律实施效果的评估方法与技术：一个混合方法论视角》，载《云南师范大学学报（哲学社会科学版）》2013 年第 2 期。

④ 介绍西方相关成本—效益评估的文章较多，主要有：汪全胜：《加拿大立法的成本效益分析制度探讨》，载《法治研究》2014 年第 8 期；汪全胜：《美国行政立法的成本与效益评估探讨》，载《东南大学学报（哲学社会科学版）》2008 年第 6 期；赵雷：《行政立法评估之成本收益分析：美国经验与中国实践》，载《环球法律评论》2013 年第 6 期；汪全胜、黄兰松：《立法成本效益评估的质量及保障机制》，载《中南民族大学学报（人文社会科学版）》2015 年第 5 期。

⑤ 参见苏黎兰、张紫薇、张志：《基于定量分析的立法后评估方法》，载《理论月刊》2012 年第 3 期。

通常包括法律文本质量和法律实施效果两部分。[①]

4. 规制评估的指标

规制评估指标是对法律规范进行质量和影响状况评价所依据的准则或尺度，指标选择对评估结论具有决定性影响。[②] 通常来讲，评估指标包含规制评估主体、评估目的、评估对象、评估内容四大范畴。[③] 汪全胜教授提出了合法性、合目的性、技术性、执行力、效率、效能、公平、适当性八大指标，席涛教授主张必要性、合法性、协调性、可操作性四个指标；俞荣根教授根据立法前和立法后评估分别构建一套指标体系，主要涉及合法性、合理性、协调性、实效性、技术性五部分；郑宁[④]构建了事前评估和事后评估的标准体系，主要涉及合法性、有效性、立法技术合理性、必要性四部分；李爱玲[⑤]则认为合理性、合法性、技术性和实效性比较合理；王柏荣[⑥]提出规范标准（合法性、合法性、合目的性）、技术标准（合逻辑性、语言规范性、结构规范性）、成效标准（立法成本—效益）的标准体系；孙晓东[⑦]从法律法规自身评估（合法性、合理性、技术性）、经济影响评估（运行成本、经济影响）、社会影响（实现程度、社会影响）三个大的维度、七个一级指标来展开。此外，一些参与立法后评估实践的学者也提出相应的指标体系，比如，史建三教授、[⑧]莫于川教授、[⑨]任尔昕教授、[⑩]袁曙宏教授[⑪]各自领衔的课题组结合地方立法评估实践分别构建了一套地方立法评估体系。

综合来看，我国学者构建的指标体系看起来形式多样，但总体上都在围绕必要性、合法性、合理性、协调性、可操作性、技术性、规范性、实效性等方面展开，我国的

---

① 参见汪全胜：《法律绩效评估机制论》，北京大学出版社2010年版，第1～294页；汪全胜等：《立法后评估研究》，人民出版社2012年版，第1～433页。

② 参见王称心：《立法后评估标准的概念、维度及影响因素分析》，载《法学杂志》2012年第11期。

③ 参见陈伟斌：《地方立法评估的立法模式与制度构建》，载《法学杂志》2016年第6期；王称心：《立法后评估标准的概念、维度及影响因素分析》，载《法学杂志》2012年第11期。

④ 参见郑宁：《行政立法评估制度研究》，中国政法大学出版社2013年版。

⑤ 参见李爱玲：《地方行政立法质量评价标准分析》，载《人民论坛》2012年第26期。

⑥ 参见王柏荣：《地方立法评估标准探微——功能、路径与框架》，载《中国社会科学院研究生院学报》2015年第6期。

⑦ 参见孙晓东：《立法后评估的一般指标体系分析》，载《上海交通大学学报（哲学社会科学版）》2012年第5期。

⑧ 参见史建三主编：《地方立法后评估的理论和实践》，法律出版社2012年版。

⑨ 参见莫于川主编：《地方行政立法后评估制度研究》，广东人民出版社2012年版。

⑩ 参见任尔昕等：《地方立法质量跟踪评估制度研究》，北京大学出版社2011年版。

⑪ 参见袁曙宏：《立法后评估工作指南》，中国法制出版社2013年版。

相关实践也没有超越这些指标体系。[①]

第二节　新型农村金融机构规制评估框架的建立

将新型农村金融机构引入规制评估的一般框架就形成了新型农村金融机构规制评估框架。新型农村金融机构规制评估将依照新型农村金融机构规制评估主体、新型农村金融机构规制评估对象、新型农村金融机构规制评估方法、新型农村机构规制评估体系指标依次展开。

一、新型农村金融机构规制的评估主体

一般而言,新型农村金融机构规制的供给主体、执行主体和第三方都可以对新型农村机构规制展开评估。迄今为止,新型农村金融机构规制评估尚属首次展开。本书课题组是第一次对我国新型农村金融机构规制展开评估的主体。依性质划分,这属于典型的第三方公众评估,基于评估主体的独立性,评估过程和评估结果不易受规制供给主体和规制执行主体的影响,较具客观公正性。

二、新型农村金融机构规制的评估对象

如第五章所述,新型农村金融机构规制评估的对象就是现存的新型农村金融机构相关规制,依新型农村金融机构的不同类型,可以将新型农村金融机构规制的评估对象分为村镇银行规制、小贷公司规制、贷款公司规制和农村资金互助社规制。由于贷款公司和农村资金互助社实际上已被监管当局含蓄放弃,对其进行规制评估已无实践意义。因此,新型农村金融机构规制的评估对象主要包括村镇银行规制和小贷公司规制(具体评估对象见表 7－1 至表 7－4)。

表 7－1　新型农村金融机构通用性规制

年份	名称	法律性质/备注
2005	《中共中央、国务院关于推进社会主义新农村建设的若干意见》	中央政策(中央 1 号文件)

① 相关实践中的指标体系可以参考,郑宁:《行政立法评估制度研究》,中国政法大学出版社 2013 年版,第 154～164 页。

续表

年份	名称	法律性质/备注
2006	《中国银监会关于调整放宽农村地区银行业金融机构准入政策更好支持社会主义新农村建设的若干意见》	行政规范性文件/推出放宽农村银行业金融机构准入新政策
2007	《中国银监会关于扩大调整放宽农村地区银行业金融机构准入政策试点工作的通知》	行政规范性文件
2007	《中国银监会关于银行业金融机构大力发展农村小额贷款业务的指导意见》	行政规范性文件
2008	《中国人民银行中国银行业监督管理委员会关于村镇银行、贷款公司、农村资金互助社、小额贷款公司有关政策的通知》	行政规范性文件
2008	《中国银行业监督管理委员会农村中小金融机构行政许可事项实施办法》	行政规范性文件/被《中国银监会农村中小金融机构行政许可事项实施办法》废止
2009	《中国银监会办公厅关于做好当前农村中小金融机构监管工作的通知》	行政规范性文件/被《中国银监会关于规范性文件清理结果的公告》废止
2009	《中国银监会关于做好〈新型农村金融机构2009年~2011年总体工作安排〉有关事项的通知》	行政规范性文件/被《中国银监会关于规范性文件清理结果的公告》废止
2010	《中国银监会关于加快发展新型农村金融机构有关事宜的通知》	行政规范性文件
2012	《中国银监会关于鼓励和引导民间资本进入银行业的实施意见》	行政规范性文件
2014	《中国银监会农村中小金融机构行政许可事项实施办法》	部门规章/对村镇银行、贷款公司、农村资金互助社的设立、变更、撤销等作了新的规定
2015	《中国银监会农村中小金融机构行政许可事项实施办法》	部门规章/对村镇银行、贷款公司、农村资金互助社的设立、变更、撤销等作了新的规定

表 7－2　村镇银行规制

年份	名称	法律性质/备注
2007	《中国银监会关于印发〈村镇银行管理暂行规定〉的通知》	规范性法律文件/被《中国银监会关于规范性文件清理结果的公告》废止
2007	《中国银监会关于印发〈村镇银行组建审批工作指引〉的通知》	规范性法律文件
2007	《中国银监会关于加强村镇银行监管的意见》	行政规范性文件/被《中国银监会关于规范性文件清理结果的公告》废止
2009	《中国银监会关于印发〈小额贷款公司改制设立村镇银行暂行规定〉的通知》	行政规范性文件/主要涉及小额贷款公司改制设立村镇银行的准入条件、程序要求及监管管理
2011	《中国银监会办公厅关于进一步加强村镇银行监管的通知》	行政规范性文件
2011	《中国银监会关于调整村镇银行组建核准有关事项的通知》	行政规范性文件
2012	《中国银监会关于印发〈村镇银行监管评级内部指引〉的通知》	行政规范性文件
2012	《中国银监会办公厅关于银行业金融机构发起设立村镇银行有关事项的通知》	行政规范性文件
2014	《中国银监会关于进一步促进村镇银行健康发展的指导意见》	行政规范性文件

表 7－3　小额贷款公司规制

年份	名称	法律性质/备注
2007	《关于小额贷款公司试点的指导意见》	行政规范性文件/被《中国银监会关于发布银行业规章和规范性文件清理结果的公告》废止
2009	《银监会办公厅关于做好小额贷款公司试点工作有关事项的通知》 《小额贷款公司改制设立村镇银行的暂行规定》	行政规范性文件

表 7－4 其他专门性规制

年份	名称	法律性质/备注
2009	《财政部关于开展县域金融机构涉农贷款增量奖励试点工作的通知》	行政规范性文件
2009	《财政部关于进一步做好县域金融机构涉农贷款增量奖励试点工作的通知》	行政规范性文件
2009	《财政部关于印发〈中央财政新型农村金融机构定向费用补贴资金管理暂行办法〉的通知》	行政规范性文件
2010	《财政部关于印发〈中央财政农村金融机构定向费用补贴资金管理暂行办法〉的通知》	行政规范性文件/被《农村金融机构定向费用补贴资金管理办法》废止
2010	《财政部国家税务总局关于农村金融有关税收政策的通知》	行政规范性文件
2011	《财政部国家税务总局关于延长农村金融机构营业税政策执行期限的通知》	行政规范性文件
2014	《财政部关于印发〈农村金融机构定向费用补贴资金管理办法〉的通知》	行政规范性文件
2014	《财政部国家税务总局关于延续并完善支持农村金融发展有关税收政策的通知》 《财政部关于进一步扩大财政县域金融机构涉农贷款增量奖励试点范围通知》	行政规范性文件

我国村镇银行规制供给具体可以分为 5 个部分，一是村镇银行设立的概括性政策指引，以 2006 年至 2007 年的 3 个中央 1 号文件为主，主要明确了设立村镇银行的"根本目的"和"基本态度"。根本目的是"有利于增加农户和企业贷款，有利于改善农村金融服务"，基本态度则逐步由"试点"到"允许"到"培育"，再到"支持"，直至"全面覆盖"。① 二是原银监会颁布的新型农村金融机构通用性监管文件，主要包括

① 2007 年中央 1 号文件规定"试点培育多种所有制的农村金融组织"；2008 年中央 1 号文件规定"试点允许银行等金融组织进入农村地区金融市场"；2009 年中央 1 号文件规定"培育新型农村金融机构，发展以服务、支持'三农'为主要功能地位的银行机构"；2010 年中央 1 号文件规定"鼓励支持社会资本参与设立服务'三农'的金融机构"，2012 年中央 1 号文件规定"鼓励社会资本流向农村金融市场，支持设立村镇银行"；2014 年中央 1 号文件规定"村镇银行全面覆盖全国所有县市"；2015 年中央 1 号文件规定"持续增加农村地区村镇银行总量"；2016 年中央 1 号文件规定"创新村镇银行设立模式，扩大覆盖面"。

2006 年发布的《关于调整放宽农村地区银行业金融机构准入政策更好支持社会主义新农村建设的若干意见》,2007 年发布的《关于扩大调整放宽农村地区银行业金融机构准入政策试点工作的通知》《关于银行业金融机构大力发展农村小额贷款业务的指导意见》,2008 年与央行联合发布的《关于村镇银行、贷款公司、农村资金互助社、小额贷款公司有关政策的通知》,2009 年发布的《关于做好当前农村中小金融机构监管工作的通知》《新型农村金融机构 2009 年~2011 年总体工作安排》,2010 年发布的《关于加快发展新型农村金融机构有关事宜的通知》,2012 年发布的《关于鼓励和引导民间资本进入银行业的实施意见》,以及 2014 年、2015 年连续发布的《农村中小金融机构行政许可事项实施办法》,主要对包括村镇银行在内的新型农村金融机构的性质、准入、监管标准等进行了规定。三是原银监会规制村镇银行的专门性监管文件,主要包括 2007 年发布的《村镇银行管理暂行规定》《村镇银行组建审批工作指引》《关于加强村镇银行监管的意见》,2009 年发布的《小额贷款公司改制设立村镇银行暂行规定》,2011 年发布的《中国银监会办公厅关于进一步加强村镇银行监管的通知》《中国银监会关于调整村镇银行组建核准有关事项的通知》,2012 年发布的《村镇银行监管评级内部指引》,2014 年发布的《关于进一步促进村镇银行健康发展的指导意见》,主要从性质、设立条件、资金来源及运用、监督管理、终止以及改制等对村镇银行进行专门规定,确立了村镇银行设立运转监管的基本框架。四是调整村镇银行存贷利率、支付清算、金融统计监管、征信、现金风险监管和补贴优惠的特别性监管文件,主要包括人民银行和原银监会于 2008 年共同发布的《关于村镇银行、贷款公司、农村资金互助社、小额贷款公司有关政策的通知》,财政部于 2009 年发布的《关于开展县域金融机构涉农贷款增量奖励试点工作的通知》《中央财政新型农村金融机构定向费用补贴资金管理暂行办法》,财政部、国家税务总局 2010 年发布的《关于农村金融有关税收政策的通知》,财政部、国家税务总局 2011 年发布的《关于延长农村金融机构营业税政策执行期限的通知》,以及财政部、国家税务总局 2014 年联合发布的《关于延续并完善支持农村金融发展有关税收政策的通知》。五是作为商业银行法人,在上述专门性规制没有规定时,在上述专门法和特别法没有规定时,村镇银行的运营还受到《公司法》、《商业银行法》、原《物权法》、原《担保法》以及原银监会发布的《农村信用社农户联保贷款指引》的调整。除此之外,一些地方人民政府将"大力发展村镇银行"写入"关于试点新型农村金融机构"的工作通知中,但未作出实质性规定。①

我国小贷公司规制供给具体可以分为6个部分:一是小额贷款公司设立的概括性政策指引,以2004年至2006年的3个中央1号文件为主,主要明确了设立小贷公司的"根本目的"和"基本态度"。根本目的是"有利于增加农户和企业贷款,有利于改善农村金融服务",基本态度则逐步由"鼓励""可以探索建立"到明确提出"大力培育"。② 二是原银监会颁布的新型农村金融机构通用性监管文件,主要包括原银监会2006年发布的《关于调整放宽农村地区银行业金融机构准入政策更好支持社会主义新农村建设的若干意见》,2007年发布的《关于扩大调整放宽农村地区银行业金融机构准入政策试点工作的通知》《关于银行业金融机构大力发展农村小额贷款业务的指导意见》,2008年与中国人民银行联合发布的《关于村镇银行、贷款公司、农村资金互助社、小额贷款公司有关政策的通知》,2009年发布的《关于做好当前农村中小金融机构监管工作的通知》《新型农村金融机构2009年~2011年总体工作安排》,2010年发布的《关于加快发展新型农村金融机构有关事宜的通知》,2012年发布的《关于鼓励和引导民间资本进入银行业的实施意见》,以及2014年、2015年连续发布的《农村中小金融机构行政许可事项实施办法》,主要对包括村镇银行在内的新型农村金融机构的性质、准入、监管标准等进行了规定。三是小额贷款公司规制的专门性监管文件,主要包括原银监会发布的《关于小额贷款公司试点的指导意见(银监发〔2008〕23号)》(以下简称《指导意见》)和《小额贷款公司改制设立村镇银行的暂行规定(银监发〔2009〕48号)》(以下简称《改制规定》),这两个文件从性质、设立条件、资金来源及运用、监督管理、终止以及改制等对小贷公司进行专门规定,确立了小额贷款公司设立运转退出的基本框架。四是调整小额贷款公司存贷利率、支付清算、金融统计监管、征信、现金风险监管和补贴优惠的特别性监管文件,主要包括中国人民银行和原银监会于2008年共同发布的《关于村镇银行、贷款公司、农村资金互助社、小额贷款公司有关政策的通

① 例如,《重庆市人民政府关于印发重庆市统筹城乡综合配套改革试验总体方案的通知》涉及对发展村镇银行的保障制度和政策规定。

② 参见《中共中央国务院关于促进农民增加收入若干政策的意见》(中发〔2004〕1号)规定,"要从农村实际和农民需要出发,按照有利于增加农户和企业贷款,有利于改善农村金融服务的要求,加快改革和创新农村金融体制。鼓励有条件的地方,在严格监管、有效防范金融风险的前提下,通过吸引社会资本和外资,积极举办直接为'三农'服务的多种所有制的金融组织"。《中共中央国务院关于进一步加强农村工作提高农业综合生产能力若干政策的意见》(中发〔2005〕1号)中明确提出,可以探索建立由自然人或企业发起的小额信贷组织。2006年《中共中央国务院关于推进社会主义新农村建设的若干意见》(中发〔2006〕1号)明确提出,"大力培育由自然人、企业法人或社团法人发起的小额贷款组织"。

知》,财政部于2009年发布的《关于开展县域金融机构涉农贷款增量奖励试点工作的通知》,以及《中央财政新型农村金融机构定向费用补贴资金管理暂行办法》。五是各省、市、区根据《指导意见》并结合当地实际所颁布的地方性小额贷款公司专门规制,具有代表性的包括《浙江省小额贷款公司试点暂行管理办法》《内蒙古自治区小额贷款公司试点管理实施细则》《温州市人民政府办公室关于促进温州小额贷款公司稳健发展的实施意见》等。六是作为公司法人,在上述专门性规制没有规定时,小额贷款公司的运营还应受《公司法》、原《担保法》、原《物权法》、原《合同法》以及原银监会发布的《农村信用社农户联保贷款指引》的调整。

如第五章所述,由于村镇银行规制和小额贷款公司规制同属于在中央1号文件指引下,监管当局和相关部门对于农村金融机构创新的较为集中的制度供给,两者在制度供给的主体、内容、形式、逻辑和效果上具有共性。后文将以小贷公司规制为例,对新型农村金融机构规制展开评估。

三、新型农村金融机构规制评估的方法选择

如前所述,我国关于规制评估的研究和实践刚刚起步,应用性指标体系研究主要集中在立法后规制文本的内容评价方面,其研究方法以传统条文分析、逻辑推理、问卷调查、统计分析为主。在笔者所主持的国家社科基金项目"农村金融法律制度改革与创新:基于法经济学的分析范式"(项目编号08XFX011)中,课题组开始尝试用经济学的绩效分析方法对农村金融法律制度的成本效益进行效率评价。笔者认为,新型农村金融机构规制评估既应包括传统的对新型农村金融机构规制内容的评估,也应包括对新型农村金融机构规制的成本效益分析,还应包括对新型农村金融机构规制的效果评价。针对不同的评估目标,其评估方法应有所区别。如前文所述,由于规制内容评估方法在国内已发展得较为成熟,以下主要介绍规制效率评估分析和规制效果分析的方法。

1. 规制效率评估方法

效率,是指以投入要素的最佳组合来生产"最优的"产品数量组合,是评价投入要素使用状况的重要指标,绩效的提高意味着投入要素的使用状况向帕累托效率逼近。绩效既是微观经济主体追求的基本目标,又是宏观制度调控的永恒主题。农村金融法律制度的绩效评价,需要先从绩效的概念出发,寻找其逻辑起点,然后由此明确评价指标与方法,并进行相应的数据收集,最后根据应用模型予以实际评价。

绩效的概念源于资源的稀缺性，从而客观地存在如何将供给有限的稀缺资源进行配置、选择和节约，以尽可能地生产出更多的产品，并满足人们的物质和精神方面的需要之效率问题。因而绩效（efficiency）通常被界定为“最有效地使用社会资源以满足人类的愿望和需要”［萨缪尔森（Samuelson），1999 年］。新型农村金融机构规制的效率隶属于经济绩效的范畴。因此，根据经济绩效的基本内涵，可以进一步确定新型农村金融机构规制效率，即在给定经济体制、法律规范和社会基础前提下，新型农村金融机构规制是否能以有效地投入，最大限度地满足农业、农村经济发展和农村金融自身可持续发展的需要。

评价制度运行效率的最常用的有效方法是前沿分析方法。前沿分析法使用多组生产系统的实际产出和投入数据，运用有关理论和方法，依据一定的假设前提求出该生产系统最大可能的产出。最大可能产出的包络面即为生产可能性边界，也称为生产前沿面。评价一个实际生产系统的效率的依据就是该生产系统实际产出与前沿面之间的距离：距离越近，则效率越高，效率损失越小；反之亦然。前沿分析法测算得到的效率，即“前沿效率”，是在对多个生产单位的分析计算基础上得出的各单位的相对效率，是一个相对概念，不同的样本组、不同的定义及计算方法都可能得出不同的效率值。常见的前沿分析方法有两类 5 种，其中比较成熟的一种是数据包络分析（Data Envelopment Analysis，DEA）方法。其基本思路是，通过对投入产出数据的综合分析，得出每个 DMU 综合效率的数量指标，确定各 DMU 是否为 DEA 有效。基于 DEA 的基本原理，可以建立起新型农村金融机构规制效率评估的 DEA 模型。

2. 规制效果评估方法

规制的生命在于实施，规制实施效果从根本上决定了规制的价值和质量。规制效果评估是在综合立法后评估、政策实施效果评估和规制影响评估等理论方法的基础上，采用客观系统的测量方法，对规制实施结果实现预期目标程度进行评价的评估维度。规制效果评估以规制是否能够实现预期目标（效果）为衡量标准，包含两个层次：一是规制实施后是否实现了预期目标；二是规制实施后在多大程度上实现了预期目标。新型农村金融机构规制的效果评估就是运用一定的评价方法、量化指标及评价标准，对新型农村金融机构规制目标的实现程度进行综合性评价。实践中，假设检验、回归分析和统计分析方法是规制效果评估的主要方法。新型农村金融机构规制效果的评估方法将依据指标选择最终确定。

四、新型农村金融机构三维规制体系(CEE)与指标设计

在综合国内外规制评估理论方法的基础上，结合我国新型农村金融机构规制的具体实践，笔者认为，科学、完整、系统的规制评估体系应包含规制内容评估、规制效率评估和规制效果评估。规制内容评估主要是对规制的政策法律文本质量进行评估；规制效率评估主要是对规制投入和规制产出进行成本效益分析；规制效果评估主要是对规制实施后是否能够实现规制目标、规制实施对社会干预是否发挥作用等进行评估。其中，规制内容评估是“静态评估”和“定性评估”，规制效率评估和规制效果评估是“动态评估”和“定量评估”，新型农村金融机构规制评估的三维体系是结合静态评估与动态评估，兼容定量评估与定性评估的综合评估体系，其内涵与指标分别如下。

1. 规制内容评估的内涵与指标

规制内容是规制的基础和起点。从广义上讲，规制内容应包括规制的目的、形式、原则、制度、条文、技术等。规制内容应兼具“实质理性”和“形式理性”。所谓“实质理性”，是指规制内容必须反映一定社会关系存在和发展的内在要求；所谓“形式理性”，是指“具体制度安排必须通过逻辑手段来进行汇集和理性化，使具有法律效力的一些规则成为内在一致的抽象法律制度；在方法论上，这些制度安排应‘仿效自然科学家所采用的科学方式’，明确、具体、严谨，具有技术性、确定性和可操作性”。[①] 在所有规制中，法律的正式性与强制性对规制内容要求最高。规制内容评估可直接借鉴立法文本质量评估的相关指标，具体包括必要性、合法性、协调性、稳定性、可操作性、技术性、规范性等。结合我国新型农村金融机构规制的具体实际，本书将选取合法性、规范性、稳定性、可操作性、协调性 5 个评价指标对我国新型农村金融机构规制内容进行评估。

新型农村金融机构规制的合法性评价包括对规制内容是否符合现行法律法规以及新型农村金融机构规制制定程序是否符合法定立法权限和立法程序两个方面的评价；新型农村金融机构规制的规范性评价主要考察新型农村金融机构规制条文是否符合法定规范性文件的基本要求，即“概念界定是否明确，语言表述是否准确、规范、简明，逻辑结构是否严密”；“法的稳定性要求缘起于它的深层需求（如对自然

① 参见马克斯·韦伯：《论经济与社会中的法律》，张乃根译，中国大百科全书出版社 1998 年版，第 62～63 页。

法则之理念的需求)：这种需求渴望将现实既定的纷乱纳入秩序之中，渴望对纷乱有事先的防范，并使之在人的控制之内”。[①] 法的稳定性既是法的合法性和权威性的来源，又是法的基本功能，对新型农村金融机构规制内容的稳定性评估主要针对新型农村金融机构相关规制是否前后矛盾、是否朝令夕改；法律的可操作性是法律的生命，新型农村金融机构的可操作性是指新型农村金融机构规制内容是否具体、明确，是否规定了明确具体的行为模式和法律后果，是否易于遵守、执行与实施；[②]另外，作为新型农村金融机构的一种，新型农村金融机构规制应在全面考察现有金融政策与财政政策的基础上，注意与其他相关金融财税政策和法律的协调与配合。

2. 规制效率评估的内涵与指标

规制效率评估是在对国际通行的规制影响评估(RIA)及其相关研究成果进行吸收借鉴的基础上，以“效率”作为规制核心衡量标准，以“数据包络分析”为实际方法的评估维度。简单来讲，规制效率评估就是在DEA投入产出评价模型的基础上，通过评价规制对象投入产出的有效性，从而对规制效率进行评估的方法。由于DEA方法的纯基础性，采用该方法能够破解我国传统立法评估缺乏客观价值尺度的难题，而且也能够裨补传统“货币基准”RIA成本收益分析的种种不足。

利用DEA方法进行效率评估离不开指标。指标的经济内容就是经济过程的数量特征及经济过程之间的数量关系特征。金融资源在时间和空间上得到合理配置是金融制度的重要功能。金融制度的效率评价应围绕这一制度所实现的金融资源配置效率展开。新型农村金融机构规制的资源配置效率评价可采取生产法确定投入产出指标：投入变量为在新型农村金融机构现行规制下小贷公司资金、人力、机构等的相关投入，产出变量为新型农村金融机构规制运行的结果即新型农村金融机构贷款供给情况。具体投入产出指标见表7－5。根据这些指标，我们可以对各地区新型农村金融机构规制效率作出整体评估。需要说明的是，DEA分析法可以分为投入导向(在一定产出水平下，衡量尽可能减少要素投入的能力)的DEA方法和产出导向的DEA方法(在一定要素投入下，衡量尽可能增加产出的能力)，本书将采用产出导向的DEA方法。

---

① 参见[德]G.拉德布鲁赫：《法哲学》，王朴译，法律出版社2005年版，第73～74页。

② 参见汪全胜：《论立法的可操作性评估》，载《山西大学学报(哲学社会科学版)》2009年第4期。

表 7－5　新型农村金融机构规制效率评估指标体系

类别	指标(X,Y)	具体构成
投入变量	新型农村金融机构的资金投入(X_1)	实收资本(亿元)
	新型农村金融机构的人力投入(X_2)	从业人数(人)
	新型农村金融机构的机构投入(X_3)	机构数量(家)
产出变量	新型农村金融机构的贷款提供情况(Y_1)	贷款余额(亿元)
	新型农村金融机构涉农贷款提供情况(Y_2)	贷款余额(亿元)

3. 规制效果评估的内涵与指标

规制的生命在于实施，规制实施效果从根本上决定了规制的价值和质量。规制效果评估是在综合立法后评估、政策实施效果评估和规制影响评估的理论方法的基础上，采用客观系统的测量方法，对规制实施结果实现预期目标程度进行评价的评估维度。规制效果评估以规制是否能够实现预期目标(效果)为衡量标准，包含两个层次：一是规制实施后是否实现了预期目标；二是规制实施后在多大程度上实现了预期目标。[①] 如前第六章所述，新型农村金融机构规制拟制的长期目标是“改进和加强农村金融服务，支持社会主义新农村建设”，中期目标是“引导资金流向农村和欠发达地区，改善农村地区金融服务，促进农村地区形成投资多元、种类多样、覆盖全面、治理灵活、服务高效的金融体系”，短期目标是“在农村地区加快设立主要为当地农民、农业和农村经济发展提供金融服务的村镇银行、小额贷款公司、贷款公司和农村资金互助社”。由于该基本目标比较抽象，本书将其具体化为新型农村金融机构满足农村金融需求程度、新型农村金融机构在农村金融市场的竞争力、新型农村金融机构可持续发展能力等 3 个可以量化的指标来验证小贷公司规制的法律效果。[②]

---

① Jacobs. S, *Current Trends in Regulatory Impact Analysis: The Challenges of Mainstreaming RIA into Policy-making*, Washington DC: Jacobs and Associates, 2006.

② 中国人民银行成都分行课题组：《贫弱地区农村金融制度绩效研究——甘孜州案例分析》，载《金融研究》2006 年第 9 期。

第三节 新型农村金融机构规制评估体系的应用：小额贷款公司法律规制评估

小额贷款公司(除政策性文件外,以下均简称小贷公司)是依据2004年、2005年、2006年中央1号文件精神,①在先行试点的基础上,按照2008年4月24日中国人民银行《关于村镇银行、农村资金互助社、贷款公司、小额贷款公司有关政策的通知》(以下简称《政策通知》)、原银监会《关于小额贷款公司试点的指导意见》(以下简称《指导意见》)以及各省级政府《小额贷款公司管理暂行办法》②等规范性文件设立的"经营小额贷款业务的有限责任公司或股份有限公司"。政策制度的强力投放与市场对小额信贷的迫切需求形成合力,推动小贷公司在全国各地迅速落地开花。截至2014年年末,小贷公司在全国共有近9000家,贷款余额近万亿元,堪称发展速度最快、数量最多的新型农村金融机构。③ 但是,与此同时,小贷公司信用风险、流动性风险、案件风险陆续积聚,"跑路"频发,成为唯一被监管层纳入"影子银行"并屡

---

① 参见《中共中央国务院关于促进农民增加收入若干政策的意见》(中发〔2004〕1号)文件提出,"要从农村实际和农民需要出发,按照有利于增加农户和企业贷款,有利于改善农村金融服务的要求,加快改革和创新农村金融体制。鼓励有条件的地方,在严格监管、有效防范金融风险的前提下,通过吸引社会资本和外资,积极举办直接为'三农'服务的多种所有制的金融组织"。《中共中央国务院关于进一步加强农村工作提高农业综合生产能力若干政策的意见》(中发〔2005〕1号)2005年又在中央1号文件中明确提出,可以探索建立由自然人或企业发起的小额信贷组织。2006年《中共中央国务院关于推进社会主义新农村建设的若干意见》(中发〔2006〕1号)明确提出"大力培育由自然人、企业法人或社团法人发起的小额贷款组织"。

② 由于指导意见明确规定"凡省级政府能明确一个负责小额贷款公司监管的监管部门,并且愿承担小额贷款公司的风险处置责任的,可在本省(市、区)之县域范围开展试点",各主要省、市紧随其后根据《指导意见》并结合当地实际出台了设立小额贷款公司的地方性的具体规定,形成了以《浙江省小额贷款公司试点暂行管理办法》和《内蒙古自治区小额贷款公司试点管理实施细则》为代表的方案,实际上许多省份的试点方案都以浙江为蓝本并根据当地情况修改而成。具体到各个地区,也都陆续出台了相关的管理制度,例如,温州市的《温州市人民政府办公室关于促进温州小额贷款公司稳健发展的实施意见》、恩施州的《恩施州小额贷款公司监督管理实施办法》。

③ 参见《周慕冰在中国小额贷款公司协会成立大会上的讲话》,载中国银行业监督管理委员会网站2015年1月30日,http://www.cbrc.gov.cn/chinese/home/docView/8E3DC4E053324286BC94F8A2AA3373BE.html。

遭风险提示的新型农村金融机构。①

小贷公司自相矛盾的发展现状与其规制②供给关系密切。作为新型农村金融机构的主要类型，小贷公司是国家干预农村金融的新一轮“拟制产品”。有必要对小贷公司相关规制进行全面评估，以检验规制效果，弥补规制缺陷，促进小贷公司可持续发展。

既有研究已意识到规制供给对于小贷公司发展的重要价值，学者们主要研究了小贷公司规制供给的约束与规制供给的效果，并呈现较为明显的“流派分化”：政策法律学者致力于理论分析小额贷款公司在市场准入、融资、运营、退出等方面存在的严重规制约束（陈斌彬，2009 年；王建亚等，2011 年；汪彩华等，2011 年；杨峰，2011 年；杨林生等，2014 年；胡金焱等，2014 年）；而经济金融学者则主要集中于实证分析小额贷款公司规制供给的经济绩效，并得出小贷公司规制供给“效果明显”（王家传等，2011 年；李永平等，2011 年；何广文等，2012 年；冯爱林，2013 年）、“有效但不明显”（邢道均等，2011 年；卢亚娟等，2012 年；何广文等，2012 年；龙华平等，2012 年）、“政策偏移严重”③（刘冲等，2010 年；朱乾宇等，2012 年；何剑伟等，2012 年；周孟亮

---

① 参见《国务院办公厅关于加强影子银行监管有关问题的通知》（国办发〔2013〕107 号文），该文件提出：“我国影子银行主要包括三类：一是不持有金融牌照、完全无监管的信用中介机构，包括新型网络金融公司、第三方理财机构等。二是不持有金融牌照、存在监管不足的信用中介机构，包括融资性担保公司、小额贷款公司等。三是机构持有金融牌照、但存在监管不足或规避监管的业务，包括货币市场基金、资产证券化、部分理财业务等。”

② 所谓规制（regulation），是指各级政府的规制机构用以对私部门（企业或公民）的行为施加义务、进行限制或提出要求的法律文件的总称，包括正式的法律制度（如法律、行政法规、规章等）和非正式的法律制度（例如，政策、计划指导、行政命令、各级政府普遍采用的准则，以及由政府授权的自我规制机构等非政府机构制定的规则等）。

③ 参见陈斌彬：《完善我国小额贷款公司法律监管的思考》，载《南方金融》2009 年第 12 期；王建亚等：《对我国小额贷款公司法律监管问题的思考》，载《金融理论与实践》2011 年第 6 期；汪彩华等：《小额贷款公司发展的法律障碍及对策分析》，载《前沿》2011 年第 3 期；杨峰：《农村小额贷款公司的制度约束与发展建议》，载《商业时代》2011 年第 12 期；杨林生等：《小额贷款公司可持续发展的制度约束与对策建议》，载《经济问题》2014 年第 2 期；胡金焱等：《小额贷款公司发展的省际差异：2009～2013 年》，载《改革》2014 年第 8 期；王家传、冯林：《农村小额贷款公司营运成效与发展方略——以山东省为例》，载《农业经济问题》2011 年第 7 期；李永平等：《设立小贷公司的政策目的达到了吗?》，载《金融研究》2011 年第 1 期；何广文等：《小额贷款公司的政策初衷及其绩效探讨——基于山西永济富平小额贷款公司案例的分析》，载《金融理论与实践》2012 年第 1 期；冯爱林：《当前小额贷款公司经营状况调查与政策支持发展思考》，载《武汉金融》2013 年第 9 期；邢道均等：《农村小额贷款公司缓解农村中小企业正规信贷约束了吗？——基于苏北五市的调查研究》，载《农业经济问题》2011 年第 8 期；卢亚娟等：《民间资本进入农村金融服务业的目标权衡——基于小额贷款公司的实证研究》，载《金融研究》2012 年第 3 期；何广文等：《小额贷款公司制度目标及其实现路径探讨》，载《农村金融研究》2012 年第 6 期；龙华平等：《小额贷款公司与地方经济互动研究——基于贵州省的实证分析》，载《经济问题》2012 年第 12 期；刘冲等：《小额贷款公司发展的变异：东营案例》，载《金融发展研究》2010 年第 11 期；朱乾宇等：《我国小额贷款公司的发展与效果评价》，载《投资研究》2012 年第 6 期；何剑伟等：《小额信贷商业化中的目标偏移——一个理论模型

等,2012 年;游龙等,2013 年;胡金焱,2015 年)等相互矛盾的 3 种结论。由于视角不同、方法差异、学科壁垒,两种流派研究分化隔离,抵牾矛盾,缺乏借鉴融合,无助于小贷公司实际问题的解决与小贷公司规制供给的改善。小贷公司规制供给亟须建立全面、客观、科学、系统的规制评估体系。鉴于此,在全面梳理小贷公司规制供给现状的基础上,根据小贷公司规制供给的特点,本书运用一个包含规制内容、规制效率、规制效果的三维规制评估体系对小贷公司的规制供给内容、效率和效果进行全面系统评估,以服务于小贷公司及其规制实践。

一、小贷公司规制评估的对象及其特点

我国现行小贷公司规制供给前文已详述,此不赘言。如前所述,就规制供给的形式而言,小贷公司规制供给主要以中央政策、监管通知、监管指导、部委执行通知以及地方政府实施细则为主,各级监管机关和地方监管部门的"红头"规范性文件是小贷公司规制的主要表现形式,正式法律在小贷公司规制供给中长期缺位;就规制供给的主体而言,中央和国务院命令授权下的中央监管部门和地方监管部门成为规制供给的主体,各级监管部门集立法权、监管权、行政权于一身,容易形成监管失灵和监管腐败;由规制供给的主体和形式共同决定,小贷公司规制供给的内容主要满足规制供给主体的监管需要和监管便捷,容易形成行政化监管。

二、小贷公司规制的"CEE"三维评估体系应用

1. 小贷公司规制内容评估

(1)合法性

如前所述,小贷公司规制的合法性评价包括对小贷公司规制内容是否符合现行法律法规以及小贷公司规制制定程序是否符合法律规定两个方面。首先,从小贷公司规制内容来看,小贷公司规制中关于小贷公司的定位与《贷款通则》相互矛盾,依据《指导意见》,小贷公司是由当地政府批准设立,在工商管理部门登记的企业法人,没有取得金融许可证。小贷公司运行的原则是"只贷不存"。但是依据《贷款通则》,贷款人必须经中国人民银行批准经营贷款业务,持有中国人民银行颁发的金融

及西部小额贷款公司的经验研究》,载《当代经济科学》2012 年第 4 期;周孟亮等:《"资金"与"机制":中国小额信贷发展的关键》,载《经济学家》2012 年第 11 期;游龙等:《小额贷款公司运行效率比较分析——基于陕北和关中 36 个样本的实地调查》,载《生产力研究》2013 年第 10 期;胡金焱等:《小额贷款公司目标偏移:鲁省个案》,载《改革》2015 年第 11 期。

机构法人许可证或金融机构营业许可证。这使小贷公司创立伊始便面临合法性的拷问。其次,小贷公司规制与《行政许可法》和《立法法》存在明显冲突。我国小贷公司规制主要由原银监会《指导意见》和各省级地方政府颁布的小贷公司管理暂行规定构成,二者均为规章性法律文件,其效力位阶处于法律法规之下。依据《指导意见》和《暂行规定》,"小贷公司设立必须向省级政府主管部门提出正式申请并经批准",①但依据《行政许可法》,"部门规章和地方政府规章都不得设定企业或者其他组织的设立登记及其前置性行政许可的强制性法律规定"。② 按《立法法》关于下位法与上位法冲突的效力认定,《指导意见》与《暂行规定》关于小贷公司设立的相关规定应属无效。再次,小贷公司规制内容本身也存在相互矛盾。例如,《指导意见》一方面规定"小贷公司股东依法享有资产收益、参与重大决策和选择管理者等权利,以其认缴的出资额或认购的股份为限对公司承担责任";另一方面,又规定"小贷公司应建立发起人承诺制度,公司股东应与小贷公司签订承诺书,承诺自觉遵守公司章程,参与管理并承担风险",违背了《公司法》关于股东承担有限责任的基本内涵。最后,在立法程序上,《立法法》第 85 条规定,部门规章和地方政府规章必须由部门首长或省级政府首长签署命令予以公布,小贷公司《指导意见》以及各省级人民政府的《暂行规定》均未履行上述签署公布程序。

(2)规范性

规范性作为法律规制的本质属性,要求规制内容能够通过规定具体明确的行为模式和法律后果,产生对不特定社会公众的约束性效果。其主要包括形式规范、用语规范和内容规范。在形式上,以《指导意见》为代表的小贷公司法律规制不符合传

---

① 《指导意见》在关于"小额贷款公司的设立"中明确规定:"申请设立小额贷款公司,应向省级政府主管部门提出正式申请,经批准后,到当地工商行政管理部门申请办理注册登记手续并领取营业执照。此外,还应在五个工作日内向当地公安机关、中国银行业监督管理委员会派出机构和中国人民银行分支机构报送相关资料";另外,各省市自治区《暂行规定》中也明确了小贷公司设立必须经过有关部门的批准。

② 参见《行政许可法》第 14 条规定:"本法第十二条所列事项,法律可以设定行政许可。尚未制定法律的,行政法规可以设定行政许可。必要时,国务院可以采用发布决定的方式设定行政许可。实施后,除临时性行政许可事项外,国务院应当及时提请全国人民代表大会及其常务委员会制定法律,或者自行制定行政法规。"第 15 条规定:"本法第十二条所列事项,尚未制定法律、行政法规的,地方性法规可以设定行政许可;尚未制定法律、行政法规和地方性法规的,因行政管理的需要,确需立即实施行政许可的,省、自治区、直辖市人民政府规章可以设定临时性的行政许可。临时性的行政许可实施满一年需要继续实施的,应当提请本级人民代表大会及其常务委员会制定地方性法规。地方性法规和省、自治区、直辖市人民政府规章,不得设定应当由国家统一确定的公民、法人或者其他组织的资格、资质的行政许可;不得设定企业或者其他组织的设立登记及其前置性行政许可。其设定的行政许可,不得限制其他地区的个人或者企业到本地区从事生产经营和提供服务,不得限制其他地区的商品进入本地区市场。"

统潘德克吞式立法应有的包含篇、章、节、条的规范性结构;在语言上,以《指导意见》为代表的小贷公司法律规制较少使用法定概念和法律术语;在内容上,由于缺乏明确的权利—义务—责任划分,行为模式与法律后果预设不清,难以产生明确的指引作用和约束效果。例如,《指导意见》规定"凡是省级政府能明确一个主管部门(金融办或相关机构)负责对小贷公司的监督管理,并愿意承担小贷公司风险处置责任的,方可在本省(区、市)的县域范围内开展组建小贷公司试点"。作为小贷公司授权设立的最主要条款,该条文对授权主体、授权条件、授权范围、授权程序等模棱两可、一带而过,致使各地小贷公司设立极不规范、运行风险重重。

(3)稳定性

稳定性是法律权威性和秩序性的基本要求。稳定性是法的内在本质属性,是法实现其特定目的和效益的基本前提。但就目前而言,我国小贷公司法律规制均遵循"成熟一个制定一个""摸着石头过河"的模式,尚未进行"顶层设计",其稳定性受到很大影响。小贷公司法律规制缺乏稳定性。根据笔者不完全统计:浙江省一级政府部门自小贷公司试点以来共发布了36份规制文件,[①]辽宁

① 根据本书统计,浙江省关于小额贷款公司的文件主要有《浙江省人民政府办公厅关于开展小额贷款公司试点工作的实施意见》《浙江省人民政府办公厅关于切实抓好小额贷款公司试点工作的通知》《关于印发〈浙江省小额贷款公司试点暂行管理办法〉的通知》《关于建立浙江省小额贷款公司试点联席会议工作制度的通知》《浙江省人民政府办公厅关于促进小额贷款公司健康发展的若干意见》《浙江省人民政府办公厅关于深入推进小额贷款公司改革发展的若干意见》《关于印发浙江省小额贷款公司发展布局实施办法的通知》《关于发布实施〈浙江股权交易中心小额贷款公司定向债业务规则(试行)〉的通知》《关于试行小额贷款公司风险共担机制的通知》《关于印发〈县(市、区)小额贷款公司试点申报材料(参考文本)〉的通知》《关于浙江省小额贷款公司增资扩股的操作细则》《关于做好小额贷款公司高管人员任职资格核准工作的通知》《关于做好小额贷款公司少数资金链紧张的股东股权提前转让工作的通知》《关于小额贷款公司股权转让操作细则的通知》《关于印发浙江省小额贷款公司同业调剂拆借资金操作细则的通知》《关于印发浙江省小额贷款公司设立异地分支机构操作细则的通知》《关于要求严格把握新增小额贷款公司质量的通知》《关于进一步规范小额贷款公司审核事项的通知》《浙江省人民政府办公厅关于印发〈浙江省小额贷款公司监督管理暂行办法〉的通知》《关于要求严格把握新增小额贷款公司质量的通知》《省金融办关于印发〈浙江省小额贷款公司非现场监管与现场检查工作指引(试行)〉的通知》《省金融办关于印发〈浙江省小额贷款公司风险监管处置细则(试行)〉的通知》《关于进一步落实小额贷款公司日常监管职责的通知》《省金融办关于开展小额贷款公司风险防控专项检查的通知》《关于印发〈浙江省小额贷款公司年度考核评价管理办法〉的通知》《关于开展浙江省小额贷款公司信用评级试点工作的通知》《关于印发浙江省小额贷款公司信息动态监测数据暂行管理办法的通知》《关于全省小额贷款公司内部软件开发商和信息动态监测系统建设事项的通知》《关于全省小额贷款公司信息动态监测系统正式运行有关事宜的通知》《省金融办关于做好浙江省小额贷款公司公共信息服务系统推广应用工作的通知》《关于增补省工行为全省小额贷款公司内部综合业务软件开发商的批复》《省处置非法集资联席会议关于印发〈浙江省处置非法集资活动联席会议制度〉和〈浙江省处置非法集资活动联席会议工作机制〉的通知》《关于印发浙江省小额贷款公司发展布局实施办法的通知》《关于印发小额贷款公司试点工作专题会议纪要的通知》《浙江省小额贷款公司试点联席会议专题会议纪要》《省金融办关于建立小额贷款公司平稳有序退出机制的通知》等文件。

省发布了25份，[1]江苏省出台了20部，[2]内蒙古自治区17部。[3] 规制之间矛盾冲突

① 根据本书统计，辽宁省的文件主要有《辽宁省人民政府关于开展小额贷款公司试点工作的指导意见》《辽宁省小额贷款公司试点暂行管理办法》《关于规范小额贷款公司筹建和开业申请要件有关问题的补充通知》《关于调整小额贷款公司发起人资格等有关问题的通知》《关于印发〈辽宁省小额贷款公司监督管理办法（暂行）〉的通知》《关于调整小额贷款公司主发起人及其关联方持股比例等有关问题的补充通知》《关于做好促进小额贷款公司发展工作的意见》《关于调整小额贷款公司注册资本有关问题的通知》《关于开展小额贷款公司增资扩股工作的通知》《关于明确小额贷款公司试点工作职责的通知》《全省小额贷款公司现场检查处理意见》《关于印发〈辽宁省小额贷款公司分支机构设立试点暂行管理办法〉的通知》《关于进一步明确小额贷款公司筹建、开业、股权变更等有关事项的补充通知》《关于印发〈辽宁省小额贷款公司评级暂行办法〉的通知》《关于进一步调整小额贷款公司注册资本有关问题的通知》《关于印发〈辽宁省科技小额贷款公司暂行管理办法〉的通知》《关于调整小贷公司相关试点政策的通知》《关于调整小额贷款公司审批方式等事项的通知》《关于允许小额贷款公司分期缴足注册资本金的通知》《关于放宽小额贷款公司主发起人变更条件的通知》《关于沈阳经济区内小额贷款公司业务同城化的通知》《关于防范小额贷款公司出现非法集资和经营风险的通知》《辽宁省小额贷款公司评级办法（试行）》《关于进一步加强小额贷款公司分类监管工作的通知》《关于小额贷款公司股权变更等有关事项的补充通知》等文件。

② 根据本书统计，江苏的主要文件有《江苏省促进金融业创新发展若干意见》《省政府办公厅关于开展农村小额贷款组织试点工作的意见（试行）》《省政府办公厅关于推进农村小额贷款公司又好又快发展的意见》《关于进一步明确农村小领贷款公司税收政策的通知》《关于印发〈江苏省农村小额贷款公司监督管理办法〉的通知》《关于进一步规范农村小额贷款公司审批管理工作的通知》《省政府办公厅关于深入推进农村小额贷款公司改革发展的意见》《关于进一步加强农村小额贷款公司监管工作的通知》《省金融办关于印发〈江苏省小额贷款公司监管评级办法（暂行）〉的通知》《省金融办关于印发〈江苏省农村小额贷款公司监管评级指标体系（暂行）〉的通知》《省金融办关于印发〈江苏省农村小额贷款公司监管处罚细则（暂行）〉的通知》《省金融办关于印发〈江苏省小额贷款公司非现场检查实施细则（暂行）〉的通知》《关于加强小额贷款公司市场准入和日常监管工作的通知》《江苏省金融办关于调整完善农村小额贷款公司部分监管政策的通知》《江苏省金融办关于农村小额贷款公司扶优限劣工作意见（暂行）》《关于建立江苏省小额贷款公司市场退出机制的通知》《省金融办关于印发〈江苏省小额贷款公司上市管理工作指引（暂行）〉的通知》《江苏省财政厅关于印发〈江苏省农村小额贷款公司财务制度（试行）〉和〈江苏省农村小额贷款公司会计核算办法（试行）〉的通知》《江苏省财政厅关于促进金融业创新发展的若干意见》等文件。

③ 根据本书统计，内蒙古出台的文件有《内蒙古自治区人民政府办公厅关于开展小额贷款公司试点工作的通知》《关于规范我区小额贷款公司名称的通知》《关于统一小额贷款公司会计凭证和合同文本的通知》《关于加强小额贷款公司监管的通知》《内蒙古自治区财政厅　国税局　地税局关于新设金融法人机构企业所得税优惠政策的通知》《关于统一安装小额贷款公司业务管理系统的通知》《关于加强内蒙古自治区小额贷款公司外源融资管理的通知》《关于小额贷款公司安装综合业务管理系统有关事项的通知》《关于印发〈内蒙古自治区小额贷款公司年度考核评价办法（试行）〉的通知》《内蒙古自治区人民政府办公厅关于印发〈内蒙古自治区小额贷款公司试点管理暂行办法〉的通知》《关于印发〈内蒙古自治区小额贷款公司试点管理实施细则（修订）〉的通知》《关于印发〈内蒙古自治区小额贷款公司董事、监事、高级管理人员任职资格管理暂行办法〉的通知》《关于建立全区小额贷款公司统计报告制度的通知》《关于印发〈内蒙古自治区小额贷款公司从业人员资格管理暂行办法〉的通知》《关于修改小额贷款公司月报表及年度财务决算表的通知》《关于修订〈内蒙古自治区小额贷款公司年度考核评价办法（试行）〉的通知》等文件。

明显,[①]致使执行机构(主要是下级地方监管部门、小贷公司)无所适从。

(4)实效性

法律的生命在于实施,实效性是法律的生命所在。小贷公司规制的主要目的不仅在于"拟制"小贷公司,而且必须对小贷公司的设立、运营和市场退出提供全方位的有效监管,防范风险。但小贷公司有关规制在上述环节均存在较大问题:在小贷公司设立环节,由于《指导意见》对小贷公司"是由自然人、企业法人与其他社会组织投资设立,不吸收公众存款,经营小额贷款业务的有限责任公司或股份有限公司"的性质定位以及"凡是省级政府能明确一个主管部门(金融办或相关机构)负责对小额贷款公司的监督管理,并愿意承担小额贷款公司风险处置责任的,方可在本省(区、市)的县域范围内开展组建小额贷款公司试点"的模糊规定,小贷公司实际监管机构重叠,包括:金融办、发改委、工商局、财政局、公安局、工信局等部门,有的地方政府还将原银监会派出机构和人民银行分支机构列为监管主体,形成联席会议监管模式。多部门的多种监管架构不仅易发小贷公司的监管乱象,而且由于难以保证监管的专业性和科学性,难以及时发现并化解监管对象风险,导致小贷公司目前风险积聚、"跑路"频发。在小贷公司运营环节,《指导意见》主要采取限制外部融资和发起人承诺等方式进行风险监管。但没有考虑小贷公司运营的实际风险主要是信贷风险。小贷公司规制缺乏对信贷风险进行有效监管的制度供给,既没有建立统一的标准化监管信息平台和信用评级制度,也没有科学有效的信贷资产分级管理和拨备计提制度。监管规制供给难以满足监管需求,难以取得监管实效。此外,由于《指导意见》对小贷公司退市规定较为笼统,而各省暂行规定对此也并未过多着墨,[②]在实践中,小贷公司退市往往无所依据。

(5)协调性

小贷公司规制缺乏协调性表现在:第一,小贷公司的目标定位与相关财税政策制度之间存在价值冲突,依据中央1号文件和《指导意见》,设立小贷公司旨在"有利

---

① 比如,针对主发起资格辽宁省一级政府就出台4个文件,分别是《辽宁省小额贷款公司试点暂行管理办法》(2008年)、《关于调整小额贷款公司发起人资格等有关问题的通知》(2009年)、《关于调整小额贷款公司主发起人及其关联方持股比例等有关问题的补充通知》(2010年)、《关于放宽小额贷款公司主发起人变更条件的通知》(2014年),这4个文件中对于发起人的条件要求都不同,并且每个文件出台的时间间隔也较短。

② 如《安徽省小额贷款公司试点管理办法(试行)》中专章规定了"机构变更与终止",对于小额贷款公司退出作出了规定;《浙江省小额贷款公司试点暂行管理办法》在第34条规定了小额贷款公司解散的情形,近期又出台了专门的规定《省金融办关于建立小额贷款公司平稳有序退出机制的通知》。

于增加农户和企业贷款,有利于改善农村金融服务小额贷款公司",并赋予小贷公司"支农""支小"的"神圣"使命,但是国家相关财税政策制度并未相应贯彻这些使命。小贷公司并不在财政部和国家税务总局发布的享有财税优惠的金融机构之中。[①] 税负高已经成为小额贷款公司发展的阻力之一,小贷公司需要承担25%的企业所得税率,另加约5.56%的营业税和附加。综合计算,小贷公司的税负率高达30%,远高于农村信用合作社3.3%营业税和附加以及12.5%的企业所得税,小贷公司的税负高,其经营成本也就高,只能通过高利率转嫁给借贷人;同时,小贷公司财税政策缺失导致社会福利损失,限制了小贷公司的利润空间,降低了投资者的积极性,迫使小贷公司发生服务"目标偏移"。第二,不同监管当局对小贷公司法律性质的规定缺乏协调性。《指导意见》将小贷公司定位为工商企业而非金融机构;而2009年中国人民银行发布的《金融机构代码规范》中,小贷公司被编列其中,其一级分类编码是"Z其他",这表示人民银行对小贷公司按金融机构认定;另外,财政部也下文规定小额贷款公司应执行《金融企业财务规则》等金融财务管理制度,这无疑也是将其当作金融机构加以对待。究竟是金融机构还是非金融机构?小贷公司性质定位亟待厘清。第三,现在的金融业在支农方面的统计制度有《涉农贷款专项统计制度》和《农户贷款管理办法》,里面对于相关的统计口径具有较为详细的规定,但是并未明确规定小额贷款公司使用以上两项办法。由此可见,由于相关规制在小额贷款公司价值目标、财税激励、法律地位、支农统计等方面存在冲突,导致实践中小贷公司目标偏移、行为矛盾、无法协调。

综上所述,选取合法性、规范性、稳定性、可操作性、协调性5个评价指标对小额贷款公司规制内容进行评估的结果显示:小贷公司规制内容不合法,缺乏应有的规范性、稳定性、可操作性和协调性。小贷公司规制内容供给问题是所有小贷公司实践问题的制度根源。

2. 小额贷款公司规制效率评估

如前所述,小额贷款公司规制效率评估将采用产出导向的DEA方法和表7－5所列评估指标进行评估。由于DEA模型是根据一组关于输入—输出的观察值来估

---

① 除财政部于2009年发布的《关于开展县域金融机构涉农贷款增量奖励试点工作的通知》以及《中央财政新型农村金融机构定向费用补贴资金管理暂行办法》第4条:"财政部对上年贷款平均余额同比增长,且达到银监会监管指标要求的贷款公司和农村资金互助社,上年贷款平均余额同比增长、上年末存贷比高于50%且达到银监会监管指标要求的村镇银行,按其上年贷款平均余额的2%给予补贴"的规定外,国家未出台任何针对小贷公司的其他财税优惠政策。

计有效生产前沿面的，所以需要多组观察值，本书选取中国人民银行《小额贷款公司分地区情况统计表》①中每年年末的各省小额贷款公司数据构成DEA模型前沿面板数据。根据deap2.1计算得出如表7-6所示的"2010~2014年我国各省份小额贷款公司规制效率值"，依据该规制技术效率值，又可得出如图7-1所示的"2010~2014年小额贷款公司规制效率值分布趋势"。

表7-6 2010~2014年各省份小额贷款公司规制效率值

省（市、自治区）	2010年效率值			2011年效率值			2012年效率值			2013年效率值			2014年效率值		
	TE	PTE	SE	TE	PTE	SE	TE	PTE	SE	TE	PTE	SE	TE	PTE	SE
北京	0.65	0.65	1.00	0.69	0.69	1.00	0.69	0.69	1.00	0.79	0.83	0.96	0.86	0.90	0.96
天津	0.54	0.54	1.00	0.67	0.68	1.00	0.66	0.67	0.99	0.75	0.78	0.97	0.78	0.81	0.96
河北	0.65	0.65	1.00	0.71	0.71	1.00	0.69	0.74	0.93	0.77	0.77	1.00	0.75	0.75	1.00
山西	0.59	0.59	1.00	0.62	0.62	1.00	0.65	0.69	0.94	0.72	0.73	0.99	0.69	0.70	0.99
内蒙古	0.61	0.62	1.00	0.69	0.69	1.00	0.69	0.73	0.95	0.74	0.74	1.00	0.74	0.74	1.00
辽宁	0.50	0.50	1.00	0.56	0.56	1.00	0.60	0.64	0.93	0.71	0.71	1.00	0.65	0.66	1.00
吉林	0.50	0.50	1.00	0.49	0.49	1.00	0.53	0.55	0.95	0.57	0.60	0.96	0.54	0.58	0.95
黑龙江	0.56	0.56	1.00	0.60	0.60	1.00	0.60	0.63	0.95	0.66	0.68	0.97	0.63	0.65	0.96
上海	0.84	0.84	1.00	0.93	0.93	1.00	0.98	0.98	1.00	0.92	0.94	0.98	0.92	0.94	0.98
江苏	0.92	1.00	0.92	1.00	1.00	1.00	0.92	1.00	0.92	0.93	1.00	0.93	0.95	1.00	0.95
浙江	1.00	1.00	1.00	1.00	1.00	1.00	1.00	1.00	1.00	1.00	1.00	1.00	1.00	1.00	1.00
安徽	0.77	0.78	1.00	0.77	0.78	1.00	0.71	0.76	0.93	0.83	0.83	1.00	0.83	0.84	0.99
福建	1.00	1.00	1.00	0.78	0.78	1.00	0.95	0.96	0.99	0.96	0.99	0.96	0.96	1.00	0.96
江西	0.78	0.78	1.00	0.74	0.74	1.00	0.77	0.81	0.96	0.83	0.84	0.99	0.84	0.85	0.99
山东	0.73	0.73	1.00	0.78	0.78	1.00	0.81	0.84	0.96	0.87	0.88	1.00	0.86	0.86	1.00
河南	0.61	0.62	1.00	0.67	0.67	1.00	0.72	0.77	0.94	0.77	0.77	1.00	0.77	0.78	0.99
湖北	0.82	0.82	1.00	0.77	0.77	1.00	0.77	0.81	0.95	0.82	0.83	0.99	0.77	0.78	0.99

① 中国人民银行自2010年6月起开始我国的《小额贷款公司分地区情况统计表》，开始为半年公布一次数据，自2011年起每季度公布一次数据。

续表

省(市、自治区)	2010 年效率值			2011 年效率值			2012 年效率值			2013 年效率值			2014 年效率值		
	TE	PTE	SE	TE	PTE	SE	TE	PTE	SE	TE	PTE	SE	TE	PTE	SE
湖南	0.68	0.68	1.00	0.74	0.74	1.00	0.74	0.78	0.95	0.79	0.82	0.96	0.76	0.79	0.96
广东	0.71	0.71	1.00	0.71	0.71	1.00	0.74	0.77	0.97	0.75	0.75	1.00	0.80	0.80	0.99
广西	0.60	0.60	1.00	0.68	0.68	1.00	0.82	0.88	0.94	1.00	1.00	1.00	1.00	1.00	1.00
海南	0.57	0.57	1.00	0.52	0.53	1.00	0.76	0.76	1.00	0.80	0.90	0.88	0.80	0.93	0.87
重庆	0.73	0.73	1.00	0.72	0.72	1.00	0.85	0.86	0.99	0.91	0.91	1.00	1.00	1.00	1.00
四川	0.71	0.71	1.00	0.78	0.78	1.00	0.81	0.82	0.98	0.83	0.83	1.00	0.83	0.84	1.00
贵州	0.58	0.58	1.00	0.63	0.63	1.00	0.64	0.68	0.95	0.69	0.73	0.95	0.69	0.73	0.94
云南	0.65	0.65	1.00	0.66	0.66	1.00	0.67	0.72	0.94	0.74	0.74	0.99	0.73	0.74	0.99
西藏	1.00	1.00	1.00	0.96	1.00	0.96	0.85	1.00	0.85	0.30	1.00	0.30	0.43	1.00	0.43
陕西	0.54	0.54	1.00	0.59	0.59	1.00	0.66	0.69	0.96	0.73	0.74	0.98	0.73	0.74	0.98
甘肃	0.50	0.51	1.00	0.56	0.56	1.00	0.52	0.54	0.96	0.58	0.60	0.96	0.57	0.59	0.96
青海	0.58	0.58	1.00	0.87	0.87	1.00	1.00	1.00	1.00	0.84	0.95	0.88	0.75	0.83	0.90
宁夏	0.65	0.65	1.00	0.57	0.57	1.00	0.63	0.65	0.96	0.70	0.74	0.94	0.68	0.74	0.92
新疆	0.74	0.74	1.00	0.79	0.79	1.00	0.77	0.80	0.97	0.82	0.84	0.98	0.83	0.85	0.98
均值	0.69	0.69	1.00	0.72	0.72	1.00	0.75	0.78	0.96	0.78	0.82	0.95	0.78	0.82	0.95

通过 DEA 模型得出的技术效率(Technical Effenciency,TE)是生产前沿面上最佳产出与实际产出的比,反映了不同地区小额贷款公司规制的效率,是评估小额贷款公司现行规制的综合指数之一。若指数值为 1,则该地区是 DEA 有效的,表明该地区小额贷款公司规制较相对比的其他地区更有效率;反之,则该地区是 DEA 无效的,表明该地区小额贷款公司规制效率较相对比的其他地区更差。全国范围来看,如图 7 - 1 所示,2010 ~ 2014 年,所选取地区的小额贷款公司规制技术效率的平均值在 0.687 ~ 0.778,表明整体上小额贷款公司的规制效率还处于一个较低的水平,但自 2010 年以来其效率值在不断提高。单个来看,如表 7 - 6 所示,浙江省的技术效率值一直为 1,这说明浙江省小贷公司规制运行最为有效;除此之外,江苏、福建、上海的效率值较为接近 1,说明这些省份小贷公司规制运行较为有效;而辽宁、吉林、甘肃等省份的技术效率常年低于 0.6,则表明这些地区小额贷款公司规制运行效率较

为低下。整体而言,我国小贷公司规制效率水平不高,但浙江、江苏、福建、上海等经济发达地区小贷公司规制运行效率较好,辽宁、吉林、甘肃等地区小贷公司规制运行效率较差。

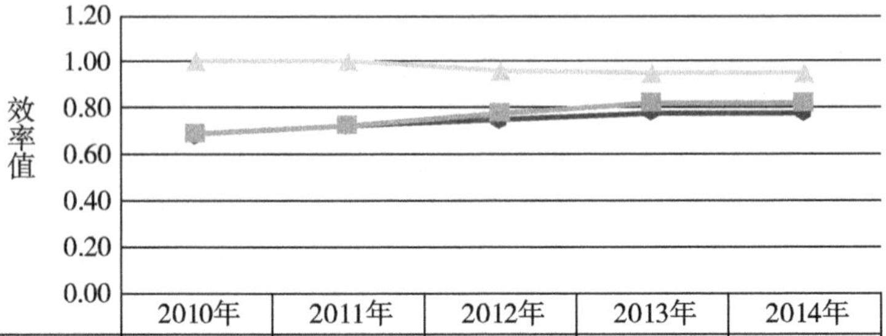

	2010年	2011年	2012年	2013年	2014年
技术效率	0.69	0.72	0.75	0.78	0.78
纯技术效率	0.69	0.72	0.78	0.82	0.82
规模效率	1.00	1.00	0.96	0.95	0.95

图 7-1　2010~2014 年小额贷款公司规制效率值分布趋势

BC^2模型得出的纯技术效率(Pure Technical Effenciency,PTE)表示在同一规模最大产出下最小的要素投入成本,可以衡量技术无效率有多少是纯技术无效率所造成的。该指标侧重于反映不同地区小额贷款公司规制及其管理的运行效率。如表 7-6 所示,整体上,全国小贷公司规制的纯技术效率均值相对较低(2010~2014 年均值处于 0.691~0.822),但是基本上保持了上升趋势,说明小贷公司规制及其管理水平趋于不断完善;省级对比显示,浙江、江苏的纯技术效率常年保持为 1,上海、山东的效率值也较为接近 1,而东三省(黑龙江、吉林、辽宁)、甘肃等地的常年保持在 0.7 以下,纯技术效率水平偏低,其他省份小额贷款公司规制的纯技术效率也基本处于较低水平。

规模效率(Scale Effenciency,SE)表示小额贷款公司规制投入资源在最大产出下技术效率生产边界的投入量与最优规模下的投入量的比值,可以衡量在现行小额贷款公司规制下小贷公司的投入资源是否处于最优规模。如表 7-6 所示,各地区小额贷款公司规制的规模效率总体维持在一个较高的水平(均值保持在 0.95~1.00);单个省份来看,除西藏(2012 年、2013 年、2014 年)、海南(2013 年、2014 年)、青海(2013 年)的部分年份低于 0.9 以外,其他样本数据均处于一个较高水平。

图 7-1 反映了 2010~2014 年小额贷款公司法律制度效率值的分布趋势,整体上规模效率(SE)>纯技术效率(PTE)≥技术效率(TE)。在 DEA 模型中,$TE = PTE \times SE$,并且三者的值都在 0~1,所以我们可以通过纯技术效率和规模效率来找

到技术效率低的原因。图7-1中的规模效率都很接近1,所以技术效率值较低是因为纯技术效率值的缘故,即整体上的技术效率低是因为制度的运行效率低造成。在表7-6所列的各省数据中,我们可以将技术效率低(≤0.9)的样本细分为纯技术有效率和规模低效率、纯技术低效率和规模有效率、纯技术低效率和规模低效率3类。其中,纯技术有效率和规模低效率只有西藏(2012年、2013年、2014年)、海南(2014年)两地的部分年份,这说明这两地的规模不合理是导致其整体效率低下的主要原因;纯技术低效率和规模有效率情况较为常见,除去整体效率较高(≥0.9)的省份[江苏(全部年份)、浙江(全部年份)、福建(2010年、2012年、2013年、2014年)、西藏(2010年、2011年)、上海(2011年、2012年、2013年、2014年)、青海(2012年)、重庆(2013年、2014年)、广西(2013年、2014年)]和上述纯技术有效率和规模低效率的省份以外的其他样本数据都属于此类,这说明全国大部分地区小贷公司规制的运行效率和管理水平较低;纯技术低效率和规模低效率的情况在样本数据中不存在。

综上所述,应用DEA模型对小额贷款公司规制效率进行评估的结果显示,我国小额贷款公司规制效率总体不高,各省份之间规制效率水平差距明显。这不仅反映我国小贷公司规制效率总体不高,也反映省际的不同规制对小额贷款公司资金配置效率影响显著。而规制运行效率低以及管理水平不高是造成大部分地区小额贷款公司规制效率不高的主要原因。

3. 小贷公司规制效果评估

如前所述,小贷公司满足农村金融需求程度、小贷公司在农村金融市场的竞争力、小贷公司可持续发展能力是本书所选取的小贷公司规制效果评估指标,结合实地调研以及依靠政府信息公开获得的相关数据,小贷公司规制效果评估主要包括以下几个方面。

(1)小贷公司满足农村金融需求程度

农村金融体系改革最重要的目标在于解决农村融资难问题,因此,能否改善农户或农村中小企业的融资条件,促进农村融资活动就成为农村金融体系改革分析的出发点和成效评价的基本标准。但是小贷公司到底在多大程度上满足农民的金融需求呢？本书选取小贷公司县域以下网点分布比例、人均农户贷款数以及农户贷款比例3个调研数据指标①进行分析说明。

---

① 要满足农村的金融需求,必须具备提供服务的能力和意愿,网点分布能够较好地反映服务能力,农户贷款提供数目和占比以及发展态势可以反映提供服务的意愿,所以笔者调研主要选择这3个指标。

金融机构网点的广泛分布是金融机构开展金融服务、满足金融需求物质前提。小贷公司作为旨在满足农村金融需求的新型金融机构，其对于农村地区的下沉式和广泛性覆盖是检验其对农村金融需求满足程度的重要指标。对表7－7统计数据的分析表明，随机抽样的7个市区（地级市）中，有4个地区50%以上的小贷公司直接设置在市区，而县城分布率50%以上只有两个地区，且仅有两个地区小额贷款公司的分在乡镇，①近70%地区的小贷公司乡镇覆盖率为0。小贷公司网点分布呈现显著的城市化倾向，嫌贫爱富的特点较为明显，无法实际满足农村金融需求。

表7－7 部分地区小额贷款公司分布情况

地区	总数/个	市区/个	占比/%	县城/个	占比/%	乡镇/个	占比/%	统计截止日期
宁波	41	21	51.22	14	34.15	6	14.63	2013年6月1日
蚌埠	17	13	76.47	4	23.53	0	0.00	2013年12月1日
南昌	41	27	65.85	15	36.59	0	0.00	2014年8月11日
佳木斯	26	20	76.92	6	23.08	0	0.00	2014年6月17日
渭南	23	6	26.09	17	73.91	0	0.00	2013年7月26日
徐州	31	13	41.94	8	25.81	10	32.26	2014年6月17日
恩施	23	8	34.78	15	65.22	0	0.00	2014年6月1日

资料来源：根据各地小贷公司监管机构或小贷公司协会网站公布数据统计。

注：此处统计的数据根据小贷公司的公司地址计算，以上数据均来自各地小额贷款公司监管机构或小额贷款公司协会提供或根据网络上发布的地址统计，因为公布日期不同和公布数据不全，所以此处数据与其他引用的年末数据有出入。市区是指地级市的城区，县城是指包括县级市在内的县城区域，乡镇是包括村组在内乡镇地区。

小贷公司人均农户贷款额以及农户贷款比例两个指标反映小贷公司对农户信贷需求的满足程度。根据表7－8中人均农户贷款数统计发现：农户通过小贷公司获得的贷款数额并不高，各地人均农户贷款数的差异水平大，已有部分地区开始出现负增长。② 根据表7－8中农户贷款比例指标统计发现：20个样本中仅有6个地区的农户贷款占比达30%以上，近一半的地区占比常年保持在20%以下，甚至还有4

---

① 根据课题组调研发现，小贷公司分布在村镇的只有宁波和徐州，而宁波和徐州小额贷款公司分布到了村镇是因为所处地区经济发达，城镇化、工业化水平高。

② 徐州、新乡、吉林3个地区在2012～2013年的人均农户贷款数出现了小幅下滑。

个地区的占比只有10%左右，[1]这表明小贷公司的目标客户并非农户。

表7-8　部分地区2010~2013年小贷公司农户贷款情况

地区	人均农户贷款/元				农户贷款占比/%			
	2010年	2011年	2012年	2013年	2010年	2011年	2012年	2013年
温州	830.98	1511.82	1781.64	2386.53	38.99	42.12	43.53	50.79
宁波	970.18	1458.97	2280.18	2571.05	47.46	51.72	55.29	55.97
衢州	36.21	87.19	207.63	353.15	18.24	19.70	18.60	23.25
苏州	779.13	2233.4	3016.04	3943.13	18.64	24.52	28.65	33.56
徐州	166.35	424.26	420.95	393.37	34.29	36.15	33.16	31.99
蚌埠	11.56	26.06	62.28	69.97	7.34	8.45	10.58	10.48
铜陵	—	—	606.42	1724.55	—	—	5.00	11.11
合肥	—	—	264.80	285.36	—	—	7.03	5.95
益阳	5.46	22.04	129.37	241.02	70.05	67.59	77.01	74.58
新乡	—	55.39	102.38	93.09	—	21.75	23.57	19.40
恩施	14.73	27.77	53.81	164.61	24.52	20.23	16.23	23.99
南充	23.21	36.58	72.37	120.48	34.76	24.71	22.93	22.83
安康	—	105.18	194.21	294.54	—	53.84	44.10	47.09
渭南	74.60	133.6	201.39	277.99	57.45	51.13	55.05	48.26
黔南	7.13	16.88	47.14	73.13	31.50	24.80	12.66	16.56
安顺	17.92	41.06	55.24	60.52	24.82	17.50	16.67	17.12
呼伦贝尔	52.96	62.58	158.99	216.32	24.44	22.24	33.49	25.86
吉林	46.79	49.63	117.16	98.51	18.14	10.55	11.16	7.03
阜新	86.70	485.77	532.70	898.29	15.01	36.55	13.49	17.74
佳木斯	40.57	47.11	116.44	148.13	23.09	13.16	20.67	16.03

资料来源：相关数据根据各地小贷公司监管机构或人民银行提供数据整理。

对网点分布比例、人均农户贷款数以及农户贷款比例3个调研数据指标的统计分析表明：小贷公司无论是在满足农村金融需求的能力（网点分布）还是提供服务的意愿（农户贷款）都并不强，并不能有效满足农村金融的现实需求。

---

① 合肥、铜陵、蚌埠、吉林4个地区的农户贷款常年保持在占10%左右。

(2)小贷公司在农村金融市场的竞争力

竞争是市场经济的灵魂,是市场有效性的最根本保证。农村金融组织机构(或活动)之间的有效竞争,是农村金融市场效率提升和农村金融资源优化配置的关键,是农村金融体制改革的基本目标。① 本书以小贷公司与其他农村金融机构农户贷款之比作为衡量小贷公司是否促进农村金融市场有效竞争的数据指标,②并通过该指标对小贷公司规制效果进行评估。

小贷公司在农村金融市场的主要竞争对手为商业性金融在农村的分支机构、农村合作金融机构(包括农村信用社、农村合作银行、农村商业银行)以及村镇银行。如表7-9所示,与商业性金融在农村的分支机构相比,小贷公司农户贷款占比较低,在6个样本中仅有3个超过5%,这表明小贷公司缺乏与农村商业性金融机构竞争的市场实力;与传统农村合作金融机构相比,近80%的样本地区小贷公司占比不足10%,1/3的样本地区占比不超过5%,这表明小贷公司完全无法撼动农村合作金融机构在农村金融市场中的主力军地位;与村镇银行相比,则存在明显两极分化:经济发达地区小贷公司占比高于村镇银行,经济欠发达地区小贷公司占比不及村镇银行。总而言之,小贷公司在农村金融市场中占比显著不足,目前还无法与农村金融市场中传统的商业性金融机构和合作性金融机构形成竞争,但值得注意的是,小贷公司市场份额呈现逐步扩大的态势,长期发展势将有助于农村金融市场的有效竞争。

表7-9 部分地区小贷公司农户贷款与其他金融机构农户贷款之比

单位:%

地区	对比项	2010年	2011年	2012年	2013年
宁波	与金融机构农户贷款之比	6.38	7.34	9.76	9.14
	与农合机构农户贷款之比	13.40	15.64	22.68	22.54
	与村镇银行农户贷款之比	331.91	398.38	417.71	376.82
徐州	与金融机构农户贷款之比	3.06	6.33	6.95	5.70
	与农合机构农户贷款之比	3.88	4.40	10.69	8.97
	与村镇银行农户贷款之比	2824.52	1069.40	576.25	318.61

① 为全面落实科学发展观,有效配置金融资源,引导资金流向农村和欠发达地区,改善农村地区金融服务,促进农业、农民和农村经济发展,支持社会主义新农村建设。

② 农村金融机构主要通过吸储和放贷来进行竞争,而小贷公司并不吸收存款,所以只能通过放贷情况来展开,农户贷款是其农村贷款业务开展情况的集中体现,故选取这一指标。

续表

地区	对比项	2010 年	2011 年	2012 年	2013 年
衢州	与金融机构农户贷款之比	0.37	0.70	1.26	1.65
	与农合机构农户贷款之比	0.58	1.11	2.02	2.65
	与村镇银行农户贷款之比	66.76	46.24	52.17	58.91
蚌埠	与金融机构农户贷款之比	0.47	0.92	1.81	1.58
	与农合机构农户贷款之比	0.52	1.15	2.67	3.49
	与村镇银行农户贷款之比	—	—	106.62	42.87
温州	与金融机构农户贷款之比	3.17	5.30	5.34	5.61
	与村镇银行农户贷款之比	156.89	149.44	120.18	139.83
恩施	与金融机构农户贷款之比	0.81	1.12	2.03	4.39
	与村镇银行农户贷款之比	20.18	19.49	30.48	63.78

资料来源：相关数据由各地的小贷公司监管机构、人民银行、银监局提供并进行整理得出。

注：在现行统计口径中，小贷公司并不属于金融机构，其农户贷款也就未纳入金融机构农户贷款中。另外表中恩施、温州因未获得农合机构历年的农户贷款数不进行此项比较。表中空白数据表示该年未成立村镇银行。

(3)小贷公司的可持续发展能力

小贷公司可持续发展是小贷公司实现其规制预设目标使命的基础和前提，对小贷公司可持续发展能力进行评估是小贷公司规制效果评估的重要方面。小贷公司可持续发展能力主要通过小贷公司不良贷款率和盈利能力进行测算。不良贷款率是评估金融机构可持续发展能力的重要标准。但本书调研中，各地小额贷款公司监管部门均不愿公布当地小贷公司的不良贷款率。① 这反而显示出各地小贷公司不良贷款率的实际状况。盈利能力是企业可持续发展的监测指标，目前普遍采用资本收益率(ROE)和资产收益率(ROA)指标。如表7－10所示：75%样本地区小贷公司资本收益率常年低于10%，明显低于同期其他金融机构资本收益水平；②将近60%样本地区资产收益率低于5%。这显示样本地区小贷公司可持续发展面临重大考验。

---

① 课题组曾在浙江温州、四川南充、湖北恩施进行实地调研，调研中三地金融办均未提供不良贷款率；笔者另外通过政府信息网络公开平台向大部分能够进行网上申请政府信息公开的政府部门申请相关信息，部分政府未作出回应，部分地区(如陕西渭南、广东惠州、江苏徐州、浙江衢州、黑龙江佳木斯、河南新乡、湖南益阳、内蒙古呼伦贝尔、贵州黔南等地区)提供了一部分小额贷款公司信息，但也未提供不良贷款率，有部分地方甚至已申请不良贷款率等信息涉密为由拒绝公开所有信息。

② 根据温州小额贷款公司协会统计，银行等金融机构的资本收益率近20%。

表 7－10 部分地区小贷公司收益率

年份	地区	资产收益率/%	资本收益率/%
2010	衢州	10.35	3.00
	徐州	3.00	4.30
	惠州	3.14	3.70
	渭南	10.69	10.61
	佳木斯	3.10	3.30
2011	衢州	6.50	3.00
	徐州	7.20	6.70
	惠州	3.30	3.80
	安康	4.10	4.13
	渭南	12.84	12.66
	阜新	1.80	1.20
	佳木斯	1.80	1.90
2012	衢州	6.87	9.00
	徐州	3.60	4.40
	惠州	4.70	5.20
	南充	4.55	5.95
	安康	4.94	5.00
	渭南	12.98	13.65
	阜新	1.60	1.20
	佳木斯	1.00	1.00
2013	衢州	9.08	10.00
	徐州	2.70	4.00
	惠州	4.00	4.70
	南充	5.30	6.52
	安康	11.90	11.53
	渭南	14.40	15.23
	阜新	2.00	2.00
	佳木斯	2.20	2.40

资料来源：相关数据由各地的小贷公司监管机构提供。

综上所述，小贷公司规制效果评估表明在现行规制框架下，我国小贷公司难以实现自身的可持续发展,无法满足农村金融实际需求,不能促进农村金融市场的有效竞争。与有效配置金融资源,引导资金流向农村和欠发达地区,改善农村地区金融服务,促进农业、农民和农村经济发展,支持社会主义新农村建设的小贷公司规制目标相比,小贷公司规制效果差强人意。

第四节　新型农村金融规制问题诊断

综上所述,规制评估对规制改革与发展意义重大,建立科学、系统、完整的规制评估体系是规制评估的关键。规制内容、效率、效果三维评估体系(CEE)结合静态评估与动态评估,兼容定性评估与定量评估,是对既有规制评估应用实践的突破与创新。运用该CEE三维评估体系对以小贷公司规制为代表的新型农村金融机构规制进行综合评估的过程实际上就是诊断新型农村金融机构规制问题的过程。经过CEE评估,诊断出以小贷公司规制为代表的新型农村金融机构的规制问题如下:(1)在规制内容上,以小贷公司规制为代表的新型农村金融机构规制内容不合法,缺乏规范性、稳定性、可操作性和协调性;(2)在规制效率上,以小贷公司规制为代表的新型农村金融机构规制成本较高,收益较低,资源配置效率不高;(3)在规制效果上,以小贷公司为代表的新型农村金融机构规制目标难以实现,既难以满足农村金融需求、促进农村金融市场有效竞争,也不能实现自身可持续发展。新型农村金融机构法律制度必须进行改革与创新。

第八章　农村金融机构法律制度的国际概况

新型农村金融机构法律制度问题归根结底是一个制度供给问题。应当如何改革新型农村金融机构的法律制度供给,才能保证其制度效果的实现和制度效率的提高?——解答这一"农村金融世界难题",既需要站稳"中国立场",也需要引入"世界眼光"。本章将选取美、加、法、日、韩等发达国家,孟加拉国、印度尼西亚等发展中国家各具特色的农村金融机构法律制度,介绍其制度模式与制度内容。

第一节　发达国家的农村金融机构法律制度

农村金融世界难题的核心在于"金融"与"支农"的本质矛盾。农业天然需要金融支持,但金融天然不支持农业。农业的自然禀赋、农民的稀缺财产、农村的信息障碍是威胁金融安全、金融营利和金融规模的"三座大山"。"离农""弃农"是金融的理性选择,"强农""富农"是国家的战略需要。发达国家普遍采取"立法拟制"农村金融机构的方式,为农业、农民和农村提供"强制矫正"的农村金融供给;农业、农民、农村在获得"强制矫正"的农村金融供给之后,逐步规模化、产业化和现代化;而规模化、产业化、现代化的"三农"又进一步促进了农村金融市场的可持续发展;二者良性循环,最终破解"金融"与"支农"的本质矛盾。由于各个国家不同的国情与发展阶段,农村金融机构法律制度也呈现各自不同的面貌。

一、美国的农业信贷银行法律制度

1732年,康涅狄格州的新伦敦成立第一个农业合作信贷组织。直到19世纪,1862年《宅地法》颁布后,美国西部广袤的农场开发急需长期稳定的信贷资源支持,而当时的商业银行又难以满足时,政府和国会才开始意识到农村金融的重要性和农村金融专门立法的必要性。参照德国的相关立法,美国国会于1916年颁布了联邦第一部成文的农业信贷法——《联邦农业贷款法案》(Federal Farm Loan Act),根据不断变化的农业经济形势和农村金融需求,美国农业信贷法历经近三十次修改,其旨在建立"可靠充足、极具建设性的农民所有的合作农业信贷机构"的立法目标。

依据1916年《联邦农业信贷法》,联邦土地银行(Federal Land Banks)和国家农业贷款协会(The National Farm Land Associations)成立。《联邦农业信贷法》将全美划分为12个农业信贷区,每个区设立一个联邦土地银行,下设国家农业贷款协会作为土地银行的代理机构。① 联邦土地银行将贷款权委托给协会,由协会向农民提供不动产抵押权为担保的5～40年不等的长期贷款。农民从协会借款时,须购买协会相当于借款5%～10%的股票或股权证,协会再从该区的联邦土地银行购入同样数额的股份,以此层层控股。政府对土地银行和协会免除除其自有不动产税之外的其他一切税收,保证了土地银行经营的低成本,从而保证了土地银行贷款产品的低利率。1923年美国又颁布了《农业信贷法》,成立了联邦居间信贷银行(Federal Intermediate Credit Banks),下属生产信贷合作社(Production Credit Associations)和农村办事处以及一些分支机构,构成美国农业生产信贷体系。为农场主提供动产抵押的中短期农业贷款是美国农业生产信贷体系的创立宗旨。作为农业贷款的"批发"机构,联邦居间信贷银行不直接对农场主贷款,也不经营一般银行业务,而是为农业合作社、商业银行和其他一些贷款机构所出具的中、短期票据提供票据贴现。生产信用合作社实行股权所有制,借款人须拥有相当于借款5%～10%的合作社股金或参与权利证,生产信贷合作社资金主要源于将借款人的票据向联邦中期信贷银行申请贴现或借款。生产信贷合作社借得资金后,负责对农业生产者会员(农场主)发放中、短期生产贷款并承担风险,充当农贷的"零售"机构。生产信贷合作社的资

---

① 1960年改名为联邦土地银行合作社(Federal Land Bank Association)。

金来源主要包括：(1)资本金；(2)发行联邦农业债券；(3)向商业银行借入资金。而贴现、①贷款、②参与贷款③以及为农场提供融资性大型农业机械租赁业务是生产信贷合作社资金运用的主要投向。创立初期，美国农业生产信贷体系的股权资本完全由政府提供，1968年，生产合作社购买了联邦居间信贷银行的股票和参与权利证后，将政府资本全部退还，联邦居间信贷银行归生产信用合作社所有，从而完全成为民间的合作性金融机构。依据1933年《农业信贷法》，美国建立了农村合作社银行体系和生产信用协会。美国农村合作社银行系统由13家农村合作社银行构成，12个农业信贷区各设一家，外加一个中央合作社银行，提供短期、中期和长期农业贷款。合作银行最初资本金全部由联邦政府提供，其后合作银行也将政府资本全部归还。与生产信用合作社的资金来源相似，合作银行的资金来源也主要包括资本金、④发行债券和票据所募集资金以及对外借款。资金运用主要为用于帮助农业合作社扩大农产品销售、促进农产品出口，保证农业生产资料供应和开展与农业有关的其他业务活动的设备贷款、经营贷款、商品贷款。

至此，通过1916～1933年的初创和调整，以及4部联邦立法，美国初步建立起了符合国情和农业信贷需求的农业信贷体系——联邦土地(居间)银行体系、合作社银行体系和生产信用协会体系。其中，12家联邦土地银行通过农业贷款协会为农民提供长期的不动产贷款，12家联邦中期信贷银行为生产信贷协会和其他服务农业生产的信贷机构提供短期和中长期贷款，12家合作社银行为农民合作社提供贷款服务，1家合作社中央银行联合不完全具备贷款能力的地区合作社提供大额贷款服务。另外，监管权限覆盖整个农业信贷系统机构的农业信贷专门监管机构——农业信贷管理局也在这期间建立起来。

1980年《农业信贷法(修正案)》赋予合作银行农产品出口金融服务权，合作银

---

① 即商业银行以及其他金融机构所持有的农业生产者的短、中期票据办理贴现，以此为农业生产者开拓更多的融资渠道。

② 中期信贷银行一般不直接发放对借款人的贷款，而是通过生产信贷协会、商业银行和其他金融机构发放。生产信贷协会对借款人发放贷款，协会可以将其贷款合同、财产抵押凭证等票据向中期信贷银行贴现，中期信贷银行也可以购买这些票据，进而向协会提供信贷基金。同时，还对商业银行以及其他金融机构提供贷款，转贷给农业借款人，这表明商业银行和其他金融机构从事农业贷款活动，可从中期信贷银行获得融资，有利于鼓励、促进更多的金融机构扩大对农业贷款。

③ 生产信贷协会也可参与商业银行和其他从事农业贷款金融机构农业贷款，该贷款额仅占其总额的1%。

④ 依据美国1933年《农业信贷法》，合作银行的资本金主要包括借款合作社按应付贷款利息的10%～25%所认购的合作银行有投票权的股票和对外公开募集的无投票权的股票两个部分。

行成为可以开展国际银行业务的农业专业银行，为农业合作社农产品出口提供资金支持。合作银行贷款的利率由各合作银行根据贷款类型、期限而定，一般按贷款成本浮动。这样一来，随着支持和保护农业生产和农民利益的这3家合作性质的政策性银行（联邦土地银行、联邦中期信贷银行、合作银行）相继在全美12个农业信贷区（Farm Credit district）成立，在联邦政府的农业信贷管理局（Farm Credit Administration）和联邦农业信贷委员会①（Federal Farm Credit Board）的指导、监督和管理下，美国建立了由政府、行业自律协会、资金融通清算中心和互助保险集团构成的，目标一致、职能各异、相互独立、互为一体的农村合作金融管理体系。1985年美国政府颁布了新《农业信贷法》，以适应金融业重组和购并的总体发展趋势，达到节约成本和提高市场竞争力的目标，并重建了农户信贷系统。农户信贷系统的管理核心，包括联邦农户信贷委员会和联邦农户信贷管理局，前者是为确保农户信贷政策的完善和执行而设立的政策管理机构，后者是具体执行机构，负责领导、监督和管理整个农户信贷系统；金融区农户信贷委员会依据农户信贷区而设立，包括联邦土地银行、联邦中期信贷银行和合作社银行，是实质性的专业执行机构；基层协会通过合作方式实现信贷业务，机构设置与区域层次相对应。联邦土地银行协会是联邦土地银行的分支机构，依据修改后的《农业信贷法》，美国现行农户信贷系统虽然仍分为联邦、区域和基层信贷协会3个层次，但区域层次的机构设置已发生了结构性的变化，原有的专业分工区域格局被打破，平行分布于各区域的3家专业金融机构合并，重组为综合性的以区域格局划分的4家农户信贷银行和1家合作银行，即隶属于农户信贷银行（FCB）系统的美国农业银行（U. S AgBank，FCB），农业银行（AgriBank，FCB）、第一农业银行（AgFrist，FCB）和得克萨斯农户信贷银行（FCB of Texas），以及隶属于农业信贷银行（ACB）系统的合作社银行（CoBank，ACB）。同时，原有的在区域层次上按金融区域设置的区域农户信贷管理委员会被取消，转变为银行的内部管理决策机构。依据1987年《农业信贷法》第410条的规定将12个农业信贷区的联邦土地银行与居间信贷银行合并为农业信贷银行，经营农民需要的长期和短期贷款；同一地区的联邦土地银行协会和生产信贷合作社可自愿合并为一个新的实体——农业信贷协会，同时合作社银行也可合并；建立联邦土地信贷协会作为直接贷款机构，负责长期抵押贷款；成立联邦农业抵押公司（Farmer Mac），为农业房地产

① 该委员会由13名成员组成，其中12名来自12个农业信贷区，由总统任命，1名由农业部长任命，作为其代表参加委员会。每个农贷区也各有1个农业信贷委员会。

和农村住房抵押贷款搭建二级市场。经过这些结构性调整之后,美国现行农业信贷机构体系主要由农业信贷银行和农业信贷协会构成。所有的机构均须由农业信贷管理局许可,并遵守其规章。依据美国1987年《农业信贷法》,农业信贷银行(Farm Credit Banks)分为两类:一类是最初成立的农业信贷银行(FCB),共有3家,包括总部位于南加利福尼亚州哥伦比亚的第一农业银行(AgFirst),总部位于明尼苏达州圣保罗的农业银行(AgriBank)以及总部位于得克萨斯州奥斯汀的得克萨斯农业信贷银行(FCB of Texas),作为"批发"银行,农业信贷银行主要为全美50个农业信贷协会(FCAS)和1个联邦土地信用协会(FLCA)提供贷款。另一类是合并后的农业信贷银行(ACB),现仅有1家,CoBank,是由FCB与合作银行(BC)合并而成,因此同时拥有FCB的权力——向农业信贷合作社(其中的26家)以及联邦土地银行协会(其中的1家)提供贷款资金,以及BC的权力——向农业、水产业以及公共事业合作社发放所有类型的贷款,同时还有权为美国农业出口提供资金以及向农民所有的合作社提供国际银行服务。农业信贷协会(Farm Credit Association,FCA)由生产信贷协会和联邦土地银行协会组成,是美国农业信贷体系中的合作性"零售"金融机构。农业信贷协会、生产信贷协会与联邦土地银行协会三者之间为母——子结构关系,农业信贷协会为母公司,其全资拥有的生产信贷协会和联邦土地银行协会为子公司,且三者中的任何一个都要对其他两个机构的债务承担责任。作为农业信贷协会的子公司,生产信贷协会负责发放短期和中期贷款,而联邦土地银行协会只能发放房地产抵押长期贷款。

如图8-1所示,在1987年《农业信贷法》的持续拟制下,美国的农村金融机构体系由82家农业信贷银行和农业信贷协会构成,CoBank、AgriBank、AgFirst以及FCB of Texas 4家农业信贷银行向76家农业信贷协会以及2家独立的联邦土地信贷协会提供贷款,78家农业信贷协会得到贷款后再向合格的农民借款人发放。通过对农业信贷银行和农业信贷协会的创设、规范和调整,美国1987年《农业信贷法》实现了建成"农民所有的合作农业信贷系统"的立法目标,在"农业信贷银行—农业信贷协会—农民借款人"的信贷链条中,前者为后者提供贷款,后者是前者的股东,通过层层控股,农业信贷银行实际成为农民借款人所有的专门银行,这从根本上保证了农民借款人信贷需求的满足。涵盖农业信贷银行法律制度和农业信贷协会法律制度的农村金融机构法律制度由此成为美国《农业信贷法》的核心,其他制度安排都围绕这一核心进行。

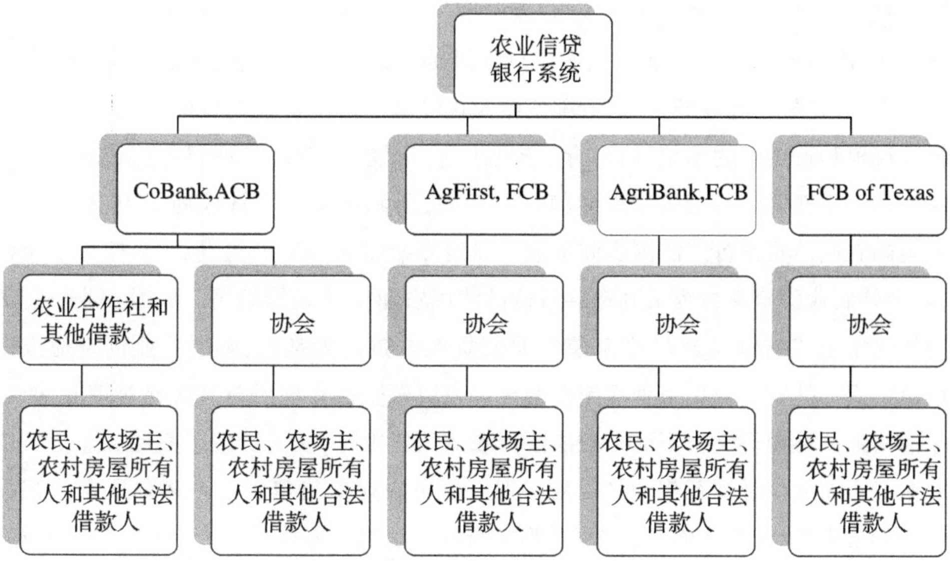

图 8－1　美国农业信贷银行体系

二、法国的农业信贷银行法律制度

法国是欧洲的农业大国，农业是法国经济的基础和支柱。农村金融机构法律制度在法国由来已久。19 世纪法国颁布了《土地银行法》，开始着手建立农村金融机构，支持农业的发展。1884 年法国《协会职业自由法案》允许设立组织农场工会与合作银行，为法国农村金融机构的成立准备了条件；1885 年第一家法国农业信贷银行(协会)成立；①1894 年通过法令授权成立了农会成员所有的地方农业信贷银行，成为农业信贷银行金字塔体系的基层组织；②1897 年，政府通过法令，要求法兰西银

① "The 1884 Act concerning professional freedom of association allowed the formation of farm unions, and together with the example of mutual banks in Germany and Italy, this created an environment conducive to the emergence of suitable banks. The first bank of this type was created in 1885 in the shape of Société de Crédit Agricole de l'arrondissement de Poligny (Jura), through a local initiative of Louis Milcent", 载法国农业信贷银行官网：http://www.credit-agricole.com。

② The Third Republic's desire to attract farmers' votes by supporting small family farms, together with the efforts of Agriculture Minister Jules Méline, resulted in the Act of 5 November 1894, which created Crédit Agricole. The Act authorised the creation of Crédit Agricole's Local Banks by members of farm unions. The banks would be owned by their members, according to the principle of mutuality. This was a decentralising move, in opposition to other centralising projects. These Local Banks, which were private-sector co-operatives, formed the first level of Crédit Agricole's institutional pyramid. Because farmers had traditionally been reluctant to borrow money, the first banks consisted of local elites consisting of agronomists, teachers and landowners, and farmers were in the minority.

行为农会提供票据贴现并注资4000万法郎；1898年法令解决了农业信贷银行的担保问题；1899年法令通过建立农业信贷地区银行，使地区银行成为若干地方金库的联合组织，并赋予其业务协调、分配资金及提高融通长期资金的权能，以消除地区银行在规模和资金上的困境；1920年，依据法令，①成立了专门管理农业信贷地方银行和农业信贷地区银行的国家农业信贷管理局，国家农业信贷管理局于1926年更名为全国农业信贷银行。法国由此形成了以地方金库为基层机构、地区金库为中层机构，全国农业信贷银行为最高领导机构的法国农业信贷银行集团。法国农业信贷集团的法定组织结构以2573个基层农业信贷地方银行为基础，基层农业信贷地方银行自下而上持有农业信贷地区银行的全部表决权股并实现了对其的绝对控股，而农业信贷地区性银行又自下而上控股法国农业信贷银行，从而实现了基层农业信贷地方银行对农业信贷银行集团的层层控股。法国农业信贷集团是由多种所有制银行组合形成的典型的"上官下民"复合型银行——法国农业信贷银行为官方领导机构，农业信贷地方银行和农业信贷地区银行是相互合作性质的金融机构，作为上层组织的全国农业信贷银行也能够积极配合政府农业金融政策和产业政策的实施，促使各项政策和措施自上而下传达到个体农户，确保传导渠道畅通无阻。

法国农村金融体系属于典型的国家控制式金融模式。法国农村金融机构都是通过国家强制立法拟制而成的，农村金融机构运营也要受法律调整。首先，是政府指导：全国农业信贷银行受农业部、经济与财政部的双重领导，是法国农业信贷集团的最高领导机构，为政府农业发展政策和计划提出建议，参与制定国家农业信贷政策并积极贯彻政府农业发展政策和意图。因而，以全国农业信贷银行为核心的农村商业性金融在整个运行过程中享有一定的特权和政府扶持的优势。其次，是资金保障：在资金来源上，法国农业信贷集团除自有资金外还拥有4个资金来源渠道：一是依靠其在农村拥有的庞大的分支机构和服务网络，广泛地动员和吸收定期、活期和储蓄存款；二是由政府担保发行长期和短期债券，其中长期债券每年可发行2次，期限为10~20年，短期债券期限为3~5年；三是在货币市场筹集资金。最后，是政府的直接支持：其直接表现为农业信贷地方银行、农业信贷地区银行和全国农业信贷银行均能享受税收减免的待遇，且政府还将对其发放的低息政策性贷款给予利息补贴，从而使其承担农村金融业务时获得有利的地位和优惠的待遇，激发其不断开拓新的商业性金融业务，发展和扩大现有业务规模，壮大自身的实力，为构建竞争性的

① 1920年法令规定了农业信贷银行运营的法律框架。

农村金融市场提供制度保障。

1966 年,全国农业信贷银行被赋予了金融自治权,并负责调节农业信贷地区银行的收支平衡,财政部不再经手其存款流入。1967 年,全国农业信贷银行加强了它的住房买卖抵押业务。1971 年乡村法令将农业信贷集团的业务范围拓展至所有农村地区,服务对象拓展至商人和食品生产者。接下来的改革通过扩大农村地区的限制定义,授权向小微贷款,减免税收优惠等措施进一步拓展了农业信贷集团的业务范围。为了满足《农业法典》(the Rural Code)的苛刻要求,农业信贷集团还成立了投资研究联盟[Union d'études et d'investissements (UI)]等一系列分支机构。1979 年,法国农业信贷银行在芝加哥开设了第一家外国分行。《银行家》杂志将法国农业信贷银行评为世界领先银行。1984 年法国银行法确认了农业信贷银行的全银行地位,农业信贷银行终结了其专门"支农"的历史使命,已演变为全业务商业银行。1988 年,依据农业信贷银行私有化法令,农业信贷银行 90% 的股份被卖给了农业信贷地区银行,10% 的股份被卖给了员工,法国农业信贷银行成为公众有限公司。2001 年,法国农业信贷银行以农业信贷公司(Crédit Agricole S. A.)之名上市。2007 年,农业信贷银行被《银行家》杂志评为"全球年度银行"。2013 年《财富》世界 500 强中,法国农业信贷银行名列第 73 位。

三、加拿大农村金融机构法律制度

加拿大有着完整全面而细致的农业支持制度体系,将农业产业的不同种类,农业生产的各个环节都纳入法律制度的支持和调控当中。① 其中,当属农业金融领域最为重要和关键。加拿大农村金融机构法律制度分为政策性农村金融机构法律制

① 根据 1971 年 4 月 1 日生效的《加拿大谷物法案》(1930 年制定,1971 年修改)设立"加拿大谷物委员会",它负责对在政府注册登记的谷物集散地或经营谷物集散的个人企业,掌握收进谷物的质量检验、分级、过秤,以及负责掌握由分散在各地的集散地向最终集散地(如港口)的谷物发货情况;为了维护谷物生产者利益,满足国内、外市场上对加拿大生产谷物的质量要求,由它确定谷物的质量标准;它还从事和促进与谷物生产有关的研究工作;1966 年 2 月,设立"加拿大乳制品委员会"确保对牛奶和奶油的生产者能获得较多的收入,使消费者能得到高质量的各种乳制品;"加拿大的牲畜饲料局",是根据《牲畜饲料援助法案》于 1967 年成立的,专门负责管理东部地区和不列颠哥伦比亚省的饲料谷物生产、贮存、价格等方面问题;"加拿大小麦局",是根据《加拿大小麦局法案》在 1935 年设立的,它专门主管有关小麦的生产、运输、销售各个环节的一切活动,可以根据市场情况规定下一生产年度的小麦播种面积;可以与外国进口商签订出口合同,执行价格支持政策。小麦局还根据《草原谷物预付法案》给谷物农场主预支下一年度生产小麦、大麦及燕麦的预计收入。预付金额一般约占预计收入的 80%,其余部分到这些谷物完全出售完以后,由"小麦局"与农场主进行结算。此外,还有农业稳定局、加拿大鸡蛋销售局、加拿大火鸡销售局、加拿大小鸡销售局等。

度和合作性农村金融机构法律制度。

1. 加拿大政策性农村金融机构法律制度

1929年以前,加拿大没有专门的农业政策性机构,私人银行和贷款公司垄断着农村金融市场,其提供的贷款产品期限较短,利率较高。1929年经济大萧条加上已持续10年以上的自然干旱,使加拿大草原地区2/3的农村居民难以生存,只得靠政府救济度日。而私人银行和贷款公司开始没收无力偿还贷款农民的土地。在此背景下,旨在为农民提供长期的低息抵押贷款的加拿大农场贷款委员会于1929年建立。为了更好地履行农村金融职能,加拿大联邦政府于1934年通过了《农民债权人安排法》,该法有条件地减免了农民债务额度。1942年,联邦政府又通过了《退伍军人土地管理法》,鼓励第二次世界大战退伍军人从事农业生产活动。加拿大农场贷款委员会更名为加拿大农场信贷局,作为全国最高的农业政策性金融机构,加拿大农场信贷局是当今向加拿大农村地区提供贷款的主要部门。在工作机制上,由农业部指定一些农场主或其他专业人员组成一个咨询委员会。委员会是决策机构,具体的贷款工作由分散在全国的7个分支机构负责,资金由联邦财政部拨给,向农场主提供长期抵押贷款,并规定借款人必须是达到签订借款合同法定年龄的加拿大公民或定居在加拿大的外国移民,贷款分期偿还,但不得超过30年。联邦政府通常提供的优惠贷款是根据有关计划规定的,而各省提供的优惠贷款则是以对省际贸易有影响的、主要的贷款计划和项目。① 1959年,依据《农场信贷法》,加拿大成立“农场信贷公司”改变了金融体系的组成结构,形成了加拿大的农村金融体系,这一体系不断壮大,时至今日,在政府的干预和保障下,加拿大所有的银行和信用机构都可以提供农村金融服务。

加拿大的政策性金融立法主要有1945年《农场改善贷款法》、1951年《草原谷物生产者临时资金筹措法》、1960年《草原谷物临时支付法》、1970年《银行法》、1970年《地区展促进法》、1970年《农业信贷法》、1970年《农业开发贷款法》、1970年《草原谷物预付款法》、1985年《农业信贷法》、1988年《农场改善和市场开发合作贷款法》、1993年《加拿大农场信用法》及1997年《农场借款调解法》。1945年《农

---

① 例如,不列颠哥伦比亚省是以银行优惠利率的50%提供土地开发贷款(最多为2.5万加元)。其他来源的贷款的利率可以低于优惠利率的10%左右。阿尔伯塔省提供的5年以上的长期贷款的利率比银行优惠利率低12%,最多可贷20万加元。财产不足35万加元的新农民,可以按6%的利率得到为期5年的贷款20万加元。萨斯喀彻温省按前5年8%的利率、后10年10%的利率向新农民提供15万加元贷款。马尼托巴省对新农民的贷款提供4%的利率补贴,魁北克省有几类贷款都可以享受利率补贴。

场改善贷款法》颁布,为农场提供用于农场建筑、电气化、排灌、农机、畜牧等方面的中期贷款,该法案已于2009年废止。1970年《银行法》颁布,该法明确规定了银行可以向抵押农产品的批发商、运输商等中间商以及符合抵押条件要求的农民提供农业贷款。农民贷款的抵押物涵盖从农场的作物、种子、化肥、打捆机、农用工具、农业设备到使用种子、化肥、打捆机、农用工具、农业设备的农产品。此外,依据该法,农民修理农业生产工具和设备,改善电气系统,修建排灌设施,农场建筑维修等也可以申请贷款。1970年《农业信贷法》颁布,该法旨在为激励农民扩大农业经营规模范围,并将传统农业改组为家庭农场提供信贷资金支持。为此,1970年《农业信贷法》专门成立了为农民发放贷款的农业信贷公司,并详细规定了农业信贷公司负责发放的安置青年农民贷款、青年农民贷款以及标准农业贷款等三类贷款的标准和程序:安置青年农民贷款是《农业信贷法》授权农业信贷公司向35岁以下的申请人发放的5年非利期贷款,最高贷款额度为15万加元或者农地和动产估值的90%;青年农民贷款是《农业信贷法》授权农业信贷公司向45岁以下的申请人发放的低息贷款,最高贷款额度为10万加元或土地、禽和设备估价的75%;标准农业贷款的贷款对象没有年龄限制,最高贷款额度也为10万加元或土地和建物估价的75%。依据《农业信贷法》,上述贷款申请人既可以是单个农民,也以是联户、农业企业和农业合作社;贷款的使用范围包括购买农地、种畜和农业设备,土地永久性改良,偿还债务以及其他提高农场经营效率的项目;贷款的偿还期一般为30年;要想获得贷款,首先必须提交农场经营和发展计划;并提供相应抵押。1970年《农业开发贷款法》颁布,旨在鼓励向农民从事农业改良开发、改善农业生产条件提供中短期贷款。该法指定财政部银行和其他金融机构向农民提供担保。依据该法,农业开发贷款主要服务于农业设备、畜禽、农地等农业生产资料的购买和安装,农场建筑物的建设和维修;农场工程的开发和改良。依据该法,财政部承担农业开发贷款的担保责任,但贷款担保的最高数额不超过5万加元。如果农业开发贷款的抵押担保责任由银行承担,根据权利义务相一致原则,银行可以取得对所抵押农场的抵押权,但抵押财产的占有和处置方式须与财政部通过协议确定。1997年《农场借款调解法案》旨在为破产农户和他们的债权人提供调解,处理争议。2009年5月,加拿大将原来的《农场改善和市场开发合作贷款法》(The Farm Improvement & Marketing Cooperatives Loans Act, FIMCLA)修改为新的《加拿大农业贷款法》(Canadian Agricultural Loans Act, CALA)。新的《加拿大农业贷款法》授权银行、信用社、信托公司向贷款人和农业信用社提供贷款,并保证当贷款人无法偿还贷款时,借款人可以依据本法提起最高偿付率为95%的诉讼,政府将保证在未来5年内提供1万亿加元的贷款计划,并将放贷的限额提高到合作社最高300万加元,个人最高50万加元。

2. 加拿大农村合作性金融机构法律制度

除上述法律规定的情形外,加拿大合作社也为农民、农户和农场主们提供贷款。依据加拿大合作社法,加拿大政府将承担合作社成员因经营风险而导致的最高不超过贷款总额25%的偿还责任。也就是说,如果合作社成员因经营风险难以还款,政府财政将为其偿还25%的贷款。对农场主来说,加入合作社的优势显而易见,主要体现在,一是合作社的整体经营风险比单个农场主要低,信用水平也明显比单个农场主要高,因此,加入合作社以后,获得贷款就容易多了。二是加入合作社以后,由于政府无偿担保25%的还款,即使自己经营亏损,面临的还款压力也比不加入合作社要小得多。在法律的保障和政府的支持下,加拿大合作社的资本金源于社员所提供的本地储蓄,贷款利率根据市场供求关系确定,社员既是合作社的存款人,也是合作社的贷款人和所有者,贷款担保方式灵活,采取自我监督、同伴与集体监督等有效监督机制,有效地克服了农村金融与生俱来的资金风险、规模风险和信息风险,实现了合作金融的可持续发展。①

四、日本的农林渔业金融公库和农协法律制度

日本经济高度发达,但资源严重匮乏,农业以个体经济和农户小规模经营为主要特征。农业在日本国民经济中的比重很低且呈逐渐下降的趋势,但是其国民经济基础的地位并没有因此而削弱。以1961年《农业基本法》的制定为标志,确定了城乡居民收入均等的发展目标,到1972年就实现了目标,当时人均国民所得也只有2400美元。制定1961年《农业基本法》的核心人物东京大学教授火田精一,早在1936年就出版了《日本农业的展开过程》一书,论证了以下几个结论:一是传统农业要发展成现代农业必须追加资本;二是追加资本的主体是政府;三是政府追加资本的主要手段是农业补助金和政策性金融;四是农协充当推行补助金农政的"别动队"。上述思想极大影响了日本的农村金融立法。依据《农林渔业金融公库法》、《农业合作法》和《农业协同组织法》拟制成立的农林渔业金融公库和农业协同组织较好地履行了为日本农业追加资本的使命。

① 参见郑良芳:《从国外经验看我国农村合作金融发展》,载《武汉金融》2009年第7期。

1. 日本的农林渔业金融公库法律制度

1945年的《农林渔业金融公库法》,成立了农业政策性金融机构——农林渔业金融公库,为农户发放贷款,进行利息补贴和债务担保,保护了日本农业的发展。日本农林渔业金融公库于1953年由政府全额出资设立,是日本唯一一家专门支持农林渔业发展的农业政策性金融机构和日本政府主导农村投融资的核心金融机构,主要向经营农林渔业的个人及法人发放长期低利率贷款,以促进日本农林渔业的发展。① 依据《农林渔业金融公库法》,农林渔业金融公库的资金主要来源包括:一是资本金,通常由一般会计、特别会计、土地改良事业协成资金的投资组成;二是借款,主要来自简易保险年金及特别会计资金;三是贷款回收。从总体上看,日本农业政策性金融的发展属于"需求追随型",政府在经济发展的不同阶段赋予公库不同的农业政策性贷款重点,以适应农业和农村经济发展在不同时期对信贷资金的需求,促进农业现代化的进程,因而,日本农林渔业金融公库的发展也经历了不断改革的过程:一是20世纪60年代以前,日本农业生产的主要目的在于增加粮食产量和食品供给,此时农林渔业金融公库的主要任务是为增加粮食生产、实施土地改良和维持生产力发展等提供必要的资金支持;二是20世纪60年代至1975年,日本经济快速发展,农业和农村的滞后成为经济发展过程中的不协调因素,农业与其他产业的差距逐渐扩大,此时农林渔业金融公库的贷款重点对象扩大到与农业生产和农村生活直接相关的农业机械、流动设施等项目上;三是1976~1990年,日本农业开始向外向型经济发展,此时农林渔业金融公库贷款以支持农产品消费,应对农产品贸易自由化,以培养农业竞争力为重点;四是1990年以后,日本经济进入持续的调整期,农业从业人员老龄化,农村、山村、渔村人口递减,粮食自给率持续降低,农业基础大大削弱,此时农林渔业金融公库将贷款重点转移到扶持核心农户、稳定农业经营、确保食品供给、强化农业基础设施建设、提高农业综合产出率、提高农业人口收入等方面。在具体的资金运用过程中,采取直接贷款和委托贷款两种形式,以间接手段为主,资金主要运用于农业贷款、林业贷款、渔业贷款、加工和流通贷款4个方面。

2. 日本农协的合作金融机构法律制度

早在1900年,日本就通过了《农业协同组合法》,该法以德国莱弗森合作体系为模型,规定了信贷、采购、市场和产品4种形式的协同组合形式。该法严格限制了信

① 1959年偿还了全部政府出资,成为纯粹的农村合作性金融组织。参见王煜宇:《农村金融法制化:国际经验与启示》,载《农业经济问题》2011年第8期。

贷合作社的业务范围，即信贷合作社不允许从事除农业信贷以外的其他任何服务。该法主要规定了自由入社和退社程序、社员一人一票的平等社员权，以及社员分红与对外转让资产规则等。1906 年，《农业协同组合法》进行第一次修订，到第二次世界大战结束时，《农业协同组合法》已经修订了 10 次。1945 年，《农业协同组织法》进行了大幅度修改，规定了自治、民主管理等农协基本原则，并赋予农民自由独立地组建农协的权利。至此之后，在《农业合作法》《农协会并助成法》等 12 个附属法令的调整下，日本农协作为日本最大的农业合作性经济组织，在农村金融体系中发挥着重要的政策性扶持作用，是推行补助金农政的“别动队”。依据相关法律，日本农协的合作金融机构基本上是按行政区域设置的，分为 3 个层次：基层农协中的信用合作组织、都道府县的信用联合会和中央的农林中央金库。该组织采取农户入股参加农协、农协入股参加信农联、信农联入股参加农林中央金库的模式，三级机构由下而上参股，只有经济上的往来，在业务上相互依存，在职能上互相关联、互相补充、互相配合，实行独立核算、自主经营、自负盈亏。① 资金主要源于吸收的社员存款，而资金运用方面，三级组织有明确的分工，基层农协的贷款对象主要是内部社员，信用联合会主要贷款给中等企业，农林中央金库主要贷款给全国性的大企业。虽然农协的信贷业务是合作金融性质的，但是它仍然承担着相当比重的农业政策性贷款业务，主要包括：提供低息的农业现代化贷款，此项贷款的期限一般为 5 ~ 10 年；提供无息的农业改良资金，由国家和信用联合会各出资一半，由信用联合会负责发放，期限较短；提供农业经营改善资金；提供农业灾害贷款，用于自然灾害发生时，向受灾农户提供贷款支持。由于“农业协作组合”是日本最大的农业合作性经济组织，农协金融系统是依附于“农协”的一个具有独立融资能力的金融子系统，它实际上是经济弱者的联合，以资金实力薄弱的农民和小生产者为服务对象，承担较大的融资风险（杜朝运、张洁，2006 年）。因此，日本政府对农协金融系统的扶持政策不断出台，例如：规定基层农协的存款利率高于一般金融组织，对其发放的贷款进行贴息和税收优惠等，以保障农村合作金融业务的顺利开展。②

五、韩国的农业协同组织法律制度

20 世纪 60 年代，韩国农业和农村经济在以工业化为目标的经济发展战略中处

① 参见王煜宇：《农村金融法制化：国际经验与启示》，载《农业经济问题》2011 年第 8 期。

② 参见张静、王煜宇：《农村投融资体制的国际比较研究》，载《金融理论与实践》2007 年第 3 期。

于从属地位,农村经济严重滞后,农民收入水平很低,增长速度缓慢。20 世纪 60 年代末期,韩国政府开始意识到,农业发展缓慢已经成为制约其工业生产和国民经济高速发展的重要因素,对农业和农村的改造和扶持迫在眉睫。鉴于此,韩国政府在第三个五年计划中提出“农渔村经济的革新开发计划”,由此,韩国著名的“新村运动”拉开了帷幕。韩国从此走上了农业现代化和农村城市化的发展轨道,人均国民收入从 1961 年的 83 美元猛增到 1995 年的 1 万多美元,其经济发展被世人誉为“汉江奇迹”。可以说,“新村运动”是韩国农村经济体制改革的一种具体形式,是政府主导的农村投融资体制改革的成就。韩国“新村运动”以农村启蒙、社会发展和经济发展为目标,首先改变农民的精神面貌,其次改善农民的居住环境,缩小城乡差距,最后通过增加农业生产基础设施,增加农民的收入,实现农村经济发展。依据发展目标的差异,韩国“新村运动”可划分为 6 个阶段,通过对不同发展阶段的考察,可以理清韩国以“新村运动”为代表的政府主导的农村投融资体制改革的历程。第一阶段是 1971 ~ 1973 年,为基础起步阶段,以改善农民的居住条件为目标。由中央内务部直接领导和组织实施,建立了全国性组织新农村运动中央协议会,并形成了自上而下的全国性网络,同时建立新村运动中央研修院,培养大批新村指导员。第二阶段是 1974 ~ 1976 年,为扩展推动阶段,以提高农民的生活质量为目标。政府对新村指导员、国家各级公务员、社会各界负责人分批进行了新村教育;对卓有成就的农村提供贷款,并在各方面提供优惠政策;动员理工科大学和科研院所的教师、科技人员轮流到农村巡回讲授和推广科技文化知识和技术。第三阶段是 1977 ~ 1980 年,为充实提高阶段,以缩小城乡差距为目标。政府把推进新村运动的工作重点放在鼓励发展畜牧业、农产品加工业和特色农业,积极推动农村保险业的发展上。第四阶段是 1981 ~ 1988 年,为国民自发阶段,以进一步改善农民的生活环境和文化环境为目标。由农民自发建立并完善全国性新村运动的民间组织。第五阶段是 1989 ~ 1993 年,为自我发展阶段,以社区文明建设和经济开发为目标。政府倡导全体公民自觉抵制各种社会不良现象,并致力于国民伦理道德建设、共同体意识教育和民主与法制教育。第六阶段是 1993 年以后,为新一轮农村建设阶段,以社区文明建设和经济开发为目标。这一阶段融入更多的文化内涵,其目的是创造一个新农村社会,在生活和文化上实现工业与农业,城市和乡村的均衡发展。

韩国仿照日本,根据《农业协同组织法》,于 1961 年在原农业协同组合中央会与韩国农业银行合并的基础上,成立农业协同组合中央会,作为农业合作社(农协)联合的中央机构,农业协同组合中央会的建立和业务活动均得到政府的大力支持,是韩国的政策性金融机构，90%以上政府低息农业贷款通过中央会及各级农协转贷给农民。与日本、法国等其他国家农业合作社不同，农业协同组合中央会不是自下而上逐级联合形成，而是自上而下由政府推动层层建立。韩国农协以提高农业生产力水平，建设高收入的福利农村，提高农民的经济和社会地位为宗旨，具有指导和参与农业流通、物资供应、加工、销售、金融、保险、社会福利和政治权利等职能。农协业务经营活动较为广泛，包括农产品销售与加工、农业生产资料供应、保险等，但信贷业务始终占重要地位。农协信贷业务不仅在农协中具有特别的地位，而且是整个韩国农村正规金融的主体部分。农协会金融包括中央农协的中央协会银行、信托业务、保险业务以及以农民组合成员为对象的基层相互金融即农村互助金融和为经营规模小的农民提供信用保证等业务。中央协会银行主要是调配农业发展所需要的资金，并不断扩大新的金融产品的供应。信托证券业务主要是通过开展信托证券业务，提高农民收入，并将信托事业资金及其他事业资金，灵活用于各种有价证券，开展高效金融商品的交易，以扩大经营范围，确保储蓄的竞争能力。农村保险业是为解救遭遇意外事故的会员，保障其稳定的生活而开展的生命财产损失的保险和共济奖学金等。基层相互金融或互助金融是指为协会会员农业生产经营和日常生活急需提供的融资服务的金融。与农协中央会的金融机构从非农部门和非协会成员中集聚资金贷给农业部门及农民不同，基层农协的互助金融采取互助原则，以协同协会成员中集聚的资金贷给协会成员。① 其特点包括：(1)协会成员都可以加入互助金融组织借贷使用资金，而非协会成员利用资金比率不得超过资金利用总额的1/3；(2)资金借贷要通过农协中央会的互助金融特别会计开展，道支会和室、郡支部起作用。在韩国农村金融支持农村经济发展过程中，基层农协的"相互金融"即互助金融功不可没。

第二节　发展中国家的农村金融机构法律制度

与发达国家不同，发展中国家进行农村金融制度改革的直接动力通常是改善农

① 其特点包括：(1)协会成员都可以加入互助金融组织借贷使用资金，而非协会成员利用资金不得超出每年利用资金总额的1/3；(2)互助金融受政府保护，比一般银行的储蓄年息高2%～3%，享受政府的优惠政策；(3)互助金融的一切业务要通过中央联合协会组织农协中央会的互助金融特别会计开展，道支会和室、郡支部起中介作用。相互金融的建立既为韩国农协的创立和发展奠定了基础，也为韩国农村金融的发展和农村金融促进农村经济发展奠定了基础。

民的贫困生活，消除农村贫困现象。以孟加拉国乡村银行法律制度和印度尼西亚人民银行法律制度为例，对发展中国家农村金融机构法律制度改革与创新的实践展开研究。

一、孟加拉国的乡村银行法律制度

作为亚洲最为贫困的地区之一，孟加拉国创立的以小额信贷制度(micro finance system)为特色的农村金融制度体系具有较强的创新性。目前，孟加拉国小额信贷制度已经发展为包括：三个兼营性的非政府组织——孟加拉农村进步委员会、社会进步协会和普罗西卡；两个专业性机构——乡村银行和孟加拉农村发展委员会；两个基金项目——政府小额信贷项目和国有商业银行小额信贷项目；一个批发性机构——农村就业支持基金会；一个托拉斯组织——孟加拉乡村托拉斯等9个部分5大板块构成的完整体系，其中乡村银行是孟加拉国小额信贷体系的核心和基础，也是最具代表性的形式。

孟加拉格莱珉银行(Grameen Bank①，GB)，又被称为格莱珉银行或孟加拉乡村银行，在Jobra(吉大港大学附近的一个村庄)和一些邻村的实验取得了成功。1979年，该项目被推广到坦盖尔地区(孟加拉国首都达卡北部的地区)，随着在坦盖尔的成功，该项目在孟加拉国全国进行推广。1983年10月，孟加拉国政府颁布《格莱珉银行法令》，将格莱珉银行项目的成功经验上升为法律制度，并赋予格莱珉银行独立的法律地位、法律性质和法律能力；1990年《格莱珉银行法令修正案》颁布；2013年，孟加拉国国会颁布《格莱珉银行法》，依然保留了尤努斯(Yunus)博士对银行的组织架构和机制设计。正如尤努斯博士所说，“说服政府为小额信贷机构颁布专门法律，并逐步修改这一法律是格莱珉银行发展30年来遇到的最大的困难，同时也是取得的最大的成功”。

依据《格莱珉银行法令》，格莱珉银行是为农村地区无地农民提供信用工具和其他服务的独立法人资格的股份制公司。格莱珉银行的法律定位是对传统的“嫌贫爱富”金融理论和实践的一次巨大挑战，它至少面对5个金融技术难题：第一，如何保证资金来源的稳定持久？第二，没有抵押品如何对冲信贷风险？第三，如何设定金融产品的价格以同时保障农民的可承受和银行的可持续？第四，如何实现格莱珉银行的规模效益？第五，如何设计有效的公司治理机制，以避免委托代理问题？《格莱

① Grameen在孟加拉中的意思为“农村”或“村庄”。

珉银行法》将尤努斯教授格莱珉银行项目的实践经验总结为精妙的法律拟制设计，对上述问题进行了回答。

第一，为了保证资金来源的可持续，格莱珉银行没有采纳传统的以捐赠资金为主要来源的微型金融发展模式。依据《格莱珉银行法令》第6条、第7条的规定，格莱珉银行的股份分为每股100塔卡的100万股，股本总额1亿塔卡。实缴股本的75%属于借款人，25%归政府所有。格莱珉银行实施强制储蓄存款制度，要求借款者必须每周进行存款作为小组基金和紧急基金。除强制存款储蓄之外，格莱珉银行还实施存款激励贷款制度，存款越多，存款利率越高，贷款额度越高，贷款利率越低，这一制度有效吸引了贷款人主动储蓄。截至2013年5月，格莱珉银行的存款余额为16.83亿美元，其中来自会员的存款余额为10.36亿美元。另外，格莱珉银行要求每个借款人至少均须购买1股银行股份，股份的面值是100塔卡。截至目前，借款人已拥有格莱珉银行95%的股份，政府拥有格莱珉银行5%的股份，格莱珉银行事实上已成为它所服务的农村赤贫者借款人的银行。通过有效的借款人储蓄和借款人购买股份制度，格莱珉银行的借款人同时成为格莱珉银行的存款来源和股东，这不仅很好地解决了资金来源问题，也从产权角度有效解决了风险制造者和风险承担者的矛盾，实现了剩余控制权与剩余索取权的对称。

第二，为无地农民提供金融支持的法律定位使格莱珉银行无法继续使用传统银行信贷抵押的过滤机制，必须进行抵押替代制度创新。格莱珉银行的抵押替代制度创新主要包括三个方面，持续于贷前、贷中、贷后的整个贷款流程。首先，是成立贷款小组和乡村中心，定期召开会议。典型的贷款小组由不含直系亲属的5人自发组成，其中1人为组长，再由6～8个小组组成一个中心，分别选出组长和中心主任，主任任期1年，不能连任。小组每周召开一次中心小组会议，乡村中心每半个月左右召开一次会议。组员必须按时出席并交流资金使用情况，银行安排职员参会旁听，贷款资金的发放和偿还、对违反纪律会员的处罚也通过周会进行。其次，是按照既定模式，实施小组贷款。格莱珉银行的小组贷款模式经历了传统模式和第二代乡村银行模式两个阶段：在传统模式阶段，格莱珉银行仅为其提供期限为1年分期等额还款的小组贷款，借款人不允许一次性提前还清贷款，借款额上限受到严格限制；小组采用“2+2+1”贷款次序，先为小组中最穷的2个人提供贷款，再贷给另外2个人，最末贷给组长；各小组成员之间承担连带担保责任。在第二代模式阶段，信贷额度根据小组信用记录确定。严控贷款流程，小组成员共同选择项目，共同监督项目实施和贷款用途，通过小组成员之间的相互监督和帮助来降低违约率，提高还款率。

小组成员之间不用再承担连带担保责任,并且可以一起取得贷款。最后,是实行整借零还的每周还款制度。获得贷款的借款人在获得贷款的一周内必须将资金用于预定用途,否则资金将被强制存回乡村银行。得到贷款后的第二周起,借款人每周分期还贷一次,还款率为总贷款本息的2%。逾期不还的,贷款资金购买的生产生活资料归银行所有。如果逾期偿贷,则丧失获得更大额度贷款资格,从而将信用纪录与获取贷款的资格和额度相结合,降低银行放贷风险。对于具有持续融资需求的借款人,动态递增贷款机制的约束激励效果十分明显。格莱珉银行独具特色的小组制度、定期会议制度和每周还款制度通过及时有效的信息公开机制和责任分担机制,实现了对金融抵押品的替代,有效降低了风险并符合贫困农民的需求和实际。

第三,《格莱珉银行法令》赋予了格莱珉银行的税收优惠权和自主定价权。依据《格莱珉银行法令》第33条的规定,除政府官方公告进行相反规定以外,免除格莱珉银行按其他税收法律规定必须缴纳的收入税、超级税、所得税等一切税收。依据《格莱珉银行法令》第19条的规定,格莱珉银行拥有除外汇交易以外的所有银行业务能力,可以自主定价。为了保证格莱珉银行的商业可持续,格莱珉银行在定价时,强调财务自立的成本核算方式,剔除了补贴、贴息、优惠豁免等因素,使补贴仅用于为优质客户提供信贷优惠而非降低金融产品价格。尽管将人员成本和管理费用分摊到贷款产品后,格莱珉银行的贷款平均年利率为20%,高于该国商业银行15%~16%的贷款平均利率,但格莱珉银行的贷款额度、期限结构和还款方式灵活多样,同样具有较强的市场竞争力。格莱珉银行的贷款利率有4种:普通贷款利率为20%,住房贷款利率为8%,助学贷款利率为5%,赤贫人员贷款利息为0%[①](无息)。所有利息都是简单计息,按余额递减法计算。财务自立的成本核算定价制度和灵活多样的产品供给模式既保障了格莱珉银行的财务可持续又保障了其金融产品的市场竞争力。自成立以来,除1991年、1992年外,格莱珉银行每年都实现了盈利,已经成为全球最有影响的农村微型金融机构之一。

第四,作为制度主义微型金融的典型代表,不断扩大覆盖面,实现规模效益既是格莱珉银行降低成本的基本需要,也是格莱珉银行履行社会使命的内在要求。为了最大限度地规避风险、实现可持续发展,格莱珉银行实行同心型拓展方式:新设机构只有在12个月内有可能实现财务自立才能扩张机构;拓展的方式是机构分立,一个实现财务自立的机构分设成两三个分支机构,或一个主要分支机构加卫星分支机构

① 参见郭军:《新型农村金融机构可持续发展研究》,山东农业大学2013年博士学位论文。

及营业所的方式，以一个同心圆形式逐步扩大地理边界和服务规模。

第五，依据《格莱珉银行法令》，格莱珉银行构建了以风险控制为中心的法人治理结构和风险控制架构。董事会是格莱珉银行的最高监督管理决策机构，该机构由13人构成，其中9人从借款人股东中选举产生，3人由政府指定，此外，尤努斯教授一直担任董事会主席和常务董事。政府指定的董事任期由政府确定，借款人董事任期为3年。格莱珉银行的总经理经孟加拉国中央银行提名由董事会指定。董事会会议投票时，实行每人一票原则，票数相等时，董事局主席有最终决定权。依据2013年《格莱珉银行法》，格莱珉银行每年必须聘请2家知名的国际性审计公司进行独立审计。① 银行职员走乡串户，上门服务，一名银行职员负责10个中心小组的业务。在业务考核中，格莱珉银行将借款人减贫的状况与银行员工的激励结构挂钩，而不考虑贷款偿还指标。另外，《格莱珉银行法令》还规定了监禁1年或(和)罚款2000塔卡的董事的过错赔偿责任。

综上所述，格莱珉银行法通过借款人—存款人—股东三位一体的产权制度设计，贷款小组—贷款会议—整借零还的贷款发还制度，成本核算市场分级的灵活定价制度，机构可持续的同心扩张制度以及激励约束相容的治理结构制度为“金融支农”世界难题的解答书写了一份精彩的答卷。截至2011年10月，格莱珉银行借款人中有68%的借款家庭已经越过贫困线，其余在贫困线以下的家庭正在稳步走向贫困线。1998年，格莱珉银行收到最后一批捐助基金，此后，格莱珉银行就再也没有接受过捐赠资金，它所有的贷款均来自存款和自有资金，完全自负盈亏，实现了可持续发展。格莱珉银行是世界上运作最成功的微型金融机构之一，其制度模式被许多国家效仿和借鉴，用于本国的微型金融的实践。尤纳斯教授也因为在制度主义微型金融方面的突出贡献而荣获2006年的诺贝尔和平奖。合理适当的法律制度拟制是格莱珉银行成功实践的关键。

二、印度尼西亚人民银行乡村信贷部法律制度

印度尼西亚人民银行(Bank Rakyat Indonesia，BRI)是印度尼西亚(以下简称印尼)主要的国有商业银行之一，成立于1895年。印尼独立后，依据1946年政府第1号法令，印度尼西亚人民银行成为印尼共和国第一家国有银行。依据1960年第41号政府法令，印度尼西亚人民银行与其他银行合并成立印尼社会银行(Bank

① 1983年格莱珉银行法令只要求由两名独立审计师进行审计。

Koperasi Tani and Nelayan)。依据1965年总统第17号法令,印尼国家银行(Bank Negara Indonesia)成立,印尼社会银行被合并至印尼国家银行农村部。依据1967年第14号法律和1968年第13号法律,印尼国家银行农村部重新独立为印尼人民银行。依据1968年第21号法律,印尼人民银行重新被定位为支农性商业银行。依据1992年银行法第7号和1992年印尼共和国政府法令第21号,印尼人民银行被赋予有限责任公司的法律性质,印尼政府拥有其100%的股权。2003年,印尼人民银行在印尼和美国证券柜台交易市场同时成功上市,印尼政府出售了印尼人民银行30%的股份。印尼人民银行的内部业务单元主要分为四大模块:乡村小额信贷部模块(Unit Desas of Bank Rakyat Indonesia,BRI-UD,也称乡村银行系统)、商业银行业务模块、投资银行业务模块、零售银行业务模块。其中乡村信贷部专门从事面向农村中低收入农户的微型金融服务。

印度尼西亚人民银行乡村信贷部(BRI-UD)的组织结构从上到下共分为4级,依次为:雅加达总部即BRI-UD、区域性办公室、地区一级的分行、地级以下的微型银行和乡村服务站。其中总部负责制定政策和直接监管乡村信贷系统;区分行负责对下一层的内部审计工作、监管和指导;地区支行负责贷款经营和下属乡村信贷网点的监管,并决定各个乡村信贷部能自主决定的最高贷款限额,其监督和管理费用由乡村信贷部负担;最底层共有4229个乡村营业所遍及印度尼西亚全国。遍布全国的乡村信贷部是印度尼西亚人民银行整个小额信贷系统的核心。乡村信贷部自主经营、自负盈亏、自担风险,贷款对象、贷款规模、抵押方式和贷款期限均由乡村信贷部决定,业绩考核与经理本人及所在乡村信贷员工的年度奖金直接挂钩,责任和风险也由乡村信贷部承担。一个乡村信贷部平均覆盖16~18个村庄,为约4500个储蓄者和700个借款者提供服务,其信贷员主要来自本地。本地信贷员独立评估借款人资信,负责从借款人筛选到信贷监督及资金收回的全过程。另外,印度尼西亚人民银行乡村信贷部(BRI-UD)还选择村庄首领担任地方代理人,收集借款人资信评估信息,为所在村庄的借款人出具贷款推介函并代理信用评级。信贷员与地方代理人相互独立的责任承担机制,使信贷评估结果与信贷信用评级能够相互对照,既避免了信贷审批中的逆向选择,又形成了对代理人的约束激励。

与格莱珉银行不同,印度尼西亚人民银行乡村信贷部(BRI-UD)的主要服务对象并非农村贫困者,而一般是贫困线以上、有潜力的农民个人或家庭小作坊。印度尼西亚人民银行乡村信贷部(BRI-UD)的产品开发主要按照满足客户需求的实用性,覆盖已有的财务和运行成本的营利性和简单易行、标准化管理、高度透明的规范性3个原则建立。其最主要的业务是发放小额贷款并吸收自愿储蓄，具体分为普通农业贷款业务、农村存款业务和农村增收项目。[①] 印度尼西亚人民银行乡村信贷部(BRI-UD)于1984年引入普通农业贷款项目，贷款目标较为灵活，支持任何正在进行的有贷款价值的项目，贷款金额在25美元以上，但要求不低于借款等额的抵押担保。个体抵押贷款设置抵押品主要目的在于抑制借款人的赖账动机，因此可以根据农户家庭财产的实际情况灵活设置，抵押品范围非常广泛，包括地契、动产、大中型农具、电视机、自行车等，最受欢迎的是地契。借款者如能按时归还借款，则其所获贷款金额增加，而贷款利率不断降低。贷款期限从6个月到3年不等，但农户可以根据自身收入的周期性规律或家庭财务状况灵活选择还款频率，如3、4、6、9、12、18个月等期限的分期还款，也可以选择到期一次性还款。按期还款者将获得0.5%的退息优惠。[②] 印度尼西亚人民银行乡村信贷部(BRI-UD)于1984年引入为乡村银行专门设计的多种利率并可以随时存取的农村储蓄产品，为当地居民提供流动性强、方便和安全的存款服务，其储蓄利率由客户的存款金额累进确定，存款越多，则利率越高。例如，100万印尼卢比(约100美元)以内的存款，其储蓄利率为10%，100万印尼卢比以上的存款增加1.5%的利率，500万印尼卢比(约450美元)以上的存款，再增加1.5%，实施13%的存款利率。[③] 高的存款定价相当于一种对存款人的让利和奖励，受到了普遍的欢迎。依存款金额递增的利率设计迎合了当地农户的心理期望和交易习惯，具有很强的吸引力。另外，印度尼西亚人民银行乡村信贷部(BRI-UD)还积极进行存款抽奖活动，储蓄存款账户的资金越多，停留时间越长，抽奖的机会越多。博彩抽奖在印尼农村十分盛行，陈列在乡村信贷部网点内的皮卡车、摩托车和家用电器等奖品对当地低收入农户的诱惑很大，很受农民欢迎。农村增收项目，是印度尼西亚人民银行乡村信贷部(BRI-UD)专门针对农村贫困人口开发的贷款项目。与格莱珉乡村银行的贷款产品类似，印度尼西亚人民银行乡村信贷部(BRI-UD)的农村增收项目是无抵押贷款项目，其抵押替代机制同样包括：要求农户必须建立自助小组，农户小组在获得贷款之前必须接受必要的培训，贷款发放必须有不少于贷款总额5%的存款冻结，并将10%的贷款本金作为违约保证基金，小组

---

① 参见赵小晶：《我国农村新型金融机构发展研究——以山东省为例》，河北农业大学2010年硕士学位论文，第68页。

② 参见郭军：《新型农村金融机构可持续发展研究——以山东省为例》，山东农业大学2013年博士学位论文，第63页。

③ 参见毛一萍：《我国农村微型金融机构可持续发展研究》，中南大学2013年博士学位论文，第41页。

呆账率超过5%就中止对所有小组成员的贷款等。印度尼西亚人民银行乡村信贷部(BRI-UD)对上述信贷产品的发行还设置了标准化管理的管理程序和管理要求,如新客户初次申请贷款评估的操作时间为2小时,重复评估的操作时间减少到45分钟,第三次评估且有及时还款记录的老客户,采用系统自动评估,操作时间缩短至20分钟。[①] 99%的乡村信贷部配备了标准的操作系统,整合了会计账户、考核指标、信息报告系统等,优化流程并通过科技手段推广,有利于上级行能够实时监控乡村信贷部的业务经营活动,也便于不同乡村信贷部之间经营绩效的横向比较。标准化管理大大压缩了工作时间,提升了操作效率,降低了组织内部管理的复杂度,提升了监督的有效性,使印度尼西亚人民银行乡村信贷部(BRI-UD)的320个乡镇支行能够对4229个散布在各自村的乡村营业所进行持续监管。

综上所述,尽管与格莱珉银行拥有完全不同的产权结构,但由于目标定位明确、组织治理有效,产品安全实用、定价市场化与发展集约化,使印度尼西亚人民银行乡村信贷部同样实现了"金融"与"支农"的双重目标,为"金融支农"世界难题的解答给出了自己的答案。经过改革,印度尼西亚人民银行乡村信贷部实现了95%以上盈利,取得了商业化改革的巨大成功。印度尼西亚人民银行乡村信贷部的小额信贷业务仅占印度尼西亚人民银行贷款总额的15%,利润却占该银行利润总额的90%以上,即使在1997年亚洲金融危机印度尼西亚人民银行整体亏损时期,乡村信贷部仍然保持盈利。[②] 2006年,印度尼西亚乡村信贷部的资产回报率为6.88%,经营自给率为145.29%,股本回报率为129.96%,利润率为31.17%。至今,拥有4229个乡村营业所的BRI,不仅成为世界上为数不多的商业化运作成功的农村金融机构之一,也成为世界上最大和最具盈利能力的、可持续发展的农村金融机构之一。与格莱珉银行一样,合理适当的法律制度拟制是印度尼西亚人民银行乡村信贷部(BRI-UD)成功的关键,印度尼西亚人民银行乡村信贷部(BRI-UD)模式也成为制度主义微型金融的典范。

---

① 参见毛一萍:《我国农村微型金融机构可持续发展研究》,中南大学2013年博士学位论文,第41页。

② 参见毛一萍:《我国农村微型金融机构可持续发展研究》,中南大学2013年博士学位论文,第42页。

第三节　农村金融机构法律制度的国际“公因式”

发达国家和发展中国家农村金融机构的成功发展凝聚了这些国家解答“金融支农”世界难题的认识能力、法律智慧和技术理性，具体体现在：

首先，国家立法拟制是农村金融机构成功发展的前提和基础。正如尤努斯博士所说，“说服政府为小额信贷机构颁布专门法律，并逐步修改这一法律是格莱珉银行发展30年来遇到的最大的困难，同时也是取得的最大的成功”。“金融支农”作为世界难题，其实质在于其有效供给无法由市场自生自发提供，必须通过政府干预实现。其主要手段包括政策、计划指导、行政命令和法律。与政策、计划指导、行政命令相比，法律更具有科学性、远视性、效率性、统筹性和强制力。法律的这些特性对于解决“金融支农”这样带有战略性、根本性、全局性的“不可逾越”的关键问题至关重要。只有通过法律的科学性，才能准确把握农村金融发展的基本规律，明确农村金融机构的目标定位；只有通过法律的远视性，才能克服农村金融机构的自利倾向和市场主体短期利益选择；只有通过法律的效率性，才能培育市场主体、降低交易成本、有效配置资源；只有通过法律的统筹性，才能协调部门利益、整合政策资源；只有通过法律的强制力，才能锁定机构目标、保障权利能力、严明义务责任。因此，要想根本地、彻底地解决“金融支农”问题，必须通过法律手段，拟制农村金融机构。美、法、加等发达国家（见表8－1）与孟加拉国、印度尼西亚等发展中国家采取了国家立法拟制农村金融机构的方式。

表8－1　主要发达农村金融机构法律制度

国别	农村金融机构立法	农村金融机构名称
美国	《联邦农业信贷法》（1916年，1933年）、《农业信贷法》（1933年，1980年，1985年，1987年，2009年）	农业信贷银行；农业信贷协会（生产信贷协会、联邦土地银行协会）
加拿大	《农民债权人安排法》《农场信贷法》《农场改善贷款法》《草原谷物生产者临时资金筹措法》《农业开发贷款法》《农业信贷法》《农场改善和市场开发合作贷款法》《加拿大农场信用法》《农场借款调解法》	农场信贷局、农场信贷公司、金融类合作社（信用合作社、保险合作社、信托合作社）

续表

国别	农村金融机构立法	农村金融机构名称
法国	《土地银行法》、《农业信贷银行宪章》(1920 年)	农业信贷银行、农业信贷地区银行、农业信贷地方银行
德国	《中央合作银行法》(1895 年)、《德意志合作银行法》(1949 年)、《德国合作银行法》(1976 年)、《产业及经济合作社法》(1871 年)、《合作银行法》(1889 年)、《德国经营和经济合作社法》(2008 年)	德意志合作银行、经营和经济合作社
澳大利亚	《各州援助(农村调整)法》(1976 年,1988 年)、《各州与北方地区援助(农业调整法)》(1979 年,1985 年)、《各州合作社法》(1992 年)	合作社金融机构
新西兰	《新西兰农村银行金融公司法》(1989 年)、《农村居间信用法》(1927 年)	农村银行、农村金融公司
日本	《农林渔业金融公库法》(1947 年)、《中小企业金融公库法》(1953 年)、《农业合作法》(1945 年)、《农业协同组织法》、《农协会并助成法》、《农业协同组合财务处理基准令》、《关于农业协同组织监查士选任资格》等	农林渔业金融公库、农协的合作金融机构
韩国	《农业协同组织法》(1961 年)、《农协法》(1984 年)	中央协会银行、基层农协互助金融

其次,在明确了国家立法拟制是农村金融机构成功发展的前提和基础之后,科学立法成为农村金融机构成功发展的关键。科学立法首先要求准确把握立法对象的本质特征和发展规律,确定立法目的,锁定调整方式。成功的农村金融机构立法必须首先把握特定国家农村金融市场的基本需求和农村金融机构的基本特征。正如第三章所述,农村金融机构的功能特征决定了农村金融机构法律调整的目标和宗旨,地域特征、业务特征和风险特征决定了农村金融机构法律调整的内容和方式。二者相结合形成了农村金融机构法律制度独具特色的政策性和合作性的调整方式。农村金融机构法律制度的政策性调整方式是指,农村金融机构法律制度本身应当具有的,基于农村金融机构"支农性"的功能特征和"金融性"的业务特征所决定的,不以营利为主要目标,为了配合、执行政府的农村经济政策,支持、保护农业生产,诱导和激励农村金融主体和农村金融市场形成与完善,以法律的形式要求政府在一定期

限内以优惠条件让渡资金占有权、使用权、收益权和分配权的特有属性。它往往体现为法律直接赋予农村金融机构一系列政策性优惠的金融(财税)权利。农村金融法律制度的政策性调整方式涵盖3个相互关联又缺一不可的要素,即金融性(区别于财政)、优惠性(区别于商业性金融)和法律性(区别于惠农政策与行政命令)。农村金融机构法律制度的政策性调整方式源于其调整的农村金融机构的"支农性",表现为其制度设计的金融性、优惠性和法律性。只有通过金融性,农村金融机构和农村金融市场才有可能获得自身难以积累的原始资本,才能迈过金融机构发展的"门槛效应";只有通过优惠性,农村金融机构和农村金融市场才有可能逐步形成与完善,才能逐步形成其自身发展的可持续性;只有通过法律性,农村金融机构和农村金融市场所获得"矫正正义"才有可能稳定和规范,农村金融机构的功能和目的才能得到有效的制度保障。农村金融机构法律制度的合作性调整方式源于农村合作金融的内生性和有效性,表现为农村金融机构产权制度设计或产权人关系设计的合作性。与城市不同,农村金融需求主体(以农户为主)数量众多而且分散,使贷款者和借款者之间的信息高度不对称。商业性金融机构难以获得农村金融需求主体的足够信息,加上商业金融的规模经济问题的制约,使其在农村金融市场往往无利可图。事实上,正是因为农村金融需求的分散性、担保机制的脆弱性、贷款监督的高成本等原因,使商业金融在农村金融市场上往往无可作为。"借款人—存款人—股权人"这"三位一体"的合作性产权制度设计,①有效地满足了农村金融市场需求,降低了农村金融机构的成本和风险。

最后,具体法律制度设计的技术理性。具体法律制度设计的技术理性一方面植根于立法者对于立法对象实践需求的准确把握,另一方面表现为法律条文的明确、具体、严谨,具有技术性、确定性和可操作性。以上述各国对农村金融机构的利率规定为例。利率是资金的价格,农村金融产品的利率本应如实反映农村金融市场的资金供求关系,但是由于农村资金供求的季节性、需求的时效性,农村人口居住的相对分散性,交通信息设施的落后性,农业生产复杂的技术性和生产的长期性、市场价格的不确定性和收入的波动性,农村资金使用成本高昂。在竞争较为充分的国家,如果纯粹按市场机制确定农村金融机构利率,农村金融机构势必无法与其他金融机构竞争,其发展难以持续。因此,必须通过立法的技术理性赋予农村金融机构享有法

① 印尼人民银行虽然属于国家控股的商业银行,但其乡村信贷部采用的是"借款人—存款人"联系存贷制度,这也在某种程度上体现了风险共担、利益共享的合作原则。

定的政策性利率优惠权利,以保障其为农民借款人提供有竞争力的资金价格。而在农村金融服务严重不足,金融市场不发达的国家,如果不按市场机制确定农村金融机构利率,农村金融机构的利润无法覆盖成本,将成为国家的沉重负担,农村金融机构也无法实现可持续发展。

第九章 供给侧结构性改革:新型农村金融机构法律制度的改革与创新

新型农村金融机构法律制度问题归根结底是制度供给问题。改革与创新新型农村金融机构法律制度必须围绕供给侧进行。必须在廓清新型农村金融机构法律制度改革基本路径与目标方向的基础上,着力调整新型农村金融机构法律制度的供给结构:明确新型农村金融机构法律制度的供给主体,优化新型农村金融机构法律制度的供给逻辑,改进新型农村金融机构法律制度的供给方式,完善新型农村金融机构法律制度的供给内容。唯其如此,才能有效提升新型农村金融机构法律制度的制度效果与制度效率,切实满足“三农”的金融需求。

第一节 新型农村金融机构法律制度的供给侧结构性改革

遵循里根所提出“政府不是解决问题的办法,政府就是问题所在”的供给改革思路,新型农村金融机构法律制度改革与创新的对象就是新型农村金融机构法律制度供给本身。由于新型农村金融机构法律制度供给是一个由制度供给主体、制度供给逻辑、制度供给形式和制度供给内容等有机结合的系统结构,新型农村金融机构法律制度改革与创新的方式不是单维度的零散“修”“补”,而是结构性的全面改革。因此,新型农村金融机构法律制度改革与创新实质上就是对新型农村金融机构法律制度实施供给侧结构性改革。廓清新型农村金融机构法律制度供给侧结构性改革的基本路径、目标方向和基本原则是新型农村金融机构法律制度供给侧结构性改革的前提和基础。

一、法治化:新型农村金融机构法律制度供给侧结构性改革的基本路径

如前文所述,农村金融问题作为“世界难题”,其实质在于农村金融的有效供给无法由市场自生自发提供,必须通过强制性政府干预实现。强制性政府干预的主要手段包括政策、计划指导、行政命令和法律。与政策、计划指导、行政命令相比,法律更具有科学性、远视性、效率性、统筹性和强制力。法律的这些特性对于解决“农村金融”这样带有战略性、根本性、全局性的“不可逾越”的关键问题至关重要。只有通过法律的科学性,才能准确把握农村金融发展的基本规律,明确农村金融发展的根本问题;只有通过法律的远视性,才能克服市场主体的自利倾向和政府部门短期利益选择;只有通过法律的效率性,才能培育市场主体、降低交易成本、有效配置资源;只有通过法律的统筹性,才能整合相关资源、协调部门政策;只有通过法律的强制力,才能锁定对策目标、明晰政府边界、严明义务责任。因此,要想根本地、彻底地解决农村金融问题,必须通过法律手段。法治化,是新型农村金融机构法律制度供给侧结构性改革的基本路径。与中国农村金融“政策推进、行政主导”的既有改革路径相比,所谓农村金融法治化路径,是指通过科学系统立法,将处于现代农村经济核心的各种金融主体、金融活动及其相互关系纳入正式法律制度的调整范畴,以法律的权威性、科学性、远视性、效率性、统筹性和强制力克服“行政主导—政策推进”模式的局限,有效实现“金融支农”。就农村金融法治化与农村金融法律制度的关系而言,农村金融法治化是动态的过程,是构建农村金融法律制度的必经过程;而农村金融法律制度是静态的结果,是农村金融法治化的必然产物。

1. 法治化路径对农村金融改革“政策推进”漏洞的弥补

农村金融政策由于缺乏系统性、具体性、严密性、稳定性、可操作性和强制性等特性,为政策执行者留下空间。相较农村金融政策,农村金融法律制度具有完全性、可操作性、明确性、稳定性、连续性、强制性、约束性、系统性、整体性等优质特性。农村金融法治化能够有效弥补农村金融政策自身漏洞,解决农村金融政策异化问题,有效实现“金融支农”。

(1)农村金融法律制度具有完全性、可操作性和实用性

农村金融政策的不完全性及具体操作性弱,是产生农村金融政策异化的内在因素之一。与农村金融政策不同,农村金融法律制度具有完整的结构和严密的逻辑,既有基础性的法律概念和技术性规定,又有指导性的原则规定,还有具体性的操作规则,具有完全性、可操作性和实用性,可以在很大程度上减少执行中的"再制定",克服执行者在细化既有规定的过程中为了自身利益而变通执行及虚假执行的弊端,进而降低异化的可能。农村金融法律制度的完全性、可操作性和实用性正好可以裨补农村金融政策的局限,从而大大增加执行者刻意规避法律制度的难度,降低法律制度被误解的可能性,缩小乃至消除农村金融中的异化空间,促进农村金融政策异化问题的解决,实现"金融支农"。

(2)农村金融法律制度具有明确性、稳定性和连续性

相较农村金融政策,农村金融法律制度无论在结构上还是内容上,都具有政策规定所不具备的明确性;农村金融法律制度具有稳定性,不会一直处于变化不定、难以预期的状态,只有在不适应时才进行统一的修订;农村金融法律制度具有连续性,一旦制定颁布则不会随意变更、频繁变动,对外部因素的影响具有较强的抗性。总体而言,农村金融法律制度体系是一个具有明确性、稳定性、连续性的体系,农村金融法制化能够避免执行者因不明确、不稳定、不连续的弊端而处于无法预期的状态、不愿真正执行落实以及弱化执行效果的不良后果,消除农村金融政策的缺陷对农村金融组织的负面影响,提高执行者的积极性以及执行过程的可操作性,从而有助于解决农村金融政策异化问题。

(3)农村金融法律制度具有强制性、约束性

农村金融法律制度是由国家强制力保障实施,以国家强制力为后盾,由国家强制力保证其作用的发挥,由国家对违反法律制度的行为实行限制或制裁,具有很强的强力性和约束性。此外,法律制度的责任规定明确详细,责任条款操作性强,能够充分发挥法律责任的约束、预防与制裁等功能。农村金融法制化能够通过国家强制力对违反法律制度规定的行为施以强制措施,强制其承担法律责任,通过法律责任的承担对违反者进行惩罚,教育、引导、威慑责任人以及其他农村金融主体,以此保障"金融支农"目标的实现。由此可见,农村金融法治化的国家强制性能够在很大程度上破解农村金融政策的严重异化,促使执行者理性选择执行行为,忠实于制定者的预期目标,从而加速形成农村金融服务"三农"发展的局面。

(4)农村金融法律制度具有系统性、整体性

系统是由各组成部分相互依赖、共同构成的一个整体,整体的性质和功能优于部分。农村金融法律制度体系主要包括农村金融组织法律制度、农村金融市场法律制度、农村金融服务法律制度以及农村金融监管法律制度等。农村金融法律制度体系具有系统性以及整体性,整体表现出优于各个组成要素的功能,各个具体法律制度相互配合、相互作用,共同支撑农村金融法律制度体系的整体功能。农村金融法制化的系统性和整体性优势是农村金融政策所不具备的,有利于破除农村金融政策条块分割、分散凌乱的供给缺陷,克服以往政策模式下的局部执行的供给局限,从系统、整体层面执行农村金融制度规则,进而有效实现"金融支农"。

2. 法治化路径对农村金融改革"行政主导"模式弊端的对冲

"政策推进、行政主导"是自 1979 年以来我国农村金融改革的主要模式。在体制下,农村金融政策的执行和展开实质上依赖于中央政府与地方政府、中央监管机关与地方监管机关层层"委托—代理"的行政组织结构。由于代理人的目标函数与委托人目标函数的差异,加上信息不对称和不确定性,代理人存在在委托人难以监督时,偏离委托人目标函数、损害委托人利益的委托代理问题。农村金融改革目标在层层委托代理模式下逐渐被稀释和异化,"金融支农"难以得到有效实现。农村金融法治化路径能够有效对冲农村金融改革"行政主导"模式的弊端,它既能在应然层面设定金融服务"三农"的根本目的,确保农村金融改革顶层设计的科学合理;又能在实然层面摆脱无限膨胀的委托代理链条,将农村金融权利、农村金融义务和农村金融责任在农村金融主体中进行"水平化"配置,节约委托代理成本,以法律的技术理性、结构理性和程序理性保障"金融支农"目标的切实执行和最终实现。

正如上文所述,与农村金融政策不同,农村金融法律制度具有完全性、可操作性、稳定性、强制性、系统性等诸多优势,体现了法律制度自身的科学性。农村金融法律制度由最高权力机关及其常设机关——全国人大及其常委会制定,在我国立法体制下属于狭义上的法律,在效力层级上仅次于宪法而高于行政法规;在基本性质上,农村金融法律制度具有国家意志性和国家强制性,并由此具有普遍适用性和特殊权威性;在法律主体上,农村金融法律制度至少应当包括农村金融市场主体、监管主体等,具体包括农村金融机构、农民及农村企业等融资者和农村金融监管部门等;在内容上,农村金融法律制度应当是以农村金融各法律主体的权利与义务、职权与职责为主要内容。农村金融法律制度本身是一个科学的、完善的系统,各个组成要素共同构成完整的、系统的农村金融法律制度体系,为法律制度的执行以及立法目

的的实现奠定的前提基础。

农村金融法律制度的执行及目的的实现并不依赖于政策执行过程中的委托—代理结构。法律制度的良好执行以及立法目的的实现主要依赖于权利、职权、义务、职责的享有与行使以及承担与履行。现代法律制度主要是通过明确规定各法律主体之间享有的权利和职权以及承担的义务和职责，以此影响法律主体的行为动机，指引法律主体的行为方式，规范法律主体的行为过程，进而实现蕴含于法律制度深处的立法目的。由此可见，农村金融法制化摒弃了农村金融政策执行所依赖的不完善的委托—代理结构，引入一种新的运作模式——权利（职权）—义务（职责）结构；农村金融法律制度的良好执行以及立法目的的实现依赖于法律制度中各农村金融法律主体的权利、义务、职权及职责的明确规定，依赖于农村金融法律主体对权利和职权的行使以及对义务和职责的履行。因此，可以说，权利（职权）—义务（职责）结构是实现农村金融法律制度的基本运作模式。

综上所述，农村金融法治化不仅能够弥补农村金融政策自身的漏洞，而且能够有效对冲农村金融改革“行政主导”模式下的委托—代理失效问题，是实施新型农村金融机构法律制度供给侧结构性改革和全面的农村金融供给侧结构性改革应当始终遵循的基本路径。

二、支农性、政策性和普惠性：新型农村金融机构法律制度供给侧结构性改革的主要方向

有效率可持续地实现“金融支农”是我国农村金融制度改革与创新的最终目标。2006 年以来，监管部门对新型农村金融机构制度拟制的密集投放，一方面，含蓄宣告了既往“金融支农”制度拟制的失败；另一方面，也积极表达了“而今迈步从头越”的“新”思路和“新”方向：相比传统金融机构和农村金融机构，新型农村金融机构不仅设立的主体更多元、形式更灵活、门槛大大降低，而且，新型农村金融机构的监管权力首次被正式赋予了地方监管当局和地方政府。可见，“下放权力、放开市场”是监管当局对“新型”的实际注解，“市场化”是新型农村金融机构制度拟制投放的主要方向。新型农村金融机构法律制度的供给侧结构性改革必须坚定不移地以有效实现“金融支农”为明确目标，及时调整“市场化”冒进的主导方向，确保供给侧结构性改革沿支农性、政策性、普惠性方向前进。

1. 支农性方向

确保农村金融机构的切实支农是农业、农村发展的国家战略需要。支农性既是

法律拟制农村金融机构的根本宗旨，也是农村金融机构区别于其他金融机构的本质特征。实现农村金融机构的有效支农是我国农村金融制度改革的出发点和落脚点。新型农村金融机构供给侧结构性改革首先应当锁定支农性方向。锁定新型农村金融机构供给侧结构性改革的支农性方向必须摆脱支农不够深入、支农浮于表面、"短暂性支农"和"命令性支农"（参见第六章）的路径依赖，遵循法治化路径，通过强制性支农义务和支农责任的设定，约束、限制和确保农村金融机构切实支农。具体而言主要包括，一是限制农村金融机构的发起产权人资格，确保农村金融机构发起产权人的支农意愿、支农能力和对农村金融风险的承受能力。二是限制农村金融机构的产权模式和组织性质，确保所有权、管理权和剩余索取权配置合理有效。三是设定针对农村金融机构的专门监管部门，保障"金融支农"的专门性、集中性和独立性。四是限制农村金融机构的服务对象。农民、农户和涉农企业是农村金融机构的主要服务对象。五是限制农村金融机构的服务范围，农村是农村金融机构的主要服务范围。六是限制农村金融机构的利率水平和业务品种，利率灵活小额分散的金融产品最能满足"三农"需求。

2. 政策性方向

农业在国民经济中的基础地位、农业生产安全的重要性以及"金融支农"的内在矛盾，使世界各国都强调"政策性"在农村金融制度拟制中的决定作用。法治化是确保农村金融机构"政策性"的有效途径。农村金融机构"政策性"的法治化体现在两个方面。首先，制定专门的政策性农村金融机构法律制度。政策性农村金融机构法律制度是农村金融机构法律制度本身所具有的，基于农业、农村经济的"弱势性"的客观要求，不以营利为主要目标，为了配合、执行政府的农村经济政策，支持、保护农业生产、诱导和激励农村金融机构和农村金融市场形成与完善，以法律的形式要求政府在一定期限内以优惠条件让渡资金使用权的专门法律制度。农村金融机构法律制度的政策性涵盖三个相互关联又缺一不可的要素，即金融性（区别于财政）、优惠性（区别于商业性金融）和法律性（区别于惠农政策与行政命令）。政策性农村金融机构法律制度源于其调整对象的"弱势性"，表现为其制度设计的金融性、优惠性和法律性。只有通过金融性，农村金融机构和农村金融市场才有可能获得自身难以积累的原始资本，才能迈过金融发展的"门槛效应"；只有通过优惠性，农村金融机构和农村金融市场才有可能逐步形成与完善，才能逐步形成其自身发展的可持续性；只有通过法律性，农村金融机构和农村金融市场所获得的"分配正义"才有可能稳定和规范，农村金融应当发挥的基本功能才能得到有效的制度保障。

其次,农村金融机构"政策性"的法治化还体现在法律为保障农村金融机构的有效支农,特别赋予农村金融机构以专门的政策性优惠的金融权利。专门的政策性优惠的金融权利和专门的支农性限制的金融义务的享有和承担,是权利义务相一致原则在农村金融机构法律关系内容中的体现,是农村金融机构法律制度的设计支点,亦是农村金融机构可持续发展的制度保障。农村金融机构所享有的政策性优惠的金融权利主要包括,第一,政策性资金优惠权利:主要包括财政借款权和财政贴息贷款权,其中,享有财政借款权是农村金融机构区别于商业金融机构的最大特点,这一权利构成了农村政策性金融主体具有长期稳定的低成本资金来源。① 而财政贴息则主要是政府从每年预算中划拨贴息资金,对农村金融机构从事的特殊行业、特殊项目提供低利率贷款。第二,政策性税收减免权利:得益于"政策"2 字,农村金融机构长期享有特殊的税收优惠和减免权利。例如,根据美国《农业信贷法》第 1.15 条和第 2.16 条的规定,农业信贷银行、联邦土地银行协会及其资本,储备金和盈余以及由此产生的收益所得,应免除联邦、州、市和当地的税收。第三,政策性利率优惠权利。利率是资金的价格,由于农村资金供求的季节性、需求的时效性,农村人口居住的相对分散性,交通信息设施的落后性,农业生产复杂的技术性和生产的长期性、市场价格的不确定性和收入的波动性,农村资金利用成本高昂。如果纯粹按市场机制确定农村金融机构利率,农村金融机构势必无法持续。为了农村金融机构和农村金融市场的可持续发展,农村金融机构享有法律规定的政策性利率优惠权利,以保障其为农民借款人提供有竞争力的资金价格。

3. 普惠性方向

"普惠金融是让每一个人在有需求时都能以合适的价格享受到及时、有尊严、方便、高质量的各类型金融服务"。2013 年 11 月,党的十八届三中全会正式提出了"发展普惠金融"的目标方向;2015 年 11 月中国人民银行行长周小川在《中共中央关于制定国民经济和社会发展第十三个五年规划的建议》辅导读本中进一步明确了达致这一目标方向的重要措施。普惠金融作为金融市场化、金融民主化和金融公平化改革的最高理想,其本质是人人都应该拥有并实际获得金融服务的权利。尽管视角不同范围各异,但为所有农村、所有农民提供及时、有尊严、方便、高质量的各类型金融服务是普惠金融和农村金融的共同目标。农村金融机构是实现金融普惠目标

---

① 日本政策投资银行(DBJ)1998 年资金来源的 85.6%,韩国产业银行(KDB)1999 年资金来源的 32%,均来自政府借款、中央银行借款和国外借款。

的重要组织平台。强调新型农村金融机构供给侧结构性改革的普惠性方向就是强调新型农村金融机构改革的目标是为全部农村地区,特别是偏远农村地区,是为全体农民、特别是更加贫困农民的“普惠性支农”的指导思想,是“共享发展理念”在农村金融改革中的具体落实体现。

法治化是确保农村金融机构“普惠性”的有效途径。确保农村金融机构“普惠性”的关键是通过立法拟制建立一个持续的、可以为“三农”提供普惠金融产品和普惠金融服务的农村金融机构体系。这一体系应当具有以下特征:一是保障农民、农户和农村企业(特别是贫困农民、贫困农户和中小农村企业)可以用合理的价格获得各种金融服务,包括储蓄、信贷、租借、代理、保险、养老金、兑付、地区和国际汇兑等;二是健全的农村金融机构,应遵循有关内部管理制度及行业业绩标准,接受市场的监督,同时也需要健全的审慎监管;三是农村金融机构的可持续性,是指可提供长期的农村金融服务;四是要在农村金融领域形成有效竞争,为客户提供更高效和更多可供选择的农村金融服务。立法拟制普惠性农村金融机构体系需要进行制度创新、组织创新和产品创新,其核心是制度创新。孟加拉《格莱珉银行法》以借款人—存款人—股东三位一体的产权制度创新,贷款小组—贷款会议—整借零还的贷款制度创新,成本核算市场分级的定价制度创新,机构可持续的同心扩张制度创新以及激励约束相容的治理制度创新为我国立法拟制的制度创新实践提供了有益经验。

三、新型农村金融机构法律制度供给侧结构性改革的基本原则

1. 合作性原则

农村金融法律制度改革,应着力改善合作性金融法律制度供给,确保农村合作性金融的主体地位。如前所述,农村金融法律制度的合作性源于农村合作金融的内生性和有效性。与城市不同,农村金融需求主体(以农户为主)数量众多而且分散,使贷款者和借款者之间的信息存在高度的不对称。商业性金融机构难以获得农村金融需求主体的足够信息,加上商业金融的规模经济问题的制约,使其在农村金融市场往往无利可图。事实上,正是因为农村金融需求的分散性、担保机制的脆弱、贷款监督的高监督成本等原因,使商业金融在农村金融市场上无可作为。而在监管部门一方,对农村庞杂的金融体系进行监管也面临信息的不充分、监管力量不足等问题,监管部门难以实现有效的监管。从经济意义上讲,商业性金融在分散的农户金融需求面前,其金融服务是不经济、非效率的。而合作性金融是合作社员联合起来自愿入股、团体互助的一种资金融通形式。与商业金融不同,合作性金融是基于互

助原则、共担风险的金融形式，具有“人合性”，即合作金融组织与其成员之间，既是借贷关系，又是风险共担、利益共享的合作关系。通过社员之间的互相了解、制约，将社员与金融组织的信息成本内部化，来解决资金融通中信息不对称和监督成本高的问题。因而，小而灵活、依靠内在约束机制的农村合作金融才是内生于农村经济的金融形式，也才能适应农村分散的金融需求。基于此，体现在农村金融法制化的国际实践中，各国都把合作制作为农村金融法律制度的基础，在制度设计上注重导引合作机制，激励并促进农村合作金融的有效发展。有无专门的农村合作金融立法是一个国家农村合作金融是否走向规范发展道路的重要标志；完善的农村合作金融法是大多数国家农村合作金融能够蓬勃发展的关键原因。各国合作金融立法的首要目标是确认合作金融组织的合法地位，这是确保合作金融组织能与其他经济实体一样获得平等待遇的前提，也是合作金融组织得以自主经营、自我管理的法律依据。相应地，为了使法律的概括性规定得以实施，需要通过一定的法律程序确认合作金融组织的合法性。因此，许多国家都在立法中专门规定了合作社的设立程序；各国合作金融立法都将自愿、民主、互助互利作为农村合作金融法律制度的基本原则，这也是国外农村合作金融生存发展的根本原因。如法国合作金融组织已经有 100 多年的历史，虽然法国的经济体制和银行体制发生了很大的变化，但合作银行的合作制原则和为社员服务的宗旨始终没有改变。

如前所述，党的十一届三中全会以后，我国农村合作金融法律制度供给主要围绕农村信用社展开，在形式上表现为以政策为依据的主管金融机构（农业银行）、人民银行所通过和颁布的规定、办法以及相关文件；在内容上表现为对农村信用社的产权、性质、业务范围的不断反复调整。当前，我国农村合作金融的发展，应在现有《农民专业合作社法》的制度框架内，以实施细则的形式，明确农村合作金融的法律地位、性质、设立条件、程序和监管方式，将自愿、民主、互助互利作为农村合作金融法律制度的基本原则，使农村资金互助社、扶贫基金、民主互助基金等新型农村合作金融机构①能够依法设立、有法可依、受法律保护和监管，顺应农村合作性金融内生于农村经济的客观现实，确保农村合作金融的基础地位。

2. 保障性原则

中国农村金融问题的解决，必须改变农业保险无法可依的状况，尽快颁布农业

---

① 截至 2009 年年底，依据银监会《农村资金互助社管理暂行规定》，全国已成立农村资金互助社 10 家；另外，经济学家茅于轼、汤敏和高战等人分别在山西、江苏等地试点扶贫基金和民主互助基金等农村合作金融组织试点，目前运作良好。

保险法，实现农村金融法律制度的保障性。所谓农村金融法律制度的保障性，是指农村金融法律制度所特有的，通过保险等金融手段分散农业风险，以保障农业的持续稳定和健康发展的特有属性。农村金融法律制度的保障性源于农业在国民经济中的重要性和农业的高风险性。首先，农业作为"衣食之源""生命之本"，对于各国来说，都是国家的重要经济命脉，是承载工业、服务业的基础产业。其次，尽管各国农业生产状况各不相同，但农业的风险性却高度相似。因此，没有国家干预的农业保险市场普遍存在"市场失灵"，而放任"市场失灵"又将影响农业生产本身。为了保障农业的持续稳定和健康发展，发达国家往往通过颁行农业保险法对农业保险市场进行政府干预，与一般商业保险法不同，农业保险法的实质是运用保险经济制度所进行的一种风险管理和社会管理，是政府为保障农业持续稳定和健康发展而作出的一种制度安排。

迄今为止，我国没有关于农业保险的专门立法，而只在《农业法》和《保险法》中提及。[①] 1982 年我国恢复农业保险，由中国人保经营；1986 年新疆生产建设兵团农牧业保险公司成立，在兵团内部利用行政力量开展农业保险；至 2003 年，我国保险市场上有几十家保险公司，只有两家保险公司经营农业保险。农业保险长期处于亏损状态，业务量不断萎缩，保费收入占保险业总保费收入的比例几乎可以忽略不计；2004 年以来，随着新一轮农业保险试点的展开，在国家干预和地方政府推动下，专业农险公司、相互制保险公司、外资农险公司相继进入农业保险市场，农业保险经营主体增多，保险费收入增长，但亏损依然严重。国内外农业保险的实践充分证明，作为农业持续稳定和健康发展的保障，农业保险是准公共物品，对相关法律法规具有很强的依赖性，法律法规的制订与完善是农业保险发展的前提和保障。我国必须尽快颁布农业保险法，明确农业保险的保障性及其在国家农业保护制度中的主体地位，明确规定农业保险的目标、保障范围、保障水平、保险机构和运行方式；明确政府的职能作用，农民的参与方式，各方当事人的权利义务，资本来源和募集方式，财政补贴标准和计算方法，管理费和保费分担原则；明确巨灾风险准备金积累和赔付方式，再保险主体和原则等，为农业保险的发展提供法律依据和制度保障。

① 《保险法》(2009 年)第 184 条规定：国家支持发展为农业生产服务的保险事业。农业保险由法律、行政法规另行规定；《农业法》(2002 年)第 74 条规定：任何单位和个人向农民或者农业生产经营组织提供生产、技术、信息、文化、保险等有偿服务，必须坚持自愿原则，不得强迫农民和农业生产经营组织接受服务。

3. 优惠性原则

农村金融法律制度创新的优惠性原则是农村金融法律制度政策性本质特征的内在要求。相对商业性金融而言,农村金融法律制度应明确赋予农村金融主体在地位、业务范围、资金来源、资金运用、利率水平、还款与宽限期间、担保条件和税收等方面的优惠权利,对农村金融实施“倾斜保护”。优惠性原则是农村金融主体和农村金融市场形成与完善的必要条件。基于农业、农村经济的“弱势性”,农村金融体制运行面临实物资本短缺和贫困的恶性循环,这种恶性循环带来农民的收入水平低下,进而低储蓄和低投资状况难以得到明显改善,这也是中国农村金融难题的根本原因。而改变这一困境的有效和直接措施就是通过法律的倾斜扶持与保护,对农村金融主体和金融市场进行积极的引导和培育。政策性金融法律制度是贯彻优惠性原则的重要渠道,在农村金融改革的初期阶段将发挥重要的窗口示范效应。除此之外,还可以通过补贴、税收减免、税收返还、风险补偿、分担和转移机制,农村担保机制等长效稳定的专门优惠制度,保护、扶持和培育农村金融市场。

4. 竞争性原则

竞争性原则就是要在农村金融法律制度建设过程中引入竞争机制,展开适度和公平的市场竞争,促进农村金融效率的提高和农村金融市场活力的增强。如前所述,从农村的实际情况来看,目前大部分农村地区的金融活动缺乏有效的竞争机制,农村金融领域的业务基本上是由农村信用社独家垄断的,这种垄断地位的存在在客观上成为农村金融体制运行的现实阻碍,直接导致了资金供给的总量不足与低效供给并存。因此,农村金融法律制度创新必须促进竞争机制的形成。根据这一原则,农村金融法律制度创新必须科学合理地界定各类主体的设立程序、条件和布局,在放低门槛的同时严格把关、加强监管,杜绝一哄而上,遍地开花现象;要保证金融主体的适度市场占有率和效益水平,并在融资工具,融资服务项目等方面下功夫,避免因市场规模有限引发过度竞争而难以控制的各种风险发生。竞争机制的引入,还应当创造一个公平竞争的环境,防止垄断,鼓励各类融资主体在合理适度竞争的基础上提供高效率、多样化的服务,防止过度的、无规则的竞争。无规则竞争会导致农村金融秩序的混乱,削弱整个农村金融体系为农业、农村、农民提供融资服务的功能。坚持适度竞争原则还必须建立合理、可行的竞争保障机制。优胜劣汰是市场竞争机制的一个不可避免的重要原则,它必然导致一些农村金融主体不能适应市场变化而被淘汰。被淘汰的通常是金融机构,是经营货币的特殊企业,其债权债务关系十分复杂和广泛,它们的破产比一般企业破产给社会经济造成的影响大得多,可能会牵一发而动全身。所以,农村金融法律制度创新应当通过竞争保障机制,一方面,确保投融资主体的合法利益;另一方面,为竞争创造稳定的、良好的外部环境。

第二节　新型农村金融机构法律制度的改革与创新

为了切实实现新型农村金融机构有效率可持续"支农",新型农村金融机构法律制度的改革与创新必须以法治化为基本路径,以支农性、政策性和普惠性为目标方向,以合作性、保障性、优惠性和竞争性为基本原则,从新型农村金融机构制度供给的结构入手,明确新型农村金融机构法律制度供给的主体,优化新型农村金融机构法律制度供给的逻辑,改进新型农村金融机构法律制度供给的方式,调整新型农村金融机构法律制度供给的内容。

一、明确新型农村金融机构法律制度的供给主体

法律制度供给主体是法律制度供给的"头脑"和"灵魂"。法律制度供给主体主导法律制度供给的逻辑,影响法律制度供给的方式,并决定法律制度供给的内容、效率和效果。如第八章所述,由于"金融支农"至关农业、农村发展的国家利益和国家战略,本质上又无法通过市场化方式解决,各国一般都采取通过国家立法拟制成立专门监管机关,并以专门监管机关和最高立法机关为新型农村金融机构法律制度供给主体的模式。法律制度供给主体的独立性和权威性是农村金融法律制度供给质量和效果的重要保障。如美国 1933 年《农业信贷法》成立独立的农业信贷管理局(Farm Credit Administration,FCA),赋予农业信贷管理局独立的统辖整个农业信贷系统机构的专门监管权限。农业信贷管理局和美国国会是农村金融法律制度的供给主体。法国 1920 年依据法令,成立独立的国家农业信贷管理局,专门管理农业信贷地方银行和农业信贷地区银行。国家农业信贷管理局和法国国会是法国农村金融法律制度的供给主体。如第五章、第六章所述,我国新型农村金融机构法律制度作为农村金融法律制度的组成部分,其供给主体是中央和国务院命令授权下的中央监管当局和地方监管部门。原银监会和各地银监分局负责村镇银行、贷款公司、农村资金互助社的法律制度供给;原银监会和各省级政府小额贷款公司监管机构(主要是金融办)负责小额贷款公司的法律制度供给。我国的农村金融监管当局与城市金融监管当局高度一体,不具有独立性;农村金融制度主要由一元金融监管当局自行供给,以便利审批为制度供给的潜在优先目标,采取"发号施令"的制度供给模式,

供给内容主要注重调整新型农村金融机构的合规性、稳健性（风险控制）和市场竞争性，而对于专门的政策性优惠的金融权利和专门的支农性限制的金融义务的供给并无特别偏好。与全国人大及其常委会通过的正式法律相比，我国农村金融监管当局颁布的农村金融法律制度（法律渊源包括部门规章和规范性文件，主要是部门规范性文件）部门立法色彩浓重，较多反映监管当局部门利益，而非国家、社会公共利益，缺乏稳定性、统筹性和权威性。

新型农村金融机构法律制度的供给侧结构性改革，必须从国家利益和国家战略的层面认识“金融支农”的重要意义，立足长远、冷静谋划、对症下药，“积极推进农村金融立法”，并通过国家立法授权，建立专门的农村金融监管机构，明确农村金融法律制度的供给主体，确保农村金融法律制度供给的独立性、权威性、稳定性和统筹性。

二、优化新型农村金融机构法律制度的供给逻辑

法律制度供给逻辑是法律制度供给的“心脏”和“神经中枢”。法律制度供给逻辑决定法律制度供给的发展方向，影响法律制度供给方式，并制约着法律制度供给的内容、效率和效果。法律制度供给逻辑分为法律制度供给的制度逻辑和法律制度供给的历史逻辑。其中，法律制度供给的制度逻辑是应然逻辑，法律制度供给的历史逻辑是实然逻辑。本书所指的优化新型农村金融机构法律制度的供给逻辑是指优化其实然的历史逻辑。如第五章所述，根据赫维茨贝叶斯博弈框架，新型农村金融机构法律制度供给可以被简化为委托—代理的三个阶段：第一阶段，委托人发现一种新的机制；第二阶段，代理人行动，决定接受这种机制并设计出机制实施方案[法律规则（契约、利益分配方案）]；第三阶段，代理人及其代理人在机制约束下选择自己的行为。其中，代表全国人民的党中央是委托人，最高监管当局（原银监会）是代理人，原银监会的授权分支机构是代理人的代理人。在这三个阶段中，由于委托人与代理人之间属于弱委托代理关系，委托人对代理人并没有法定或约定的强制约束力；而代理人的代理人作为代理人的下属分支授权机构，只有服从代理人的义务，因此，代理人（原银监会）是新型农村金融机构法律制度的实际供给主体（核心决策层），代理人（原银监会）的偏好与利益，是影响新型农村金融机构法律制度供给逻辑的决定性因素。这些因素与来自委托人以及代理人的代理人的因素相互作用，就构成了新型农村金融机构的制度供给逻辑。当然，在这三对内在相互矛盾的制度供给逻辑中，由制度供给主体（核心决策层）原银监会的偏好与利益所决定，强

制性逻辑、行政性逻辑、封闭性逻辑是影响新型农村金融机构法律制度供给的“强”逻辑,它们更为彻底地决定着新型农村金融机构法律制度的发展历程和当前面貌。

新型农村金融机构法律制度的供给侧结构性改革,必须在国家立法明确独立的、权威的制度供给主体的基础上,坚定新型农村金融机构“支农性”“政策性”“普惠性”的“新”内涵,拓展“服务于农村、农业发展的县域银行和金融租赁公司”“农民合作社内部资金互助组织”“‘三农’融资担保机构体系”“农村普惠金融机构、农村互联网金融机构、农村移动金融机构”的“新”外延。以诱致性逻辑顺应“金融支农”的本质需求和发展规律,以市场性逻辑培育可持续的农村金融机构,以开放性逻辑激励竞争充分的农村金融市场,不断改善新型农村金融机构法律制度供给的适应性,提升新型农村金融机构法律制度供给的质量、效率和效果。

三、改进新型农村金融机构法律制度的供给方式

法律制度供给方式包括法律制度供给的程序和形式,是法律制度供给的“血管”和“神经”。法律制度供给方式决定法律制度供给效率,影响法律制度供给内容,制约法律制度供给效果。科学合理的法律制度供给程序,明确规范的法律制度供给形式是优质高效法律制度形成的前提和基础,而优质高效的法律制度则是采纳科学理性的法律制度供给程序、明确规范的法律制度供给形式之后的必然结果。我国还没有一部由全国人大(常委会)通过的正式农村金融立法,没有解决农村金融问题的顶层设计和系统立法规划。工业化、城市化、国有企业改革、国有金融改革、加入WTO、化解金融风险、防范金融危机等一系列重要战略的实施,无一不直接或间接地牵引和左右着农村金融制度供给的方向,体现农村金融在政府心目中“附属”和“基层”的定位。农村金融制度供给既没有“一以贯之”的顶层设计,也没有“科学合理”的供给程序,更缺乏“明确具体”的供给形式。中华人民共和国成立以来,由于初始条件不足和经济发展战略使然以及这种战略在市场经济条件下的延续,使农村金融制度供给始终被置于国家的工业化目标函数之内和服务于“三农”的目标函数之外,处于“是农非农”的尴尬境地。农村金融发展不但长期缺乏对其自身规律的认识总结、缺乏明确的目标定位,而且一直从属于政府的经济发展战略。农村金融资源的配置以政府为中心,政府对农村资金的来源和运用具有垄断性支配权。政府完全介入农村金融的所有制定位和经营业务上,农村金融逐渐发生异变,成为政府实现其经济发展战略的工具。近40年来,中国农村金融制度变迁所体现的主要是中央政府和地方政府以及各类金融机构之间的利益关系,未能真正把握农村金融关系的本

质特征和发展规律。我国除农业法、农民专业合作社法等相关法律的个别条款对农村金融作出原则规定以外,农村金融领域立法层级最高的乃属国务院2012年颁布的行政法规《农业保险条例》。这不仅滞后于农业法律、金融法律的发展,滞后于农村金融发展的实践,而且与连续14个中央1号文件对农村金融问题的高度重视极不匹配。

新型农村金融机构法律制度供给侧结构性改革,必须在国家立法明确独立的、权威的制度供给主体的基础上,遵循诱致性、市场性和开放性逻辑,"站在巨人肩上",充分意识到法律制度在权利配置和市场培育中的基础地位和核心作用,凝聚共识、统筹谋划、对症下药,积极推进农村金融立法,逐步将农村金融真正纳入法治轨道。农村金融法治化,首先必须把握立法对象,明确立法目的,注重程序科学与形式理性。当前应遵循"需求分析—目标定位—顶层设计—重点界定—难点突破—风险监控—协同优化—立法规范"的思路,科学论证农村金融法制化的现实基础与内在要求,准确定位现代农村金融法律制度的目的与功能,系统构造新形势下现代农村金融法律制度的完整框架,并结合国内外成功经验与本国具体国情提出立法规划和立法方案。

四、调整新型农村金融机构法律制度的供给内容

法律制度供给的内容是所供给法律制度规范的总和,是法律制度供给的"组织"和"血液"。法律制度供给内容决定法律制度供给的形式、效率和效果。科学有效的法律制度规范是法律制度供给的根本目标。独立权威的立法主体、诱致开放的立法逻辑、科学合理的立法程序是实现这一根本目标的条件和手段。科学有效的法律制度规范反映法律关系的本质特征,体现法律关系的内在要求,凝聚立法者的法律智慧与技术理性,内在高度协调统一。

新型农村金融机构法律制度供给侧结构性改革,必须在国家立法明确独立的、权威的制度供给主体的基础上,遵循诱致性、市场性和开放性逻辑,"积极推进农村金融立法",并依照科学理性立法程序,调整新型农村金融机构法律制度的供给内容。目前应将存量调整与增量改进相协调,在对现有规范性文件进行分类、清理、修改和完善的基础上,采取农村政策性金融、农村合作性金融、农业保险分别立法的立法模式,注重法律制度供给的均衡性、整体性和协调性,注重法律规范供给的农村金融权利—农村金融义务—农村金融责任的"三位一体"。当前应尽快完成农村政策性金融和农村合作性金融的立法工作,以法律的形式稳定规范农村政策性金融机构

的性质、地位、功能、经营目标、业务范围、管理方式、考核指标、资本来源、融资方式、会计核算原则、融资方式和法律责任等,明确界定其与政府、财政、中央银行、银行业监管机构与外部主体的关系,以正常稳定地发挥农村政策性金融诱导培育功能;在农村合作性金融立法中明确农村合作金融的法律地位、性质、设立条件、程序和监管方式,将自愿、民主、互助互利作为农村合作金融法律制度的基本原则,使农村资金互助社、扶贫基金、民主互助基金等新型农村合作金融机构能够依法设立、有法可依、受法律保护和监管,顺应农村合作性金融内生于农村经济的客观现实,确保农村合作金融的基础地位。

附件　新型农村金融机构服务调查问卷*

朋友：

您好，当您接过这份问卷时，请接受我们最诚挚的问候。为了深入了解农村金融需求状况，进一步解决你们关心的农村金融问题，我们组织此项调查。

本调查不记名，绝不会泄露您的信息，希望您能够放心如实作答。本次调查的结果，课题组将提交国家有关部门，作为制定农村金融体制改革和培育农村金融市场的政策参考。

非常感谢您能在百忙之中抽出时间参加调查，提供宝贵的意见。祝您工作顺利，生活愉快！

西南政法大学国家社科基金项目

“新型农村金融机构法律制度研究”课题组

一、家庭基本情况

1. 您所在的地区是________省________市________区（县）________乡（镇）________村

2. 您家庭人数________人

3. 您家庭人口年龄构成：

---

* 本课题的调查以农村地区农户家庭为主要对象，以问卷、访谈为主要方式，共计发放问卷2500份，有效回收1863份。

A. 20 岁以下　　B. 20 ~ 60 岁　　C. 60 岁以上

4. 您家成员的最高学历是：

A. 小学　　B. 初中

C. 高中　　D. 大专

E. 本科及以上

5. 您家的年人均纯收入大概在以下哪个收入段：

A. 2000 元以下　　B. 2000 ~ 5000 元

C. 5000 ~ 10,000 元　　D. 10,000 元以上

6. 您家的主要经济来源：(可多选)

A. 农业收入　　B. 主要劳动力外出务工收入

C. 做生意收入　　D. 其他

7. 您家的耕地面积：

A. 1 亩以下　　B. 1 ~ 2 亩

C. 2 ~ 3 亩　　D. 3 ~ 4 亩

E. 5 亩以上

8. 您是否有余钱？

A. 有　　B. 无

9. 如果您有余钱，您如何理财？

A. 存进银行　　B. 炒股

C. 购买基金　　D. 购买债券

E. 炒房　　F. P2P 理财

10. 您是否了解并开通网上银行？

A. 已开通　　B. 了解但未开通

C. 不了解，未开通

11. 您是否使用支付宝、微信等类似软件进行付款或转账？

A. 经常　　B. 偶尔

C. 知道但不用　　D. 不知道

二、家庭的借贷资金需求情况

12. 您家庭有无借贷需求？

A. 有　　B. 无

13. 若有借贷需求,那么您的借贷需求范围是? 若无借贷需求,请跳至 17 题。

A. 5000 元以内　　B. 5000 ~ 10,000 元

C. 10,000 ~ 50,000 元　　D. 50,000 元以上

14. 若有借贷需求,那么您的借贷需求的理想还款期限是?

A. 6 个月以内　　B. 1 年以内

C. 1 ~ 3 年　　D. 3 ~ 5 年

E. 5 年以上

15. 若有借贷需求,您计划将借款用于:

A. 农业生产性用途　　B. 生活消费型用途

C. 做小本生意　　D. 其他

三、家庭的借贷行为

16. 您家过去两年有无借贷?

A. 有　　B. 没有

17. 如果您近两年有借贷款,借了多少元?

A. 1 万元以内　　B. 1 万 ~ 5 万元

C. 5 万 ~ 10 万元　　D. 10 万元以上

18. 若有借贷,获得借贷的途径? (可多选)

A. 向银行或信用社借款　　B. 向亲友借贷

C. 找村里的放贷人　　D. 向村镇银行或小贷公司借贷

19. 如果是民间借贷,您的借贷是下列哪一种借贷? 利率有多高?

A. 无息　　B. 有息借贷,利率是____

C. 高息借贷,利率是____

20. 如果是选择民间借贷,您的借款? (可多选)

A. 有借据　　B. 无借据

C. 有担保　　D. 无担保

21. 如果您是选择向国家金融机构贷款,是向下列哪类金融机构借的款?

A. 农村信用社　　B. 农业银行

C. 农业发展银行　　D. 村镇银行或小贷公司

E. 其他商业银行

22. 您借款和贷款主要用于?

A. 农业生产性用途　　B. 生活消费型用途

C. 做小本生意

23. 如果用于农业生产性用途，具体用于以下哪些项目？（可多选）

A. 购买农业生产资料如种子、化肥等　　B. 购买农机机器或用具

C. 畜牧养殖　　D. 其他

24. 如果用于家庭生活消费性用途，具体用于下列哪些项目？（可多选）

A. 盖房　　B. 看病

C. 子女上学　　D. 买大件消费品

E. 生活困难　　F. 人情往来

G. 婚丧嫁娶　　H. 偿还贷款

I. 其他

四、对农村金融服务的总体感受

25. 距离您家最近的金融机构是？

A. 农村信用社　　B. 农业银行

C. 村镇银行或小贷公司　　D. 其他

26. 您村或其他村或镇上是否有人专门放贷给村民？

A. 有　　B. 无（跳至 28 题）

C. 不清楚（跳至 28 题）

27. 如果有人专门借钱给村民，有________人（户）专门放贷？利息一般是________？

28. 您对目前金融机构提供的服务是否满意？

A. 很满意　　B. 满意

C. 基本满意　　D. 不满意

29. 您认为从国家金融机构贷款难易程度：

A. 很困难　　B. 困难

C. 容易　　D. 很容易

30. 如果您认为向金融机构贷款困难，主要困难和原因是？（可多选）

A. 放款数量太少，不够用　　B. 手续太复杂，不方便

C. 贷款利息比较高，受不了　　D. 没有抵押的财产，贷不了

E. 没有关系，贷不到　　F. 自身信用问题

G. 其他

31. 现在您最关心的金融服务问题是？（可多选）

A. 降低借贷利率　　B. 解决贷款困难问题

C. 提高贷款额度　　D. 放松贷款条件

E. 增加银行网点　　F. 提供更多贷款种类

G. 提高贷款透明度　　H. 其他

32. 对于农村金融服务您的其他意见或建议：

____

____

参考文献

一、中文译著

[1][德]马克思:《资本论》(第1－3卷),中共中央马克思恩格斯列宁斯大林著作编译局编译,人民出版社1975年版。

[2][德]马克思、恩格斯:《马克思恩格斯全集》(第25卷),中共中央马克思恩格斯列宁斯大林著作编译局编译,人民出版社1974年版。

[3][德]马克思、恩格斯:《马克思恩格斯全集》(第2卷),中共中央马克思恩格斯列宁斯大林著作编译局编译,人民出版社1974年版。

[4][德]马克思、恩格斯:《马克思恩格斯全集》(第23卷),中共中央马克思恩格斯列宁斯大林著作编译局编译,人民出版社1972年版。

[5]《列宁选集》(第4卷),中央编译局编译,人民出版社1995年版。

[6][英]亚当·斯密:《国富论》,郭大力、王亚南译,商务印书馆1974年版。

[7][英]凯恩斯:《就业利息与货币通论》,徐毓枬译,商务印书馆1983年版。

[8][美]道格拉斯·诺斯:《经济史中的结构与变迁》,陈郁等译,上海人民出版社1994年版。

[9][美]L. E. 戴维斯、D. C. 诺斯:《制度创新的理论:

描述、类推与说明》，载科斯：《财产权利与制度变迁》，刘守英等译，上海三联书店、上海人民出版社 1994 年版。

[10][美]L. E. 戴维斯、D. C. 诺斯：《制度变迁的理论：概念与原因》，载科斯：《财产权利与制度变迁》，上海三联书店、上海人民出版社 1994 年版。

[11][美]约翰·G. 格利、爱德华·S. 肖：《金融理论中的货币》，贝多广译，上海人民出版社 1996 年版。

[12][美]德尔伯格、赫里克：《经济发展》，张欣等译，上海译文出版社 1986 年版。

[13][美]冯皮克斯·J. D 等：《发展中经济的农村金融》，汤世生、许均华、钱绪红等译，中国金融出版社 1990 年版。

[14][美]西奥多·舒尔茨：《改造传统农业》，梁小民译，商务印书馆 1987 年版。

[15][美]雷蒙德·W. 戈德史密斯：《金融结构与金融发展》，周朔、郝金诚、肖远企、谢德麟译，贝多广校，上海人民出版社 1996 年版。

[16][美]斯蒂格利茨：《经济学》(下)，梁小民、黄险峰译，吴敬链校，中国人民大学出版社 1997 年版。

[17][美]奥斯特罗姆、皮希特：《制度分析与发展的反思》，王诚等译，商务印书馆 1992 年版。

[18][美]约瑟夫·熊彼特：《经济发展理论：对于利润、资本、信贷、利息和经济周期的考察》，何畏等译，易家祥、张培刚、杨敬年校，商务印书馆 1990 年版。

[19][美]科斯等：《财产权利与制度变迁》，刘守英等译，上海人民出版社 1994 年版。

[20][英]W. 阿瑟·刘易斯：《经济增长理论》(中文版)，梁小民译，上海三联书店 1994 年版。

[21][波]格泽戈尔兹·W. 科勒德克：《从休克到治疗——后社会主义转轨的政治经济》(中文版)，刘晓勇、应春子等译，上海远东出版社 2000 年版。

[22][美]A. 爱伦·斯密德：《财产、权力和公共选择——对法和经济学的进一步思考》，黄祖辉、蒋文华、郭红东、宝贡敏译，上海三联书店 1999 年版。

[23][美]丹尼斯·缪勒：《公共选择》(中文版)，张军译，上海三联书店 1993 年版。

[24][美]康芒斯：《制度经济学》(中文版)，于树生译，商务印书馆 1997 年版。

[25][美]唐·埃思里齐:《应用经济学研究方法论》,朱刚译,经济科学出版社1998年版。

[26][美]罗纳德·麦金农:《经济发展中的货币与资本》(中译本),卢聪译,汪鸿鼎校,上海三联书店1997年版。

[27][美]G. M. 迈耶:《发展经济学的先驱》,谭崇台、梁晓滨、马颖译,谭崇台校,经济科学出版社1988年版。

[28][美]查尔斯·K. 威尔伯:《发达与不发达问题的政治经济学》,高铦等译,中国社会科学出版社1984年版。

[29][印]苏布拉塔·贾塔克:《发展经济学》,卢中原等译,商务印书馆1989年版。

[30][美]托马斯·库恩:《科学革命的结构》,金吾伦、胡新和译,北京大学出版社2003年版。

[31][美]奥尔森:《国家兴衰的探源——经济增长、滞胀与社会僵化》,吕应中、陈槐庆、吴栋、孙礼照译,吕应中校,商务印书馆1993年版。

[32][美]奥尔森:《集体行动的逻辑》,陈郁、郭宇峰译,上海三联书店1994年版。

[33][荷]尼尔斯·赫米斯、罗伯特·伦辛克:《金融发展与经济增长——发展中国家(地区)的理论与经验》,余昌淼等译,经济科学出版社2001年版。

[34][美]兹维·博迪、罗伯特·莫顿:《金融学》,欧阳颖、贺书捷、李振坤、周炜译,伊志宏、金李校,中国人民大学出版社2000年版。

[35][德]柯武刚、史漫飞:《制度经济学》,韩朝华译,商务印书馆2000年版。

[36][日]鹿野嘉昭:《日本的金融制度》,余熳宁译,中国金融出版社2003年版。

[37][匈牙利]马扎亚尔:《中国农村经济研究》,陈代青、彭桂秋译,上海神州国光出版社1932年版。

[38][英]马尔科姆·卢瑟姆:《经济学中的制度——老制度主义和新制度主义》,陈波、郁仲莉译,中国社会科学出版社1999年版。

[39][美]雷蒙德·W. 戈德史密斯:《金融结构与金融发展》,周朔译,上海三联书店1994年版。

二、中文专著

[1]《邓小平文选》(第1-2卷),人民出版社1993年版。

[2]《邓小平文选》(第3卷),人民出版社1994年版。

[3]费孝通:《江村经济——中国农民的生活》,商务印书馆2001年版。

[4]费孝通:《乡土中国》,北京大学出版社1998年版。

[5]费正清:《美国与中国》,商务印书馆1987年版。

[6]黄宗智:《长江三角洲小农经济与乡村发展》,中华书局2000年版。

[7]黄宗智:《华北的小农经济与社会变迁》,中华书局2000年版。

[8]卓泽渊:《法理学》,法律出版社2004年版。

[9]林毅夫、[美]费德尔、刘遵义、罗小明:《中国的农业信贷与农场绩效》,北京大学出版社2000年版。

[10]林毅夫:《关于制度变迁的经济学理论:诱致性变迁与强制性变迁》,上海人民出版社1994年版。

[11]林毅夫、蔡昉、李周:《中国的奇迹:发展战略与经济改革》,上海三联出版社、上海人民出版社1994年版。

[12]林毅夫:《发展战略与经济改革》,北京大学出版社2004年版。

[13]林毅夫:《制度、技术与中国农业发展》,上海三联出版社1992年版。

[14]王煜宇:《农村金融法律制度改革与创新——基于法经济学的分析范式》,法律出版社2012年版。

[15]王煜宇:《西部地区农村投融资体制改革问题研究——基于法经济学的分析范式》,法律出版社2009年版。

[16]温涛等:《农村金融可持续发展的服务创新与动态竞争战略研究》,北京师范大学出版社2014年版。

[17]温涛:《农村金融风险控制与战略重组研究》,西南师范大学出版社2008年版。

[18]温涛:《农村资金配置绩效评价与制度创新研究》,西南师范大学出版社2011年版。

[19]冉光和:《金融产业可持续发展理论研究》,商务印书馆2004年版。

[20]冉光和:《农村金融资源开发机理与风险控制》,中国社会科学出版社2011年版。

[21]冉光和等:《现代农村金融制度构建与创新》,科学出版社2013年版。

[22]周立:《中国农村金融:市场体系与实践调查》,中国农业科学技术出版社2010年版。

[23]白钦先等:《金融可持续发展研究导论》,中国金融出版社2001年版。

[24]黄达:《金融——词义、学科、形势、方法及其他》,中国金融出版社2001年版。

[25]国风:《中国农村经济制度创新分析》,商务印书馆2003年版。

[26]刘锡良:《中国转型期农村金融体系研究》,中国金融出版社2006年版。

[27]王维安:《经济发展中的金融安全》,中国社会科学出版社2000年版。

[28]杨琳:《金融发展与实体经济增长》,中国金融出版社2002年版。

[29]张军:《双轨制经济学:中国的经济改革》,上海三联书店、上海人民出版社1998年版。

[30]张军:《改革后中国农村的非正规金融部门:温州案例》,中国财政经济出版社1999年版。

[31]曾康霖:《金融经济学》,西南财经大学出版社2002年版。

[32]周霆等:《中国农村金融制度创新论:基于"三农"视角的分析》,中国财政经济出版社2005年版。

[33]王定祥:《农村金融市场成长论》,科学出版社2011年版。

[34]王曙光等:《普惠金融:中国农村金融重建中的制度创新与法律框架》,北京大学出版社2013年版。

[35]胡必亮等:《农村金融与村庄发展:基本理论、国际经验与实证分析》,商务印书馆2006年版。

[36]张杰:《中国农村金融制度调整的绩效:金融需求视角》,中国人民大学出版社2007年版。

[37]汪小亚等:《农村金融改革:重点领域和基本途径》,中国金融出版社2014年版。

[38]陈雨露、马勇:《中国农村金融论纲》,中国金融出版社2010年版。

[39]刘玲玲等:《中国农村金融发展报告》,清华大学出版社2010年版。

[40]国务院农村综合改革工作小组办公室课题组:《建立现代农村金融制度问题研究》,中国财政经济出版社2011年版。

[41]中国人民银行农村金融服务研究小组:《中国农村金融服务报告》,中国金

融出版社2012年版。

三、中文期刊

[1]高鸿钧:《比较法研究的反思:当代挑战与范式转换》,载《中国社会科学》2009年第6期。

[2]高晋康:《民间金融法制化的界限与路径选择》,载《中国法学》2008年第4期。

[3]顾培东:《也论中国法学向何处去》,载《中国法学》2009年第1期。

[4]岳彩申:《民间借贷规制的重点及立法建议》,载《中国法学》2011年第5期。

[5]甘培忠:《对金融创新的信义义务的法律规制》,载《法学》2009年第10期。

[6]张书清:《民间借贷的制度性压制及其解决途径》,载《法学》2008年第9期。

[7]冯果:《金融法的"三足定理"及中国金融法制的变革》,载《法学》2011年第9期。

[8]陈柏峰:《地方性共识与土地承包的法律实践》,载《中外法学》2008年第2期。

[9]高祥:《澳大利亚农村金融法律与服务研究》,载《比较法研究》2011年第1期。

[10]刘丹冰:《金融创新与法律制度演进关系探讨》,载《法学》2013年第5期。

[11]郑景元:《公私合作:我国农村信用社存续的有效路径——域外立法经验及其借鉴》,载《法商研究》2014年第1期。

[12]邵明波:《法律起源与金融发展:一个文献综述》,载《社会科学战线》2009年第8期。

[13]王煜宇:《中国特色农村金融法律制度:历史语境,现实障碍与未来选择》,载《浙江社会科学》2011年第2期。

[14]姚耀军:《中国农村金融研究的进展》,载《浙江社会科学》2005年第4期。

[15][美]马哈尼:《从普通法与大陆法的比较看中国法制改革》,载《环球法律评论》2007年第1期。

[16][日]青木昌彦:《什么是制度?我们如何理解制度?》,载《经济社会体制比较》2000年第6期。

[17][美]道格拉斯·诺斯:《论制度》,载《经济社会体制比较》1991年第6期。

[18]国务院发展研究中心课题组:《中国新农村建设推进情况总报告——对17

个省(市、区)2749个村庄的调查》,载《改革》2007年第6期。

[19]中国农村金融需求与农村信用社改革课题组:《中国农村金融现状调查及其政策建议》,载《改革》2007年第1期。

[20]中国人民银行成都分行课题组:《贫弱地区农村金融制度绩效研究——甘孜州案例分析》,载《金融研究》2006年第9期。

[21]北京大学中国经济研究中心宏观组:《金融不是虚拟经济》,载《经济社会体制比较》2002年第1期。

[22]北京大学中国经济研究中心经济发展战略组:《造成目前金融体系中问题的根源》,载《经济工作者参考资料》2000年第38期。

[23]西南财经大学中国金融研究中心调研组:《农村金融改革值得探讨的几个理论问题——基于重庆市农村信用社改革成效的跟踪调查》,载《金融研究》2006年第8期。

[24]川南七市州课题联合调查组:《农村融资新特点及趋势分析——对川南14个农业县的调查》,载《西南金融》2006年第1期。

[25]陈晴等:《中国农村合作金融机构改革存在的法律问题及其原因分析》,载《重庆大学学报(社会科学版)》2007年第6期。

[26]姜旭朝、杨杨:《合作金融的制度视角》,载《山东大学学报(哲学社会科学版)》2004年第1期。

[27]刘祚祥:《农村金融创新的理论基础及其发展逻辑》,载《湖南社科学报》2009年第1期。

[28]熊德平:《社会主义市场经济与所有制关系探索》,载《扬州大学学报(人文社科版)》2002年第2期,转载中国人民大学报刊复印资料2002年第7期。

[29]温涛、王煜宇:《政府主导的农业信贷、财政支农模式的经济效应——基于中国1952~2002年的经验验证》,载《中国农村经济》2005年第10期。

[30]冯开文:《一场诱致性制度变迁——改革开放以来中国农村经济制度变迁的反观与思考》,载《中国农村经济》1998年第7期。

[31]何广文:《从农村居民资金借贷行为看农村金融抑制与金融深化》,载《中国农村经济》1999年第10期。

[32]何广文:《中国农村金融供求特征及均衡供求的路径选择》,载《中国农村经济》2001年第10期。

[33]殷本杰:《金融约束:新农村建设的金融制度安排》,载《中国农村经济》

2006 年第 6 期。

[34]刘西川等:《小额信贷的目标上移:现象描述与理论解释——基于三省(区)小额信贷项目区的农户调查》,载《中国农村经济》2007 年第 8 期。

[35]罗来武、刘玉平、卢宇荣:《从机构观到功能观:中国农村金融制度创新的路径选择》,载《中国农村经济》2004 年第 8 期。

[36]何大安:《中国农村金融市场风险的理论分析》,载《中国农村经济》2009 年第 7 期。

[37]熊建国:《中国农户融资的现状分析与民间金融——来自江西省上饶市的个案调查与思考》,载《中国农村经济》2006 年第 3 期。

[38]余新平等:《中国农村金融发展与农民收入增长》,载《中国农村经济》2010 年第 6 期。

[39]王家传:《农村信用社经营目标与发展模式再探》,载《中国农村经济》2003 年第 10 期。

[40]张红宇:《现阶段农村金融组织体系的功能缺陷》,载《中国农村经济》2004 年第 2 期。

[41][加]米尔顿·博伊德、杰弗里派伊、易细纯、张峭:《加拿大农业保险的经历和经验》,载《中国农村经济》2007 年第 2 期。

[42]叶敬忠:《社会学视角的农户金融需求与农村金融供给》,载《中国农村经济》2004 年第 8 期。

[43]杜晓山:《农村金融体系框架,农村信用社改革和小额信贷》,载《中国农村经济》2002 年第 8 期。

[44]王煜宇:《农村金融法制化:国际经验与启示》,载《农业经济问题》2011 年第 8 期。

[45]温涛:《新形势下推进农村金融服务创新的现实思考》,载《农业经济问题》2010 年第 10 期。

[46]熊德平:《农业产业机构调整的内涵、关键、问题与对策》,载《农业经济问题》2002 年第 6 期。

[47]李喜梅、彭建刚:《经济变迁中的中国农村金融——一个从隐功能角度的解释框架》,载《农业经济问题》2005 年第 10 期。

[48]黄延信、李伟毅:《城乡统筹背景下农村金融改革创新——重庆市的实践与启示》,载《农业经济问题》2012 年第 5 期。

[49]吕勇斌、赵培培:《我国农村金融发展与反贫困绩效:基于2003～2010的经验验证》,载《农业经济问题》2014年第1期。

[50]周妮笛:《基于AHP-DEA模型的农村金融生态环境评价——以湖南省为例》,载《中国农村观察》2010年第4期。

[51]高沛星、王修华:《我国农村金融排斥的区域差异与影响因素——基于省际数据的实证分析》,载《农业技术经济》2011年第4期。

[52]刘锡良等:《城乡统筹视野的城市金融与农村金融对接:成都个案》,载《改革》2010年第2期。

[53]林毅夫:《信息、非正规金融与中小企业融资》,载《经济研究》2005年第7期。

[54]温涛、冉光和、熊德平:《中国金融发展与农民收入增长》,载《经济研究》2005年第9期。

[55]江春:《论金融的实质及制度前提》,载《经济研究》1999年第7期。

[56]唐成:《中国的政策性金融和邮政储蓄的关系研究》,载《经济研究》2002年第11期。

[57]张卓元:《改革开放以来我国经济理论研究的回顾与展望》,载《经济研究》1997年第6期。

[58]洪正:《新型农村金融机构改革可行吗?——基于监督效率视角的分析》,载《经济研究》2011年第2期。

[59]万广华:《转型经济中农户储蓄行为:中国农村的实证研究》,载《经济研究》2003年第5期。

[60]谢平、徐忠:《公共财政,金融支农与农村金融改革——基于贵州省及其样本县的调查分析》,载《经济研究》2006年第4期。

[61]林毅夫:《金融改革和农村经济发展:利率政策、农村金融机构行为与农村信贷短缺》,载《金融研究》2004年第12期。

[62]张杰:《解读中国农贷制度》,载《金融研究》2004年第2期。

[63]张杰:《农户、国家与中国农贷制度:一个长期视角》,载《金融研究》2005年第2期。

[64]高圣平、刘萍:《农村金融制度中的信贷担保物:困境与出路》,载《金融研究》2009年第2期。

[65]谢平:《利益共同体的胁迫与共谋行为:论金融监管腐败的一般特征与部

门特征》,载《金融研究》2003 年第 7 期。

[66]许成钢:《法律、执法与金融监管——介绍“法律的不完备性”理论》,载《经济社会体制比较》2001 年第 5 期。

[67]周孟亮、李明贤:《中国农村金融“双线”改革思路:比较与协调》,载《经济社会体制比较》2011 年第 4 期。

[68]钱颖一:《市场与法治》,载《经济社会体制比较》2000 年第 3 期。

[69]黄继忠:《省级财政支出制度:委托代理关系下的分析》,载《经济社会体制比较》2003 年第 6 期。

[70]何德旭等:《我国农村金融市场供求失衡的成因分析:金融排斥性视角》,载《经济社会体制比较》2008 年第 2 期。

[71]岳意定、刘立新:《农村金融效率:研究现状及借鉴》,载《财经理论与实践》2013 年第 4 期。

[72]蔡四平:《利益博弈:功能视角的农村金融组织体系重构的逻辑依据》,载《财经理论与实践》2008 年第 1 期。

[73]姚耀军等:《中国农村金融体系的资金配置功能分析》,载《财经理论与实践》2006 年第 4 期。

[74]江曙霞等:《贫困农户服务:研究综述与展望》,载《财经理论与实践》2007 年第 6 期。

[75]邓乐平等:《法与金融最新研究进展述评》,载《经济学动态》2007 年第 1 期。

[76]赵晓康:《金融中介理论及其演变》,载《经济学动态》2003 年第 1 期。

[77]王修华、邱兆祥:《农村金融发展对城乡收入差距的影响机理与实证研究》,载《经济学动态》2011 年第 2 期。

[78]王煜宇:《“坚持以人民为中心”的理论维度、制度维度与实践维度》,载《现代法学》2021 年第 2 期。

[79]周立、周向阳:《中国农村金融体系的形成与发展逻辑》,载《经济学家》2009 年第 8 期。

[80]温涛等:《县域农村金融抑制与农民收入内部不平等》,载《经济科学》2014 年第 4 期。

[81]陈雨露:《中国农村金融发展的五个核心问题》,载《中国金融》2010 年第 19 期。

[82]吴晓灵:《建立现代农村金融制度的若干问题》,载《中国金融》2010年第10期。

[83]汪小亚:《农村金融制度创新重点》,载《中国金融》2013年第10期。

四、中文学位论文

[1]虞增鑫:《功能性金融监管制度研究》,复旦大学2009年硕士学位论文。

[2]付振全:《我国农村金融法律制度研究》,中国政法大学2008年硕士学位论文。

[3]成艳泰:《农村合作金融发展的法律支持研究》,武汉大学2004年硕士学位论文。

[4]崔西营:《论我国农村金融组织法律制度的完善与创新》,西南政法大学2007年硕士学位论文。

[5]刘俊:《各国问题金融机构处理的比较法研究》,华东政法学院2007年博士学位论文。

[6]蔡四平:《基于功能视角的农村金融组织体系重构研究》,中南大学2006年博士学位论文。

[7]戴礼荣:《金融下乡——构建国家与农民间的信用》,华中师范大学2008年博士学位论文。

[8]余子鹏:《中国农村金融演变——创新和风险管理》,华中科技大学2006年博士学位论文。

[9]张晓燕:《中国农村民间金融市场运行机制研究》,西北农林科技大学2008年博士学位论文。

[10]雷启振:《中国农村金融体系构建研究——基于三农实证视角》,华中科技大学2009年博士学位论文。

[11]丁忠民:《中国农村金融市场成长机制与模式研究》,西南大学2008年博士学位论文。

[12]王小华:《农民收入超常规增长的要素配置与政策调控》,西南大学2016年博士学位论文。

五、外文文献

[1] Atieno, Rosemary, *Formal and Informal Institutions Lending Policies and*

Access to Credit by Small-scale Enterprises in Kenya: *An Empirical Assessment*, University of Nairobi, AERC Research Paper 111, African Economic Research Consortium, Nairobi, November(2001).

[2] R. A. Chaves, S. Sanchez, S. Schor, E. Tesliuc et al., *Financial Markets, Credit Constraints, and Investment in Rural Romania*, World Bank-Technical Papers, No. 499 (2007).

[3] Azuma, Yoshiaki, Herschel I. Grossman, *A Theory of the Informal Sector*, Working Paper 8823, National Bureau of Economic Research(2002).

[4] Boehlje, M. D. and Lins, D. A., *Risks and Risk Management in an Industrialized Agriculture*, Agricultural Finance Review 58, p. 1 – 16(1998).

[5] B. Snowdon, H. R. Vane, *Understanding Modern Macroeconomics*, Cambridge University Press, (1999).

[6] Bernd Balkenhol, *Microfinance and Public Policy*, Outreach, Performance and Efficiency, Palgrave Macmillan(2007).

[7] Bottomley, J. A., *Interest Rate Determination in Underdeveloped Rural Areas*, 57 American Journal of Agricultural Economics 279 – 291(1975).

[8] Cooper and John, *Coordinating Coordination Failures in Keynesian Model*, Quarterly Journal of Economics, (8)(1988).

[9] Cuong H. Guyen, *Determinants of Credit Participation and Its Impact on Household Consumption*: *Evidence From Rural Vietnam*, CERT Discussion Papers with Number 0703(2007).

[10] Diagne Aliou & Zeller Manfred, *Access to Credit and Its Impact on Welfare in Malawi*, International Food Policy Research Institute (IFPRI) in Its Series Research Reports with Number 116(2007).

[11] D. Colander, *The Macro foundations of Micro*, Eastern Economic Journal, Vol. 19, p. 447 – 58(1993).

[12] Heywood W. Fleisig and Nuria de la Peña, *Legal and Regulatory Requirements for Effective Rural Financial Markets*, The Center for the Economic Analysis of Law, Washington, DC(2003).

[13] Das-Gupta A. C. P. S., *Layer and Associates*: *Urban Informal Credit Markets in India*, National Institute of Public Finance and Policy, New Delhi, September(1989).

[14] Dietrich, M., *Transaction Cost Economics and Beyond*, Londonand York, Rouledge & Thoemmes PRE(1994).

[15] Deininger et al., *Assessing the Functioning of Land Rental Markets in Ethiopia*, Economic Development and Cultural Change, 57(2008).

[16] E. R. Weintraub, *Microfoundations: The Compatibility of Microeconomics and Macroeconomics*, Cambridge.

[17] Greenwood. J., J. ovanovic, B., *Financial Development, Growth, and the Distribution of Income*, Journal of Political Economy, 98(1990).

[18] Gupta, k. l., *Aggregate Savings, Financial Intermediation and Interest Rate*, Review of Economics and Statistics 69(1987).

[19] Guasch, J. Luis et al., *The Theory of Rural Credit Markets*, University of California, San Diego, p. 61 – 65(1990).

[20] Geertz C., *Agriculture Inovlution: the Process of Ecological Change in Indonesia*, Berkeley: University of California Press(1963).

[21] Hernando De Soto, *The Other Path: The Invisible Revolution in the Third World*, Harper & Row(1989).

[22] Hulme, David and Paul Mosley, *Finance against Poverty*, Routledge Press, p. 2 (1996).

[23] IFAD, *Rural Financial Services in China*, Thematic Study, Volume I-Main Report, Report No. 1147 – CN Rev(2001).

[24] Jensen, E., *The Farm Credit System as a Government-sponsored Enterprise*, Review of Agricultural Economics 22, p. 263 – 270(2000).

[25] Jung, W. S, *Financial Development and Economic Growth: International Evidence*, Economic Development and Cultural Change(1986).

[26] King, Robert. G., Levine, Ross, *Finance and Growth: Schumpeter might be right*, Quarterly Journal of Economics, August(1993).

[27] Kropp, E. et al., *Linking Self-help Groups and Banks in Dev Eloping Countries*, Escbonm: GTZ-Verlag(1989).

[28] Krahnen, J, P. & R. H. Schmidt, *Developing Finance as Institution Builder*, San Francisco and Oxford, Westvew(1994).

[29] Krugman, P., *The Myth of Asia's Miracale*, Foreign Affairs, December 9

(1994).

[30]Long, M. F., *Credit for Small Farmers: Indonesia, Malaysiaand Thailand*, US AID, Spring Review of Small Farmers 'Credit. XV, February(1973).

[31]Levine. R & Zervos. S., *Stock Markets, Banks, and Economic Growth*, Word Bank Policy Research Working Paper, No. 1690(1996).

[32] Levine Ross, *Financial Development and Economic Growth: Views and Agenda*, Journal of Economic Literature, June 688 - 726(1997).

[33]Lowe P., Goyder J., *Environmental Groups in politics*, London: George, Allen and Unwin(1983).

[34] Money and Capital in Economic Development and E. S. Shaw, *Financial Deepening in Economic Development*, New York, Oxford University Press(1973).

[35]Marianne Ojo., *Role of Regulation in Micro Finance: Jurisdictional Analysis*, British Journal of Economics, Management & Trade(2013).

[36] Meyer, Richard L., Geetha Nagarajan, *Rural Financial Marketsin Asia: Flagships And Failures, Paper Presented at the Mini-Symposium on Building Financial Markets in Developing Countries for Tomorrow' s Agriculture: Status, Reforms, and Innovations*, August 13 - 18, Berlin, Germany(2000).

[37] Montiel, Peter J., Pierre-Richard Agenor, Nadeem UI Haque, *Informal Financial Markets in Developing Countries: A Macroeconomics Analysis*, Oxford: Basil Blackwell(1993).

[38]Michael S. Barr, *Banking the Poor*, Yale Journal on Regulation, (21)(2004).

[39]Michael S. Barr, *Microfinance and Financial Development*, Michigan Journal of International Law(2005).

[40]Mckinnon. R. I., *Money and Capital in Economic Development*, Washington DC: the Bookings Institution(1973).

[41]Mckinon, Ronald l., *The Order of Economic Liberalization: Financial Comtrol in the Transition to a Market Economy*, John Hopkins University Press, Second edition, Romanian, Chinese, and Arabic translations(1991).

[42]Marco Pagano, *Financial Market and Growth*, European Economic Review 37 (2 - 3, April), p. 613 - 622(1993).

[43] Pitelis, S., *Marketand Non-market Hierachies: Theo-ry of Institutional*

Failure, Oxford: Blackwell(1991).

[44] Pitelis, S., *The Nature of the Transaction Firm*, London: Routledge(1991).

[45] Patrick, H. T., *Financial Development and Economic Growth in Undeveloped Countries*, Economic Development and Cultural Change(1966).

[46] Passmore J. A., *Man's Responsibility for Nature: Ecological problems and Western traditon*, London: Duckworth(1974).

[47] Popkin S., *The Rational Peasant: the Political Economy of Rural Society in Vietnam*, Berkeley: University of California Press(1979).

[48] Pischke, Adams, Donald, *Rural Financial Market in Developing Countries*, The Johns Hopkins University Press(1978).

[49] Tao Wen. et al., *A Spatial Econometric Study on Effects of Fiscal and Financial Supports for Agriculture in China*, Agricultural Economics, 59, (7)(2013).

[50] R. J. Caballera. A., *Fallacy of Composition*, American Economic Review, Vol, 82, No. 5, December: p. 1279 - 1292(1992).

[51] Rajan. R. G., Zingales, *Financial Development and Growth*, University of Chicago Mimeo, May(1996).

[52] Saint-Paul, G., *Technological Choice, Financial Markets and Economic Development*, European Economic Review, 36(1992).

[53] Shaw, E. S., *Financial Deepening in Economic Development*, Savings and Development 16(1973).

[54] Stiglitz. J., A. Weiss, *Credit Rationing in Markets with Imperfect Information*, American Economic Review, 71: 393 - 410(1981).

[55] United Nations, *Building Inclusive Financial Sectors for Development*, Department of Economic and Social Affairs & United Nations Capital Development Fund, United Nations(2006).

[56] Wouterse, F. S., *Migration and Technical Efficiency in Cereal Production: Evidence from Burkina Faso*, IFPRI Discussion Paper, No. 815(2008).

[57] Word Bank., *Finance for all? Policies and pitfalls in expanding access*, Word Bank Policy Research Report(2008).

[58] World Bank, *Building Institutions for Markets*, New York: Oxford University Press(2002).

[59]Yilma,T. ,Berg,E. ,Berger,T. ,*The Agricultural Technology-market Linkage under Liberalization in Ghana: Evidence from Micro Data*, Journal of African Economies,Vol. 17,No. 1(2008).

[60]Zhou Feizhou,*Rural Fee Reform and the Changing Relationship between State and Peasant*,Polish Sociological Review,(3)(2009).

[61] Chayanov A. V. , *The Theory of Peasant Economy*, Madison: University of Wisconsin Press.

[62]Tsai, K. S. ,*Imperfect Substitutes: the Local Political Economy of Informal Finance and Microfinance in Rural China and India*, World Development, 32 (9), 1487 - 1507(2004).

[63] Jones, P. A. , *From Tackling Poverty to Achieving Financial Inclusion-the Changing role of British Credit Unions in Low Income Communities*, The Journal of Socio-Economics 37(6),2141 - 2154(2008).

[64] Rankin, K. N. , *Manufacturing Rural Finance in Asia: Institutional Assemblages,Market Societies*,Entrepreneurial Subjects,Geoforum,39(6),1965 - 1977 (2008).

[65] Appleyard, L. , *Community Development Finance Institutions (CDFIs): Geographies of financial inclusion in the US and UK*, Geoforum, 42 (2), 250 - 258 (2011).

[66] Schwittay, A. F. , *The financial inclusion assemblage: subjects, technics, rationalities*,Critique of anthropology,31(4),381 - 401(2011).

[67] De Koker, L. , & Jentzsch, N. , *Financial inclusion and financial integrity: aligned incentives?*,World Development,44,267 - 280(2013).

[68]Chakrabarty,D. K. ,*Financial Inclusion-Issues in Measurement and analysis*, RBI Bulletin December(2012).

[69]Diniz,E. ,Birochi,R. ,& Pozzebon,M. ,*Triggers and barriers to financial inclusion:The use of ICT-based branchless banking in an Amazon county*, Electronic Commerce Research and Applications,11(5),484 - 494(2012).

[70] Robert Cull et al. , *A New Index of the Business Environment for Microfinance*, Policy Research Working Paper 6625, The World Bank Development Research Group Finance and Private Sector Development Team,September(2013).

[71] Mark J. Garmaise, Gabriel Natividad, *Cheap Credit, Lending Operations, and International Politics: The Case of Global Microfinance*, The Journal of Finance 4: p. 1551 - 1576(2013).

[72] Suman Ghosh, Eric Van Tassel, *Funding microfinance under asymmetric information*, Jounal of Development Economics(101), p. 8 - 15(2013).

[73] Fakhruddin Ahmed, *Is It Time to Regulate Microfinance?*, Progress in Development Studies 3, p. 121 - 135(2013).

[74] Sheila Leatherman and Kimberley Geissler, *Health Financing: a New role for Microfinance Institutions?*, Journal of International Development 25, p. 881 - 896 (2013).

[75] Jaap W. B. Bos, Matteo Millone, *Practice What You Preach: Microfinance Business Models and Operational Efficiency*, Maastricht University(2013).

[76] Valentina Hartarska, *Scale economies and input price elasticities in microfinance institutions*, Journal of Banking and Finance 37, p. 118 - 131(2013).

[77] Peter W Roberts, *The Profit Orientation of Microfinance Institutions and Effective Interest Rates*, World Development 40, p. 120 - 131(2012).

[78] Peter Situ, *Working Group on Inclusive Finance in China Guarantee Funds for Inclusive Finance in China*, China Papers on Inclusiveness, No. 3(2011).

[79] Sriram, *Microfinance: A Fairy Tale Turns into a Nightmare*, Economic & Political Weekly 40, p. 10 - 13(2010).

[80] Asian Development Bank, Finance for the Poor: Microfinance Development Stategy(2000).

[81] Swamy. V., *Institutional Reforms in Finance to the Poor*, ASCI Journal of Management 1, p. 39 - 66(2013).

[82] Curtiss, J., *Determinants of Financial Capital Use: Review of Theories and Implications for Rural Businesses* (123), Centre for European Policy Studies(2012).

[83] Kapoor, A., *Financial Inclusion and the Future of the Indian Economy*, Futures(2013).

[84] Bernd Balkenhol, *Microfinance and Public Policy: Outreach, Performance and Efficiency*, Palgrave Macmillan(2007).

[85] Bottomley, J. A., *Interest Rate Determination in Underdeveloped Rural Areas*,

American Journal of Agricultural Economics 57,279 – 291(May)(1975).

[86] David Hulme, Paul Mosley, *Finance against Poverty*, Routledge Press, p. 2 (1996).

[87] IFAD, *Rural Financial Services in China*, Thematic Study, VolumeI-Main Report. Report No. 1147 – CN Rev(2001).

[88] E. Jensen, *The Farm Credit System as a Government-sponsored Enterprise*, Review of agricultural economics 22, p. 263 – 270(2000).

[89] Robert G. King, Ross Levine, *Finance and Growth: Schumpeter Might be Right*, Quarterly Journal of Economics, August(1993).

[90] Erhard. W. Kropp et al., *Linking Self-help Groups and Banks in Dev Eloping Countries*, Escbonm: GTZ-Verlag(1989).

[91] Krahnen, J, P. & R. H. Schmidt, *Developing Finance as Institution Builder*, San Francisco and Oxford, Westlaw(1994).

[92] E. S. Shaw, *Financial Deepening in Economic Development*, New York, Oxford University Press(1973).

[93] Richard L., Geetha Nagarajan, *Rural Financial Markets in Asia: Flagships And Failures*, Paper Presented at the Mini-Symposium on Building Financial Markets in Developing Countries for Tomorrow' s Agriculture: Status, Reforms, and Innovations, August 13 – 18, Berlin, Germany(2000).

[94] Peter J. Montiel, Pierre-Richard Agenor, Nadeem UI Haque, *Informal Financial Markets in Developing Countries: A Macroeconomics Analysis*, Oxford: Basil Blackwell(1993).

[95] Michael S. Barr, *Banking the Poor*, Yale Journal on Regulation, 21(2004).

[96] Michael S. Barr, *Microfinance and Financial Development*, Michigan Journal of International Law(2005).

[97] Ronald l. Mckinon, *The Order of Economic Liberalization: Financial Control in the Transition to a Market Economy*, John Hopkins University Press(1991).

[98] Marco Pagano, *Financial Market and Growth*, European Economic Review 37 (2 – 3, April)(1993).

[99] Patrick, *Financial Development and Economic Growth in Undeveloped Countries*, Economic Development and Cultural Change(1966).

[100] Pischke, Adams, Donald, *Rural Financial Market in Developing Countries*, The Johns Hopkins University Press(1978).

[101] Xiaohe Zhang, Christopher, Andrew Watson, *Growth of Chinese Rural Enterprises: Impact on Urban-rural relations*, Law and Finance, Vol. 31, No. 4, pp. 567 – 584(2006).

[102] Christopoulos, Tsionas, *Financial Development and Economic Growth: Evidence from Panel Unit Root and Cointegration tests*, Journal of Development Economics 73, p. 55 – 74(2004).

[103] Hoff K. & Stiglitz. J., *Imperfect information and rural credit markets: Puzzles and policy perspectives*, The World Bank Economic Review(1990).

[104] Yaron. J., Benjamin. M. P., Piprek. G. L., *Rural finance: Issues, design, and best practices*, Environmentally and socially sustainable development studies & monographs series(Vol. 13), Washington DC: The World Bank(1997).

[105] Awrey Dan., *Toward a Supply-Side Theory of Financial Innovation*, Journal of Comparative Economics No. 41(2)(2013).

[106] Carruthers Bruce, *Diverging Derivatives: Law, Governance, and Modern Financial Markets*, Journal of Comparative Economics No. 41 (2)(2013).

[107] LLSV, *Law and Finance*, Journal of Political Economy No. 106(6): 1113 – 1155(1998).

[108] La Porta et al., *The Economic Consequences of Legal Origin*, Journal of Economic Literature no. 46(2): 285(2008).

[109] North, Douglass Cecil, *Institutions, Institutional Change, and Economic Performance*, Cambridge, New York: Cambridge University Press(1990).

[110] Pistor, Katharina, *A Legal Theory of Finance*, Journal of Comparative Economics No. 41(2)(2013).

[111] Pistor, Katharina, *Law and Finance in Transition Economies*, European Bank for Reconstruction and Development Working Paper No. 48(2013).

[112] Pistor, Katharina, *Law in Finance*, *Journal of Comparative Economics* Vol. 41, No. 02, 2013(2013).

[113] Rainer F. H. Haselmann & Katharina Pistor, *How Law Affects Lending*, The Review of Financial Studies. Vol. 23. Issue 2, pp. 549 – 580(2009).

[114] Haselmann, R. F. H. , V. Vig, *Legal Change and the Composition of Loan Supply(Mimeo)* ,*London Business School*(2008).

[115] Levine, R. , *The Legal Environment, Banks, and Long-Run Economic Growth*, Journal of Money, Credit and Banking 30, p. 596 – 613(1998).

[116] Pistor, K. , *Patterns of Legal Change: Shareholder and Creditor Rights in Transition Economies*, European Business Organization Law Review 1, p. 59 – 108 (2000).

[117] Qian, J. , P. E. Strahan, *How Laws and Institutions Shape Financial Contracts: The Case of Bank Loans*, Journal of Finance, 622803 – 2834(2007).

[118] Pistor, K. and Chengang Xu, *Law Enforcement Under Incomplete Law: Theory and Evidence from Financial Market Regulation*, Lse Sticerd Research Paper No. TE442(2002).

[119] R. J. Caballera. A. , *Fallacy of Composition*, American Economic Review, Vol;82, No. 5, December: p. 1279 – 1292(1992).

[120] Rajan. & Zingales, Financial Development and Growth, University of Chicago Mimeo, may(1996).

[121] Shaw, *Financial Deepening in Economic Development*, Savings and Development, 16(1973).

[122] Seibel, Hans Dieter, *Financial Systems Development and Microfinance*, Rossdorf, TZ, Schriftenreihe der GTZ, NR. 258(1996).

[123] Stiglitz, J. , A. Weiss, *Credit Rationing in Markets with Imperfect Information*, American Economic Review, 71:393 – 410(1981).

[124] Jensen, E. , *The farm credit system as a government-sponsored enterprise*, Review of agricultural economics, 22(2000).

[125] World Bank, *Finance for all? Policies and Pitfalls in Expanding Access*, World Bank Policy Research Report(2008).

[126] World Bank, *Building Institutions for Markets*, New York: Oxford University Press(2002).

[127] Levine, *Bank-based Or Market-based Financial Systems: Which is Better?*, Journal of Financial Intermediation(2002).

[128] Miller, C. & Jones, L. , *Agricultural Value Chain Finance: Tools and Lessons*,

The Food and Agriculture Organization of the United Nations(2010).

[129] Michael S. Barr, *Microfinance and Financial Development*, Michigan Journal of International Law(2005).

[130] The World Bank, *Agriculture And Rural Development Department*, Rural Finance Innovations Topics and Case Studies, Report No. 32726 – GLB(2005).

[131] Agricultural Policies in OECD Countries Monitoring and Evaluation, http://www. oecd. org/home/0,2987,en_2649_ 201185_1_1_1_1_1,00. html.

[132] Wolz, Axel, *The Transformation of Rural Finance Systems in Vietnam*, http://www. rzuser. uni_heidelberg. de/.